V&R

Interdisziplinäre Beratungsforschung

Herausgegeben von
Stefan Busse, Rolf Haubl, Heidi Möller,
Christiane Schiersmann

Rolf Haubl / Brigitte Hausinger (Hg.)

Supervisionsforschung: Einblicke und Ausblicke

Vandenhoeck & Ruprecht

Gefördert durch die Deutsche Gesellschaft für Supervison (DGSv).

Bibliografische Information der Deutschen Nationalbibliothek

Die Deutsche Nationalbibliothek verzeichnet diese Publikation in der Deutschen Nationalbibliographie; detaillierte bibliographische Daten sind im Internet über http://dnb.d-nb.de abrufbar.

ISBN 978-3-525-40325-9

Internet: www.v-r.de

Printed in Germany.

Redaktion: Panja Schweder, Frankfurt/Main

Satz: Process Media Consult, GmbH
Druck & Bindung: Hubert & Co., Göttingen

Inhalt

Brigitte Hausinger

Einblicke

Supervision hat in den letzten Jahrzehnten eine beachtliche Entwicklung vollzogen. Sie etablierte sich in vielen arbeitsweltlichen Handlungsfeldern und es ist gelungen, auch die Supervisionsforschung fortzuentwickeln, wenn sicherlich nicht in dem benötigten Umfang, der angemessenen Tiefe oder in der gewünschten Schnelligkeit (vgl. Berker u. Buer, 1998; DGSv, 2008; Petzold et al., 2003; OSC, 1998; Supervision, 1/2007).

Aus vielerlei Gründen ist die sehr praxis- und anwendungsbezogene Supervision gefordert, ihre Wissens- und Kenntnisstände zu überprüfen, zu aktualisieren und zu erweitern sowie eine wissenschaftliche Fundierung ihrer Praxis fortzuführen. Die Notwendigkeit und Attraktivität einer wissenschaftlichen, forschungsgestützten Begründung und Weiterentwicklung von Theorie und Praxis der Supervision, wird sowohl von der Community gesehen als auch von Wissenschaftler/innen, die selbst keine Supervisionsausbildung haben. Die häufige Klage, dass keine Supervisionsforschung stattfindet, kann relativiert werden. Beklagen kann man aktuell vielmehr die mangelnde Vernetzung, die fehlende zur Kenntnisnahme von Forschungsarbeiten und die seltene Diskussion über und die Zusammenführung von Erkenntnissen und Ergebnissen.

Der vorliegende Band möchte diesen Umständen begegnen und zu einer Bekanntmachung, zu einer Vernetzung und einer forschungsfreundlichen Kultur beitragen. Eine Sammlung von Forschungsergebnissen und Forschungsüberlegungen wird präsentiert, die Autorinnen und Autoren verfasst haben, die aus unterschiedlichsten Disziplinen stammen und nur zum Teil über einen supervisorischen

Hintergrund verfügen. Dadurch spiegelt sich ein differenziertes Forschungs- und Wissenschaftsverständnis wider.

Unter Supervisionsforschung lässt sich vieles fassen: Grundlagenforschung, Supervision als Forschungsmethode, Fallstudien, Feldforschung, Handlungsforschung, Prozessforschung, variablenorientierte Forschung, Interventionsforschung, Wirkungsforschung (Wirkweise und Wirkfaktoren), Evaluationsforschung, Bedarfsforschung etc.

Die nachfolgenden Beiträge würden sich nach zahlreichen thematischen Forschungsschwerpunkten ordnen lassen. Geschuldet ist dieser Umstand der hohen Komplexität des Forschungsgegenstandes sowie der forschungsmethodischen Vielfältigkeit. Manche Studien sind mit ihren Ergebnissen repräsentativ und aussagekräftig und einige besitzen vorrangig eher einen explorativen Charakter dahingehend, dass zukünftige Supervisionsforschung hier ansetzen kann.

Der Band beginnt mit der empirischen Arbeit von *Andrea Wittich* und *Wilfried Dieterle.* Am Universitätsklinikum Freiburg wurde die Supervision von Pflegenden auf breiter Datenbasis evaluiert. In ihrer Studie stellen Andrea Wittich und Wilfried Dieterle Erwartungen, Effekte und Nutzen von Supervision vor.

Saskia Erbring untersucht die Förderung von kommunikativen Fähigkeiten bei Lehrpersonen durch Supervision. Dieser Aspekt bildet neben der Entwicklung ihres Kategorienschemas zur Erfassung von Kommunikationsverhalten den Fokus ihres Forschungsinteresses.

Jutta Brünker vergleicht in ihrer einzelfall-analytischen Forschungsarbeit Profit- und Non-Profitorganisationen bezüglich ihrer Anliegen, Themen, Erwartungen und in ihrer Einschätzung des Nutzens durch Beratung und Supervision. Sie skizziert relevante Unterschiede und Gemeinsamkeiten.

Angelika Iser beschreibt auf Grundlage von Experteninterviews wie mit Supervision und Mediation eine Klärung von Mitarbeiterkonflikten und auf diese Weise ein Beitrag zur Qualität in der Sozialen Arbeit geleistet werden kann. Erforscht wurde zudem, welche Unterschiede und Gemeinsamkeiten Supervision und Mediation in der Konfliktbearbeitung aufweisen.

Monika Klinkhammer geht den Fragen nach, in welcher Weise Supervision und Coaching geeignet sind, die beruflichen Anliegen von Wissenschaftlerinnen und Wissenschaftlern zu bewerkstelligen und warum Supervision und Coaching bis jetzt kaum Zugang in diesem Feld gefunden haben. Daran schließen sich auch Überlegungen an, welcher speziellen Feldkompetenzen es für diesen Bereich bedarf.

Daniel Berndt und *Marcel Hülsbeck* entwickeln ein integratives Design quantitativ-empirischer Supervisionsforschung in Analogie zur therapeutischen Prozess-Ergebnis-Forschung. Sie möchten damit ein stückweit den Graben in der Wirkungsforschung zwischen quantitativer Ergebnisforschung und qualitativer Prozessforschung aufheben.

Oliver Hechler versucht mit der strukturalen psychoanalytischen Hermeneutik als ein rekonstruktives Verfahren, begründete Aussagen über die tatsächliche Praxis supervisorischen Handelns zu rekonstruieren, ohne zu Beginn darauf zurückzugreifen, was Supervision theoretisch sein könnte oder müsste.

Jutta Müller wählt in ihrer Forschungsarbeit ebenso einen qualitativ-rekonstruktiven Forschungszugang und kombiniert die Biografie- und Interaktionsanalyse. Sie zeigt zudem auf, welche Bedeutung das Verfahren über den Forschungskontext hinaus in der Praxis haben könnte.

Andreas Bergknapp analysiert, auf dem systemtheoretischen Ansatz von Luhmann basierend, ein kritisches Beratungsereignis in einer Organisation. Er verdeutlicht, dass Supervisionen in Organisationen ihrer eigenen Logik in Differenz zum Organisationssystem folgen.

Rolf Haubl thematisiert die Aufgabe der Supervisionsforschung, zur Verwissenschaftlichung von Supervision beizutragen. Mit einem erweiterten Evaluationsverständnis stellt er Kriterien für die Bewertung des Nutzen von Supervision vor: Wirksamkeit, praktische Bewährung, Nachhaltigkeit, Wertbindung, Wirtschaftlichkeit und Unbedenklichkeit. Und er geht der spannenden Frage nach, was Praktikerinnen und Praktiker über die Supervisionsforschung wissen sollten.

Supervision ist wie jede Profession angehalten, Forschung zu betreiben, um permanent Wissen zu generieren und um ihr fachliches

Können zu optimieren. Dies setzt insbesondere die Bereitschaft für eine intensive Kooperation zwischen Universitäten, Fachhochschulen, Instituten und Praxis voraus. Die Praxis benötigt Forschung, um ihre Arbeit zu verbessern und zu legitimieren. Die Forschung wiederum benötigt die supervisorische Praxis, um nicht Selbstzweck zu sein, sondern um relevante Forschung für und in der Praxis betreiben zu können. Mitbedacht werden sollen bei der Erforschung und Verwissenschaftlichung der supervisorischen Praxis aber nicht nur die Vorteile und Vorzüge, sondern auch mögliche Probleme. Insofern hat Supervisionsforschung, aus welcher Perspektive heraus sie auch immer erfolgt, ob sie will oder nicht, stets eine ethische und gesellschaftspolitische Dimension, weil sie sich auf die real gelebten Strukturen und Verhältnisse in der Arbeitswelt bezieht. Darauf bezieht sich der aus wirtschaftsethischer Sicht verfasste Artikel von *Peter Ulrich*. Im Anschluss daran diskutieren *Rolf Haubl* und *Brigitte Hausinger* die Bedeutung dieses wirtschaftsethischen Ansatzes für die Supervision und ihre Forschung.

Im Kontext ihrer Professionalisierung ist die Verwissenschaftlichung ein zentrales Ziel von Supervision. Dafür benötigtes Wissen ist sowohl forschend zu generieren als auch vorhandenes und angewandetes Wissen und Können forschend zu überprüfen.

Die Profession ist insgesamt aufgefordert, Forschung zu betreiben und Forschung zu unterstützen. Die Deutsche Gesellschaft für Supervision (DGSv) hat sich aus diesen Gründen gerne für die Wissenschaftstagung 2006 »Supervisionsforschung – Morgen beginnt heute« in Frankfurt, in Kooperation mit dem Sigmund-Freud-Institut (SFI), sowie für den vorliegenden Band engagiert. Die DGSv und das SFI wollen auf diese Weise zur Sicherung und Verbesserung von supervisorischem Wissen und Können sowie zu Forschungskooperationen und -synergien beitragen.

Literatur

Berker, P., Buer, F. (Hrsg.) (1998). Praxisnahe Supervisionsforschung. Felder – Designs – Ergebnisse. Münster: Votum.

DGSv (2008): Der Nutzen von Supervision. Verzeichnis wissenschaftlicher Arbeiten. Zu beziehen über info@dgsv.de.

OSC – Organisationsberatung, Supervison, Clinical Management (Sept. 1998): Beiträge zur Supervisionsforschung. Opladen: Leske + Budrich.

Petzold, H. G., Schigl, B., Fischer, M., Höfner, C. (2003). Supervision auf dem Prüfstand. Wirksamkeit, Forschung, Anwendungsfelder, Innovation. Opladen: Leske + Budrich.

Supervision (1/2007): Forschung und Praxis. Weinheim: Beltz.

Andrea Wittich und Wilfried E. Dieterle

Empirische Supervisionsforschung

Ein Beitrag aus dem Krankenhaus

Supervision wird im Krankenhaus gegenwärtig häufig durchgeführt. Sie gilt auch in diesem Arbeitsfeld als bewährte Methode der Personalentwicklung. Mit der zunehmenden Praxisverbreitung wird ein Bedarf nach wissenschaftlicher Evaluation und Weiterentwicklung der Supervision formuliert. Am Universitätsklinikum Freiburg wurde die Supervision von Pflegenden auf breiter Datenbasis empirisch evaluiert.

Im von der »Projektgruppe Gesundheitswesen« der Deutschen Gesellschaft für Supervision herausgegebenen Buch »Supervision und Organisationsberatung im Krankenhaus« vertritt Maija Becker-Kontio (2004) einleitend die Auffassung, dass Supervisoren selbst das Instrument der Supervision im Krankenhaus zwar als wesentlich und hilfreich erachteten, es tatsächlich jedoch selten eingesetzt würde oder mit großen Schwierigkeiten und hohen Abbruchraten einhergehe. Sie betont, dass Supervision in engem Kontakt mit den Auftraggebern und Entscheidungsträgern des Krankenhauses angeboten und durchgeführt werden soll.

Neben diesen Fragen der Durchführung und Implementierung von Supervision ist die Frage nach den Effekten von Supervision von zentralem Interesse. Innerhalb der Institution Krankenhaus werden derzeit auf unterschiedlichen Ebenen eine Vielzahl von Maßnahmen durchgeführt, die unter Qualitätsmanagement (EFQM, Zertifizierung, Evidence Based Medicine etc.) zu subsumieren sind.

Die wissenschaftliche Evaluation von Supervision im Krankenhaus ist sowohl im Rahmen von Implementierungsstrategien und der internen Qualitätsverbesserung als auch im Rahmen eines übergeordneten Qualitätsmanagements notwendig. Dabei müssen die Praxis und der Nutzen von Supervision dokumentiert und evaluiert werden.

Die mögliche Integration und Kommunikation der Ergebnisse in einem wissenschaftlich-evaluativen Rahmen ist dabei von einiger Bedeutung. Dies ist auch eine Frage der Methodik und der Zielkriterien. Der konstatierte intangible, also nicht direkt in monetären Größen bezifferbare Nutzen sollte präzisiert und operationalisiert werden.

Bei der recht umfangreichen Literatur über Supervision im Krankenhaus handelte es sich bislang überwiegend um Darstellungen der methodischen Vorgehensweisen und Konzepte einzelner Supervisorinnen und Supervisoren. Quantitativ-empirische Forschungsansätze zur Effektivität bilden die Ausnahme und beziehen sich in der Regel auf spezifische Stichproben, wie ausgewählte Abteilungen eines Krankenhauses (z. B. Werner u. Hennch, 1998). Empirisch abgesicherte Erkenntnisse darüber, wie Teilnehmende selbst Supervision in Verlauf und Ergebnis einschätzen, sind noch in der Minderzahl. Dem Mangel an quantitativer Forschung wird jedoch zunehmend begegnet (DGSv, 2006). Die in Freiburg durchgeführten Studien leisten einen Beitrag zur Schließung dieser konstatierten Lücke in der Supervisionsliteratur.

Das Untersuchungsfeld

Das Universitätsklinikum Freiburg ist ein Krankenhaus der Maximalversorgung mit rund 8000 Beschäftigten, in dem die über 2500 Pflegekräfte die größte Berufsgruppe darstellen. Seit 1991 gibt es am Klinikum einen Supervisionsdienst, in dem die Erstautorin als organisationsinterne Supervisorin und Diplom-Psychologin seit 1993 arbeitet. Er ist eines der Instrumente institutioneller Unterstützung der Beschäftigten und ein integrierter Teil der betrieblichen Gesundheitsförderung. Der Dienst ist mit einer Supervisorenstelle ausgestattet und fachlich an die Abteilung Psychosomatische Medizin und Psychotherapie angegliedert. Er steht grundsätzlich allen Klinikumsbeschäftigten zur Verfügung. Supervision ist für sie kostenfrei und wird auf die Arbeitszeit angerechnet. Als größte Berufsgruppe nehmen Pflegende Supervision als Teamsupervision am häufigsten in Anspruch. Neben Teamsupervisionen werden am Klinikum Leitungssupervisionen durchgeführt und Hintergrundwissen wird in Form von Impulsreferaten an die höhere Führungsebene weitergegeben. Die hier dargestellten Ergebnisse beschränken sich auf die Teamsupervisionen.

Ansatzpunkte der Supervision von Pflegenden im Krankenhaus

Stationsteams sind die Organisationseinheiten, in denen Individuen in ihrer beruflichen Rolle als Krankenschwestern und Krankenpfleger mit der Institution Krankenhaus in Verbindung treten. Die Teams stellen damit die Schnittstelle zwischen Individuum und Gesamtorganisation dar. An dieser Schnittstelle ist Supervision angesiedelt als eine zunächst gruppenbezogene Interventionsmaßnahme. Da auch im Gruppensetting gelegentlich einzelne Teilnehmende als Personen im Vordergrund der Intervention stehen, umfasst Supervision darüber hinaus Merkmale von Interventionen auf Individualebene. Supervision kann dabei ansetzen, *Konfliktursachen* zu beseitigen oder Konflikte zu bewältigen, und hat damit eine korrektive Funktion. Sie kann Fakten und *Informationen vermitteln* und hat dann eine gewisse normative Funktion. Sie kann an der *Stärkung von Fähigkeiten* und Ressourcen arbeiten und dabei Kompetenzen fördern. Schließlich kann sie mit eher präventivem Charakter auf die *Vermeidung vorhersehbarer Belastungen* zielen. Ansatzpunkte, Funktionen und Zielsetzungen der Supervision gibt Tabelle 1 wieder. Diese spezifisch für den Bereich Pflege im Krankenhaus erarbeitete Klassifikation entstand vor dem Hintergrund anerkannter Systematiken zu Ansatzpunkten und Funktionen allgemeiner arbeitsplatzbezogener Interventionen (Bungard u. Antoni, 2004; Levi, 2002).

Tabelle 1: Ansatzpunkte, Funktionen und Ziele von Supervision (Wittich, 2004)

Ansatz	Funktion	Zielsetzung
Konfliktursachen beseitigen Konflikte bewältigen Emotional entlasten	Korrektiv/Restaurativ	Beeinträchtigungslosigkeit – Psychosoziales Wohlbefinden
Informationen und Wissen vermitteln	Normativ	Wissenserweiterung
Fähigkeiten und Ressourcen stärken	Formativ/Integrativ	Kompetenzförderung
Belastungen vermeiden	Präventiv	Schädigungsfreiheit – Gesundheitsförderung

Die folgenden Beispiele illustrieren die verschiedenen Supervisionsschwerpunkte und deren übergeordnete Zielsetzungen.

Geht es auf einer Station um aktuelle Konflikte, wie etwa eine mangelnde Zusammenarbeit zweier Krankenschwestern, die »absolut nicht mehr miteinander arbeiten können«, besteht in der Supervision sowohl die Möglichkeit zu versuchen, die Konfliktursachen zu beseitigen, als auch die Möglichkeit, auf einen angemessenen Umgang mit der konflikthaften Situation hinzuarbeiten. Die Supervision hat dabei jeweils eine korrektive oder restaurative Funktion. Von einer Beseitigung der Konfliktursachen kann gesprochen werden, wenn etwa die Mißverständnisse, die dem gegenseitigen Ignorieren zugrunde liegen, geklärt und aus dem Weg geräumt werden können. Sich um einen angemessenen Umgang mit der konflikthaften Situation zu bemühen, könnte heißen, dass die beiden Betroffenen sich in der Supervision darauf verständigen, sich in den nächsten vier Wochen am Ende jeder gemeinsamen Schicht einige Minuten zusammenzusetzen, um sich über die Art und Weise ihrer kollegialen Kooperation auszutauschen. Ebenfalls eine restaurative Funktion erfüllt Supervision dann, wenn sie bei einzelnen oder mehreren Teammitgliedern zur emotionalen Entlastung beiträgt, beispielsweise hinsichtlich der Begleitung einer sterbenskranken jungen Patientin.

Analog des von Schüpbach und Zölch (2004) erweiterten arbeits- und organisationspsychologischen Modells der Kriterien humaner Arbeit ist die übergeordnete Zielsetzung einer schwerpunktmäßig auf Konfliktlösung, Konfliktbewältigung oder emotionale Entlastung angelegten Supervision auf der Dimension »Beeinträchtigungslosigkeit – Psychosoziales Wohlbefinden« anzusiedeln.

Gelegentlich hat Supervision den Aspekt, Informationen und Wissen zu vermitteln. Sofern sich dies auf bestimmte gesellschaftliche Werte oder Gegebenheiten bezieht, hat sie dann normative Funktion. Werden in einem Team in der Supervision beispielsweise konträre Auffassungen darüber deutlich, wie sich die Pflegenden der Station sowohl Patientinnen und Patienten als auch anderen Berufsgruppen gegenüber namentlich vorstellen sollen (»Schwester Martha« oder »Frau Meier«), kann die Mitteilung, dass in den weitaus meisten Klinikums-Abteilungen die Vorstellung mit dem Nachnamen die Regel sei, normativer Art sein, wenn sie die Entscheidung des Teams hinsichtlich einer künftig einheitlichen Handhabung dieser Frage auf Station beeinflusst. Als übergeordnete Zielsetzung der Vermittlung von Informationen in der Supervision ist die Wissenserweiterung zu sehen.

Eine Stärkung von Fähigkeiten und Ressourcen durch die Supervision ist etwa beim Thema »Konstruktives Äußern von Kritik« gegeben: Die Supervisorin vermittelt eine dazu hilfreiche rhetorische Strategie, die die Supervisanden an eigenen Beispielen aus dem Stationsalltag einüben. In diesem Fall hat die Supervision zunächst formative und, sofern es dem Team gelingt, das Gelernte im Umgang miteinander anzuwenden, auch integrative Funktion. Beim Ansatz, Fähigkeiten und Ressourcen im Team zu stärken, ist die Förderung von Kompetenz übergeordnete Zielsetzung.

Supervision soll auch dazu beitragen, vermeidbare arbeitsassoziierte Belastungen vorherzusehen und ihrem Auftreten vorzubeugen. Ein Beispiel ist die Arbeit mit einem Team einer neu eingerichteten Station, dessen Mitglieder sich im Vorfeld der Stationseröffnung in den Sitzungen gründlich mit verschiedenen potentiell konflikthaften arbeitsorganisatorischen Fragen befassen. Im Rahmen ihrer Kompetenzen einigen sie sich dabei beispielsweise auf einen teamverbindlichen Standard hinsichtlich der Ableistung der Rufbereitschaft auf der künftigen Station. Die Supervision erfüllt in einem solchen Fall präventive Funktion. Analog dem erwähnten arbeits- und organisationspsychologischen Modell der Kriterien humaner Arbeit ist die übergeordnete Zielsetzung einer Supervision, die darauf zielt, Belastungen zu vermeiden, auf der Dimension »Schädigungsfreiheit – Gesundheitsförderung« anzusiedeln.

Insgesamt wird angestrebt, die verschiedenen Ansatzpunkte und Zielsetzungen der Supervision in der Praxis miteinander zu verschränken. So finden sich in einzelnen Sitzungen zwar bestimmte Schwerpunkte, mal steht die formative, dann die korrektive oder eine andere Funktion der Supervision im Vordergrund, eine strikte Trennung dieser verschiedenen Supervisionsschwerpunkte wäre jedoch nicht praxis- und bedarfsgerecht.

Die Studien

Die Supervision am Freiburger Universitätsklinikum wurde über Jahre hinweg begleitend beforscht. Das methodische Vorgehen war dabei angesiedelt zwischen empirisch-wissenschaftlicher Evaluation und praxisorientiertem Qualitätsmanagement. Programmatische Leitlinien der Begleitforschung waren folgende von der Deutschen Gesellschaft für Evaluation (Müller-Kohlenberg u. Beywl, 2002) formulierten Anforderungen: Nützlichkeit, Durchführbarkeit, Fairness, Genauigkeit. Unsere Forschung sollte *nützlich* sein, das heißt der Verbesserung des Angebots dienen, sie sollte *durchführbar* sein, das heißt die betroffenen Personen nicht über das notwendige Maß hinaus belasten, sie sollte *fair* sein, das heißt die Rechte der Untersuchungsteilnehmenden respektieren und schützen (z. B. Persönlichkeitsrechte, Datenschutz), und sie sollte *genau* und sorgfältig durchgeführt werden.

Die Hauptfragestellungen lauteten

- Wie schätzen Pflegende ihre Arbeitssituation ein und welche psychischen Belastungen beschreiben sie?
- Was erwartet die Zielgruppe von Supervision?
- Wie sind Akzeptanz und Inanspruchnahme von Supervision?
- Welche Inhalte werden in der Supervision behandelt?
- Wie wird die Supervision beurteilt?
- Was sind Prädiktoren für Teilnahme und Wiederteilnahme?

Zu ihrer Beantwortung wurden drei Studien durchgeführt, mit unterschiedlichen Datenquellen (Abbildung 1).

	Quelle		
	Supervisorin	Teilnehmende	Nicht-Teilnehmende
Studie			
2		Prä	
1	Basisdokumentation	***Supervision***	
2		Post	
3		Katamnese	Kontrolle/Vergleich

1 Basisdokumentation der Sitzungen durch die Supervisorinnen
2 Prä-/Postbefragung der Supervisionsteilnehmenden
3 Katamnese der Supervisionsteilnehmenden mit Kontrollgruppe

Abbildung 1: Freiburger Studien zur Supervision (Überblick)

Material und Stichprobe

Die dargestellten Ergebnisse wurden in der Basisdokumentation, sowie einer Längsschnittstudie ($n = 336$) und einer Querschnittsstudie ($n = 654$) erhoben. Die Querschnittstudie war als Katamnesestudie mit Supervisionsteilnehmern ($n = 336$) und einer Kontrollgruppe ($n = 318$) konzipiert. Insgesamt nahmen in den Studien 855 weibliche und 135 männliche Pflegende teil, davon hatten 21.4 % eine Leitungsfunktion inne. Die Verteilung der Altersgruppen lag bei 33.5 % < 30 Jahre, 41.0 % 30–39 Jahre, 18.7 % 40–49 Jahre, 6.8 % > 49 Jahre. In 24.6 % der Gruppen nahmen sowohl Ärzte als auch Pflegende teil, in 75.4 % ausschließlich Pflegende.

Der 4-seitige Fragebogen KATAM_T/NT in der Querschnittsstudie wurde in Vorstudien nach theoretisch begründeten

Vorannahmen konstruiert und psychometrisch überprüft. Im ersten Teil wurden Angaben zur Person (Geschlecht, Alter, Dauer der Berufstätigkeit, Ausbildung, Funktion) und Prozessmerkmale der Supervision (Zeitpunkt, Anzahl der Sitzungen, beteiligte Berufsgruppen, Beurteilung der Supervisionsgruppe) erfragt. Im zweiten Teil wurden in 34, jeweils 5-stufig Likert-skalierten Items die bearbeiteten Themen sowie Nutzenaspekte erfragt. Der Nutzen wurde auf der individuellen Ebene, der Teamebene und der Ebene der praktischen Umsetzung ermittelt. Im letzten Teil des Instruments wurden Angaben zu den aktuellen Belastungen erhoben. Der 3-seitige Fragbogen SUBEFRA t1/t2 wurde gleichfalls in Vorstudien konstruiert. Im ersten Teil wurden Angaben zur Person (Geschlecht, Alter, Dauer der Berufstätigkeit, Ausbildung, Funktion) erfragt. Im zweiten Teil wurden in 21 5-stufig Likert-skalierten Items aktuelle arbeitsbezogene Belastungen erfasst. Die Items wurden zu fünf Skalen zusammengefasst, die gute psychometrische Eigenschaften aufwiesen. Im letzten Teil dieses Fragebogens wurden mit je 5 Items Erwartungen an die Supervision (zum Prä-Zeitpunkt) beziehungsweise erfahrene Effekte der Supervision (zum Post-Zeitpunkt) erfasst.

Die Auswertung der Studien erfolgte mit SPSS12.0. Für die dargestellten Ergebnisse wurden Varianzanalysen (ANOVA, MANOVA), t-Tests für abhängige Stichproben und Multiple Regressionen durchgeführt. Die Signifikanzgrenzen wurden nach den üblichen Konventionen angelegt und benannt, das heißt $p \leq 0.05$ als signifikant, $p \leq 0.01$ als sehr signifikant und $p \leq 0.001$ als hochsignifikant.

Ergebnisse

An dieser Stelle können aus der Vielzahl der Befunde (vgl. Wittich, 2004) nur die wichtigsten referiert werden. Neben der Darstellung von Inanspruchnahme und Themen der Supervision beschränken wir uns deshalb im Folgenden auf die Auswirkung von Supervision auf das Belastungserleben, die Supervisionsbeurteilungen der Teilnehmenden und die Determinanten künftiger Inanspruchnahme von Supervision.

Inanspruchnahme und Themen der Supervision

Die meisten Supervisionsgruppen finden in den größten klinischen Abteilungen statt (Medizinische, Chirurgische, Frauen- und Kinderklinik). Im Zeitraum von 1997 bis 2000 nahmen 105 Gruppen durchschnittlich 5,5 Supervisionssitzungen in Anspruch. In 526 Sitzungen (91.1 %) waren Angehörige der Pflege neben anderen Berufsgruppen beteiligt, an 442 Sitzungen (76.5 %) nahmen ausschließlich Pflegende teil. Die Gruppengröße lag bei durchschnittlich 6,5 Personen (zwischen 3 und 30).

Die Basisdokumentation aus Studie 1 zeigt, dass es schwerpunktmäßig vier Themenkreise sind, die in den Sitzungen zur Sprache kommen: die Kommunikation innerhalb des Pflegeteams, Belastungen durch Rahmenbedingungen und Organisation der Arbeit, der Umgang mit Patienten und Angehörigen und die Zusammenarbeit zwischen Pflegeteam und Ärzten. Häufigstes Thema ist dabei die Kommunikation innerhalb des Pflegeteams, es dominiert die Supervision in fast 40 % aller Sitzungen.

Veränderungen im Belastungserleben

In Studie 2 wurden die wahrgenommenen Arbeitsbelastungen vor Beginn (t1) und nach Ende (t2) der Supervision untersucht. Der eingesetzte Fragebogen (Wittich et al., 1998a) enthält 21 Items auf 5 Skalen und weist gute psychometrische Eigenschaften auf.

Befragt wurden N = 149 Pflegekräfte. 86 % davon waren Frauen, das durchschnittliche Alter betrug 35 Jahre, die durchschnittliche Berufsdauer 12,8 Jahre.

Nach Teilnahme an einer Supervision beschrieben Krankenschwestern und Krankenpfleger in vier von fünf Bereichen seltener Belastungen (Abbildung 2, Tabelle 2) im Arbeitsalltag. Besonders deutlich und statistisch signifikant ist dies in den Bereichen »Kooperation und Arbeitsklima zwischen Pflegenden und Ärzten« und »Arbeitsorganisation«.

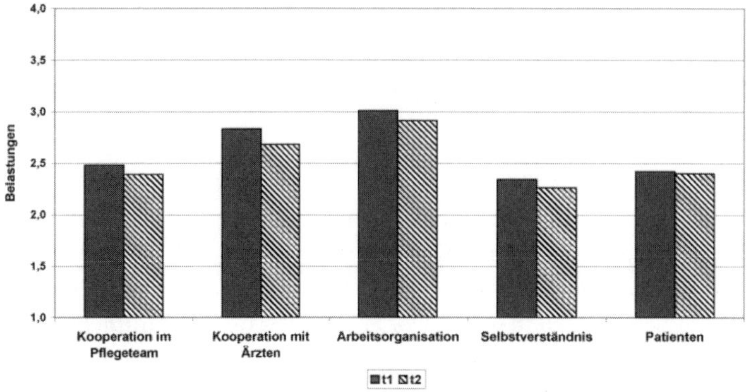

Abbildung 2: Belastungserleben vor (t1) und nach (t2) der Supervision nach Themenbereichen, (n = 149), Skalierung 1 »nie«, 5 »sehr oft«

Tabelle 2: Belastungserleben vor (t1) und nach (t2) der Supervision (n = 149) t-Test für abhängige Stichproben – Signifikanz (p) und Effektgrößen (r)

		p	r
1	Pflegeteam	.075+	0.153
2	Ärzte	.003**	0.240
3	Arbeitsorganisation	.044*	0.169
4	Selbstverständnis	.093+	0.139
5	Patienten	.510	0.055
6	Gruppenfokus	.000***	0.811

Der Rückgang des Belastungserlebens lässt sich unterschiedlich verstehen: Er kann einerseits Ausdruck eines faktischen Rückgangs sein. In diesem Fall hätte Supervision dazu beigetragen, innerhalb eines Gefüges Konfliktursachen zu beseitigen. Andererseits kann Supervision zu verbesserten Bewältigungsmöglichkeiten und Konfliktlösungskompetenzen führen, so dass deshalb weniger Belastungen auftreten. Es ist anzunehmen, dass beide Erklärungsansätze hier eine Rolle spielen. Eine bemerkenswerte Ausnahme hinsichtlich des Rückgangs im Belastungserleben stellt das Thema »Patienten« dar: Diesbezügliche Belastungen sind nach der Supervision nicht seltener als zuvor. Wie ist das zu verstehen? Es ist insbesondere interessant im

Zusammenhang mit der Beurteilung des bereichsspezifischen Supervisionsnutzens (siehe unten).

Beurteilung des Supervisionsnutzens

Studie 2 enthielt eine Querschnittsbefragung zur Beurteilung des Nutzens der Supervision (Katamnese) in Bezug auf bestimmte Belastungsbereiche sowie als Globalbeurteilung. Befragt wurden N = 323 Supervisanden, davon 81 % Frauen, das durchschnittliche Alter betrug 33 Jahre, die durchschnittliche Berufsdauer 9 Jahre. Das Instrument wurde von der Freiburger Arbeitsgruppe entwickelt und wies gute psychometrische Eigenschaften auf (Wittich et al., 1998b).

Die überwiegende Mehrzahl der Pflegenden, die Supervisionserfahrungen gemacht haben, halten die Gruppen zur Vermeidung und Überwindung arbeitsbedingter psychischer Belastungen für effektiv. Interessanterweise wird der Supervision gerade auch im Hinblick auf den »Umgang mit Patienten« ein relativ hoher Nutzen zugesprochen (Abbildung 3), obgleich das diesbezügliche Belastungserleben (s. o.) nach Abschluss einer Supervision nicht rückläufig ist. Dies verweist unseres Erachtens auf die eingangs dargestellten unterschiedlichen Ansatzpunkte von Supervision: Sie kann in bestimmten Bereichen zum faktischen Belastungsrückgang führen oder beispielsweise an den Bewältigungsmöglichkeiten ansetzen. Natürlich verändert sich durch Supervision das Verhalten »schwieriger Patienten« nicht per se, denn diese nehmen selbst daran auch gar nicht teil. Allerdings kann Supervision die Kompetenzen der Pflegenden im Umgang mit solchen Patienten unterstützen, was ihren recht hohen Nutzen aus Sicht der Teilnehmenden erklärt.

Viel/sehr viel Nutzen (vgl. Abbildung 3) beschreiben im Bereich Team 42 %, Patienten 48 %, Selbstverständnis 40 %, Organisation 23 % und Kooperation mit Ärzten 22 % der Supervisionsteilnehmer. Mindestens *etwas* Nutzen erleben im Bereich Team 77 %, Patienten 80 %, Selbstverständnis 80 %, Organisation 68 % und Kooperation mit Ärzten 57 %.

In der Gesamteinschätzung haben 88 % der Teilnehmenden mindestens etwas, 61 % viel oder sehr viel von der Supervision profitiert. Die Einschätzung war unabhängig von den personenbezoge-

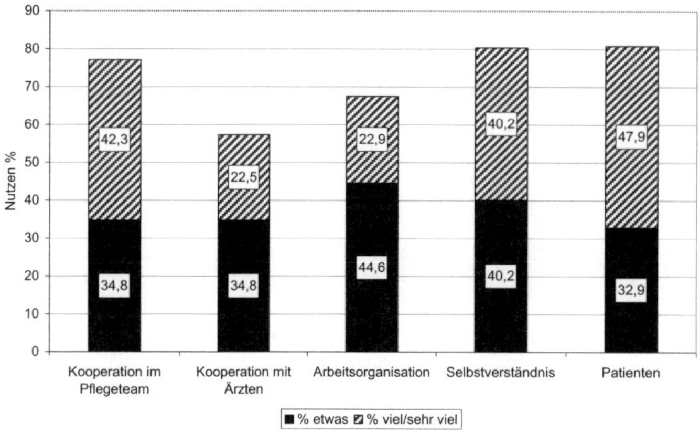

Abbildung 3: Beurteilung des Nutzens der Supervision bei verschiedenen Themen (N = 323)

nen Merkmalen Alter, Geschlecht und Funktion auf Station. Dies ist ein Hinweis darauf, dass Teilnehmende ungeachtet dieser Personenmerkmale von Supervision profitieren.

Determinanten künftiger Inanspruchnahme von Supervision

78 % der ehemaligen Supervisionsteilnehmenden bejahen die Frage, ob sie selbst künftig bei Bedarf erneut eine Supervision in Anspruch nehmen werden gegenüber nur 49 % derjenigen Pflegenden ohne Supervisionserfahrungen. Hier stellt sich die Frage, wovon diese Bereitschaft zur Inanspruchnahme bestimmt wird. Es zeigte sich Folgendes: Bei den ehemaligen Supervisanden ist sie eine Funktion der Erfahrungen bezüglich der Umsetzbarkeit des Erarbeiteten, also der Praxisrelevanz der Supervision einerseits und ihren aktuellen Belastungen andererseits. Bei denjenigen Pflegenden, die bisher keine Supervision erlebt haben, ist eine künftige Inanspruchnahme ebenfalls von ihrem aktuellen Belastungserleben bestimmt und darüber hinaus davon, welche Erwartungen sie an eine Supervision haben. Eine notwendige Voraussetzung für Erwartungen an Supervision ist die Informiertheit über Supervision. Dieser Befund verweist zunächst auf die Wichtigkeit einer bedarfsgerechten, umsetzungsorientierten Supervision. Der Befund verweist auch auf die Bedeutung von Öf-

fentlichkeitsarbeit und Implementierungsstrategien. Alle Pflegenden im Krankenhaus sollten über die Möglichkeit der Inanspruchnahme informiert sein, was neben einer guten Öffentlichkeitsarbeit auch die ideelle Unterstützung eines solchen Angebots durch das Krankenhausmanagement erfordert.

Methodische Überlegungen – Evaluationsmanagement

Die vorliegenden Studien wurden auf der Basis des aktuellen Forschungstandes geplant und durchgeführt. In der Literatur wird dabei eine große Spannweite an methodologischen Anforderungen und Forschungsmöglichkeiten beschrieben. Kühne (1997) begrüßt im Hinblick auf eine Evaluation bereits die Möglichkeiten eines Beweises anstelle der reinen Behauptung. Thierau (1991) beschreibt ein Stufenmodell der Evaluation in mehreren Schritten, das bei der Planung der vorliegenden Studien berücksichtigt wurde. Cox et al. (2000) fordern in einem umfassenden Modell die Einbindung der Evaluation in eine Kosten-Nutzen-Analyse und eine breite Erfassung möglicher Zielkriterien. Als Zielkriterien führen diese Autoren neben subjektiven Selbstaussagen auch Kriterien wie Leistungsdaten, Abwesenheitstage, Krankheitstage und Gesundheitsstatus auf. Bei einem gleichfalls systematischen Ansatz verweisen Wottawa und Thierau (1998) darauf, dass in konkreten Projekten notwendigerweise immer nur Teile der Struktur einer idealen empirischen Evaluationsstudie realisierbar seien. Sie betonen die Notwendigkeit praktikabler Kompromisse und eine Vermeidung von Störquellen bei gegebenen unvermeidbaren, sachinhärenten Einschränkungen. Notwendige Beschränkungen finden sich auch in der Planung und Durchführung der vorliegenden Studien.

Neben der Beschränkung auf eine *innere* (oder *Selbst-*)*Evaluation* sind die Beschränkung der Kriterien auf eine Auswahl subjektiver Selbstaussagen und das Procedere der Anonymisierung als Einschränkungen zu nennen. Die Realisierung der Studien war in diesen Punkten an die Begrenzungen durch den Datenschutz und die entsprechenden Vorgaben des Klinikums gebunden.

Weitere methodologische Aspekte lassen sich im Kontext elaborierter Forschung diskutieren. Die vorgelegten Ergebnisse beziehen sich auf subjektive Selbstaussagen von freiwilligen Studienteilnehmenden (Studie 2 und 3) sowie auf Einstufungen der Supervisionsthemen durch die Supervisoren (Studie 1). Die Daten wurden mit standardisierten Instrumenten aus früheren Untersuchungen oder mittels Fragebögen erhoben, die auf der Grundlage theoretischer Vorannahmen für die Studien entwickelt wurden. Der Einsatz von Fragebögen sollte zunächst die Durchführungs- und Auswertungsobjektivität sichern (Bortz u. Döring, 1995). Die statistische Überprüfung der Skalenbildungen erbrachte eine interne Konsistenz in befriedigender Höhe. Dies ist als Hinweis auf die Reliabilität der Skalen und als Konvergenz mit den theoretischen Vorannahmen zu werten. Die Zusammenhänge der Einzelitems untereinander und zu anderen Skalen verweisen gleichfalls auf eine reliable Erfassung der Konstrukte. Neben den grundlegenden Kriterien der Objektivität und Reliabilität sind Validitätsaspekte von einiger Bedeutung. Dieser Umstand wird auch von Cox et al. (2000) betont.

Die Frage nach der Validität stellt sich aus mehreren Blickwinkeln. Zunächst ist die Konstruktvalidität von Bedeutung. Dazu muss die notwendige Information erschöpfend erfasst werden. In den vorgestellten Studien war bedeutsam, dass neben der erlebten Belastung auch der durch die Supervision erfahrene Nutzen erfasst wurde. Dies ermöglicht die Darstellung unterschiedlicher Wirkmechanismen, wie etwa Belastungsreduktion oder Optimierung der Bewältigungsmechanismen. Grundsätzlich kann auch die Frage gestellt werden, inwieweit die untersuchten Konstrukte durch subjektive Selbstaussagen hinreichend abgebildet werden. Ohne die gleichzeitige Erfassung objektiver Kriterien ist hierzu keine begründete Aussage zu treffen. Die Frage nach der Validität subjektiver Aussagen an sich berührt auch die nach möglichen systematischen Einflussfaktoren auf diese Einstufungen. Beer (1998) diskutiert in diesem Kontext die Möglichkeit reaktiver Messeffekte. Er schränkt ein, dass von wahrgenommenen und berichteten Wirkungen nicht direkt und unzweifelhaft auf die »tatsächlichen« Effekte geschlossen werden könne. Berichtete Wirkungen stellten jedoch zumindest eine notwendige Voraussetzung von Effekten dar.

In einem weiteren Schritt ist die Frage nach der Repräsentativität und der externen Validität zu stellen. Inwieweit kann aus den Ergebnissen auf die Wirksamkeit der Intervention Supervision geschlossen werden und ist dies über die Studie hinaus generalisierbar? Das Repräsentativitätsproblem stellt sich dabei auf mehreren Selektionsstufen, die jeweils an eine gewisse Freiwilligkeit gekoppelt sind, die sowohl die Teilnahme an der Supervision als auch die an den Studien betrifft. Hinweise auf Repräsentativität sind in den durchgeführten Vergleichen zwischen Subgruppen sowie in der Konvergenz mit der Literatur zu finden. Bereits das Untersuchungsdesign hatte auf eine Vergleichbarkeit abgezielt. In der Katamnesestudie (Studie 3) wurden Supervisionsteilnehmende und Nichtteilnehmende verglichen. Nichtteilnehmende waren dabei auf denselben Stationen rekrutiert worden, auf denen auch Supervision durchgeführt worden war. Ziel war hierbei die Gewährleistung einer Vergleichbarkeit des strukturellen Hintergrunds.

Die dargestellten methodologischen Aspekte machen deutlich, dass die Studien 2 und 3 in einem quasiexperimentellen Design (Bortz u. Döring, 1995) angelegt waren. Der »Goldstandard« einer randomisierten kontrollierten Studie wurde also nicht realisiert – er ist innerhalb von Organisationen auch nur eingeschränkt durchführbar (Wottawa u. Thierau, 1998). Die Untersuchung vorgefundener natürlicher Gruppen ohne Zufallszuweisung bringt es mit sich, dass einige interessierende Variablen beziehungsweise Prädiktoren konfundiert, die möglichen Einflussgrößen also nicht zu isolieren sind. Mit der Einbeziehung einer Kontrollgruppe lassen sich jedoch allgemeine Effekte der Belastungsreduktion im Prä-Post-Vergleich in der Interventionsgruppe nachweisen. Naturgemäß können in der unbehandelten Kontrollgruppe direkte Wirkungseinstufungen nicht erfasst werden, die innerhalb der Interventionsgruppen jedoch von Bedeutung sind.

Bewertung

Insgesamt liefern die referierten Studien auch unter Berücksichtigung der aufgeführten forschungspraktischen Kompromisse Beiträge zur Beantwortung der vorliegenden Fragestellungen. Ihre Ergebnisse wie auch vielfache Rückmeldungen von Vorgesetzten zeigen, dass Pflegende die Supervision als eine Unterstützung im Arbeitsalltag wahrnehmen, die ihre Ziele erreicht: zur Bewältigung und Reduzierung berufsbedingter Belastungen beizutragen, die Funktionsfähigkeit des Teams zu erhöhen, den Aufbau beruflicher Kompetenzen zu unterstützen und Veränderungsprozesse in Team und Klinik produktiv mitzugestalten.

Die Reflexion der eigenen Tätigkeit wird am Freiburger Klinikum als integraler Bestandteil der beruflichen Aufgaben Pflegender gesehen und durch die Möglichkeit der Inanspruchnahme von Supervision ausdrücklich gefördert. Der Klinikumsvorstand beurteilt das Verhältnis von Kosten und Effektivität des Supervisionsdienstes als so vorteilhaft, dass im Jahre 2001 entschieden wurde, dieses Angebot als feste Institution der betrieblichen Gesundheitsförderung am Freiburger Universitätsklinikum zu verankern. Die Ergebnisse der evaluativen Begleitforschung im Rahmen der Qualitätssicherung der Supervision stützen diese Entscheidung und dienen darüber hinaus als empirischer Beleg für den von Supervisorenseite immer wieder betonten hohen Nutzen von Supervision für die Institution Krankenhaus.

Literatur

Becker-Kontio, M., Kimmig-Pfeiffer, A., Schwennbeck, M.-L., Streitbürger, G., Wengelski-Strock, S. (Hrsg.) (2004). Supervision und Organisationsberatung im Krankenhaus. Erfahrungen – Analysen – Konzepte. Weinheim u. München: Juventa Verlag.

Beer, T. (1998). Evaluation von Supervision. In P. Berker, F. Buer (Hrsg.), Praxisnahe Supervisionsforschung (S. 99–129). Münster: Deutsche Gesellschaft für Supervision.

Bortz, J., Döring, N. (1995). Forschungsmethoden und Evaluation. Berlin: Springer.

Bungard, W., Antoni, C. H. (2004). Gruppenorientierte Interventionstechniken. In H. Schuler (Hrsg.), Lehrbuch der Organisationspsychologie (3. Aufl., S. 439–473). Bern: Huber.

Cox, T., Griffiths, A., Eusebio, R.-G. (2000). Research on work-related stress. Luxembourg: Office for Official Publications of the European Communities.

DGSv (Hrsg.) (2006). Der Nutzen von Supervision. Verzeichnis wissenschaftlicher Arbeiten. Deutsche Gesellschaft für Supervision e.V.

Kühne, A. (1997). Supervision – ein Beitrag zur beruflichen Weiterbildung und Organisationsentwicklung in Kliniken. In H. W. Hoefert (Hrsg.), Führung und Management im Krankenhaus (S. 169–183). Göttingen u. Stuttgart: Verlag für Angewandte Psychologie.

Levi, L. (2002). Stress am Arbeitsplatz – ein Leitfaden. Brüssel: Europäische Kommission Beschäftigung und Soziales.

Müller-Kohlenberg, H., Beywl, W. (2002). Standards der Selbstevaluation. www.degeval.de/ak_soz/index.htm.

Schüpbach, H., Zölch, M. (2004). Analyse und Bewertung von Arbeitstätigkeiten. In H.Schuler (Hrsg.), Lehrbuch der Organisationspsychologie (3. Aufl., S. 197–219). Seattle: Huber.

Thierau, H. (1991). Analyse und empirische Überprüfung wissenschaftlicher Evaluationskonzepte in der betrieblichen Weiterbildung. Bonn: Psych. Diss. Univ. Bonn.

Werner, A., Hennch, Ch. (1998). Evaluation von Stationsteamsupervision in der Inneren Medizin. In C. Hennch, A. Werner, G. Bergmann (Hrsg.), Formen der Supervision: Supervisionskonzepte und Praxis im Klinikkontext (S. 125–139). Frankfurt a. M.: Verlag Akademischer Schriften.

Wittich, A., Murjahn, B., Dieterle, W. (1998a). Konfliktlösung auf Stationen: Supervisionsdienst für Pflegepersonal und Stationsteams. In C.Hennch, A. Werner, G. Bergmann (Hrsg.), Formen der Supervision: Supervisionskonzepte und Praxis im Klinikkontext (S. 99–111). Frankfurt a. M.: Verlag Akademischer Schriften.

Wittich, A., Schumacher, C., Dieterle, W., Wirsching, M. (1998b). Prävention und Bewältigung psychischer Belastungen im Krankenhaus. In E. Hallier, J. Bünger (Hrsg.), Dokumentationsband über die 38. Jahrestagung der Deutschen Gesellschaft für Arbeits- und Umweltmedizin e.V. Wiesbaden 11.–14.5.98 (S. 153–156). Fulda: Rindt Druck.

Wittich A. (2004) Supervision in der Krankenpflege. Formative Evaluation in einem Krankenhaus der Maximalversorgung.URL: http://freidok.ub.uni-freiburg.de/volltexte/1368/

Wottawa, H., Thierau, H. (1998). Lehrbuch der Evaluation. Bern: Huber.

Saskia Erbring

Kommunikation von Lehrpersonen unter Supervision

Forschungsmethodische Konzeption einer empirischen Studie

Mein Forschungsinteresse gilt der Effektivität von Supervision im Rahmen pädagogischer Arbeit, speziell der Arbeit von Lehrern und Lehrerinnen. Diesem Forschungsinteresse bin ich nachgegangen, indem ich mich an der Kommunikation von Lehrpersonen unter Supervision orientiert habe. Im folgenden Text erläutere ich den forschungsmethodischen Aufbau meiner empirischen Studie, die im Mai 2006 als Dissertation an der Universität zu Köln angenommen wurde.

Die kommunikativen Fähigkeiten von Lehrpersonen sind wesentlicher Bestandteil pädagogischer Professionalität. Kommunikation ist nicht nur in der pädagogischen und didaktischen Arbeit mit Schülern und Schülerinnen relevant; auch die Kommunikation im Kollegium wird in den letzten Jahren in der erziehungswissenschaftlichen Forschung verstärkt berücksichtigt (Prengel, 1997, S. 619).

Clark (1995) betont, dass insbesondere die Beziehungsebene der Kommunikation für Lehrpersonen zentral ist, da pädagogische Professionalität hier im Sinne einer »ethischen Sensibilität« ausgesteuert wird. In systemischer Supervision wird die Beziehungsebene der Kommunikation genutzt, um hinderliche Denk- und Handlungsstrukturen veränderbar zu machen (Schlippe u. Schweitzer, 2003). Vor diesem Hintergrund ist systemische Supervision möglicherweise ein geeignetes Unterstützungsformat, um die Professionalisierung von Lehrpersonen zu fördern. Der stets gleichbleibend strukturierte Ablauf der Supervisionssitzungen und die kontinuierlich stattfindenden Sitzungen bieten zugleich stabile Variablen in der Untersuchung der Professionalisierung von Lehrpersonen unter Supervision.

Die Kommunikation von Lehrpersonen unter Supervision war bisher noch nicht Gegenstand einer empirischen Untersuchung. Deshalb war ein kreatives und innovatives wissenschaftliches Untersuchungsdesign gefragt, das zugleich an Forschungsergebnissen der Supervisionsforschung und der erziehungswissenschaftlichen Forschung anknüpft. Im Rahmen der vorliegenden Untersuchung wurde der Arbeitsmodus der »Triangulation« gewählt, um diesen Ansprüchen zu genügen; mit der Triangulation wird die Betrachtung eines Forschungsgegenstandes aus drei verschiedenen Richtungen beschrieben. Mehrperspektivität und Interdisziplinarität ziehen sich somit durch die gesamte Arbeit: Im Theorieteil werden jeweils drei Ansätze zueinander in Bezug gesetzt und zur Fundierung des Kategorienschemas genutzt. Die Ansätze sind aus den Bereichen pädagogischer, psychologischer und philosophischer Forschung. Auch der methodologische Hintergrund setzt sich aus drei Bezugstheorien zusammen, die aus der Sozialforschung, der Sprachwissenschaft und der Sprachtheorie stammen. Im Methodenteil wurden drei methodische Verfahrensweisen trianguliert.

Meiner nachfolgenden Ausarbeitung liegt folgende Gliederung zugrunde:

1. Zunächst gehe ich auf die Fragestellung meiner Studie ein und erläutere wesentliche Aspekte der Untersuchungsanlage. Die pädagogischen, psychologischen und philosophischen Bezugstheorien werden genannt.
2. In einem zweiten Schritt gehe ich auf jene Bezugstheorien ein, aus denen das methodologische Grundgerüst der Arbeit konstruiert wurde. Die Methodologie stellt in empirischen Arbeiten eher selten einen Interessenfokus dar. Häufiger werden theoretischer und empirischer Teil lediglich mittels der eingesetzten Methoden miteinander verbunden; die Methodologie ist den gewählten Methoden implizit und wird zumeist nur am Rande erwähnt. Dies gilt besonders für die Wirkungsforschung zur Supervision. Das methodologische Design meiner Studie eröffnet somit für die Supervisionsforschung interessante Perspektiven.
3. Anschließend erläutere ich, wie sich die gewonnene methodologische Grundorientierung methodisch umsetzen lässt. Ich erläutere mein Vorgehen der teilnehmenden Beobachtung, das Kategorienschema, die konzeptuellen Netzwerke und den Einsatz des

Computerprogramms Atlas/-ti. Außerdem gehe ich auf die Kodierregeln und die Gütekriterien der Studie ein.
4. Ein knapp gehaltener Abschnitt zeigt einige Ergebnisse der Studie auf.
5. Mit einem Fazit zum Forschungsdesign runde ich meinen Beitrag ab.

Pädagogisch professionelle Kommunikation versus habituelle Kommunikation

Im Rahmen meiner empirischen Studie zur Professionalisierung von Lehrpersonen unter Supervision wurde in einem explorativ angelegten Untersuchungsdesign der Fragestellung nachgegangen, inwiefern sich die Kommunikation von Lehrpersonen unter Supervision verändert. Zur Erforschung dieser Fragestellung wurde eine Supervisionsgruppe, die mit einem systemischen Supervisor arbeitete, ein Jahr lang wissenschaftlich begleitet. In diesem Zeitraum fanden 15 Sitzungen à zwei Stunden statt. Die Teilnehmer und Teilnehmerinnen dieser Gruppe arbeiten als Lehrer und Lehrerinnen an einer integrativen Gesamtschule mit gemeinsamem Unterricht. Sie sind mit dem Lehramt für Sonderpädagogik oder dem Lehramt für allgemeinbildende Schulen qualifiziert.

Der Umgang mit Selbstverantwortung wurde als Kernthema gewählt, um zu einer Operationalisierung der Fragestellung zu gelangen. Hier wird ein »Knackpunkt« für die Professionalität von Lehrpersonen vermutet: Die situativ stimmige Ausbalancierung der Selbstverantwortungsanteile kommunizierender Personen wurde im Rahmen der Studie als pädagogisch professionelle Kommunikation definiert. Sowohl kontrollierendes als auch überverantwortliches Kommunizieren schränken die Selbstverantwortungsübernahme anderer beteiligter Personen ein. Kommunikativ gezeigte Hilflosigkeit zeugt von eingeschränkter persönlicher Beteiligung und wird als Abgabe von Selbstverantwortung verstanden. Die zuletzt genannten Kommunikationsweisen wurden von pädagogisch professioneller Kommunikation unterschieden und als Ausprägungen habitueller Kommunikation bezeichnet.

Die Bezugstheorien im theoretischen Teil der Arbeit sind der strukturtheoretische Ansatz von Werner Helsper (2004), der sozialkonstruktivistische Ansatz von Gabi Reinmann-Rothmeier und Heinz Mandl (2001) und der wissenspsychologische Ansatz von Christopher Clark (1995). Neben diesen pädagogischen Bezugstheorien wurden theoretische Ansätze berücksichtigt, welche den Umgang mit Selbstverantwortung aus philosophischer, ethischer und psychologischer Sicht thematisieren und somit eine Unterscheidung zwischen professioneller und habitueller Kommunikation aus theoretischer Sicht begründen. Ausgewählt wurden die Ansätze von Jürgen Habermas (1972/1995), Martin Buber (1923/2004) und Eric Berne (1964/2004a). Diese sowie die daraus entwickelten Kategorien werden hier nicht näher erläutert, da der Fokus auf dem methodologischen und methodischen Aufbau liegt (ausführlich siehe Erbring, 2007, S. 31 ff.).

Methodologisches Rahmenmodell zur Analyse der Kommunikation unter Supervision

Drei methodologische Bezugstheorien wurden kombiniert, um ein passendes Rahmenmodell für die Analyse der Kommunikation unter Supervision zu konstruieren: Der sprachtheoretische Ansatz von Karl Bühler (1934/1999), die Funktionale Pragmatik nach Michael Becker-Mrotzek und Christian Meier (2002) und die Grounded Theory nach Anselm Strauss und Janet Corbin (1990/1996). Bevor ich das Analysemodell weiter unten erläutere, stelle ich die drei Ausgangstheorien kurz dar:

a) Die Feldtheorie der Sprache

Bühlers Ansatz verortet Sprache im Handlungszusammenhang des Sprechens. Bühlers Ansatz legt nahe, bei der Analyse von Kommunikation eine situationsgebundene Ebene von der durch die »Benennung« der Inhalte darüber hinausgehenden Ebene zu unterscheiden. Die Inhalte der Kommunikation werden damit zum Kontext, während die Funktion einer Äußerung unabhängig davon analysierbar ist. Mit dem Organon-Modell der Sprache strukturiert Bühler seinen Ansatz weiter. Demnach besitzt Sprache drei mögliche Funktionen: die Darstellungsfunktion, die Appellfunktion und die Ausdrucksfunktion, wobei jeweils eine der Funktionen die Bedeutungsgebung dominiert (Bühler, 1999, S. 32). Im von mir entwickelten Rahmenmodell bilden Bühlers Kategorisierungen die Grundstruktur. Die Äußerungsfunktionen wurden in Anlehnung an Bühler als sachorientierte, empfängerorientierte oder senderorientierte Kommunikation bezeichnet. Die Inhalte der Kommunikation – im Rahmen meiner Studie sind dies die unter Supervision eingebrachten Themen – wurden in meinem Modell als Kontext berücksichtigt.

b) Die Funktionale Pragmatik

Bühlers Ansatz gibt wenig konkrete Hinweise zum empirischen Vorgehen. Aus diesem Grund wurde die Funktionale Pragmatik von Becker-Mrotzek und Meier gewählt, welche zur Analyse von Funktionen einer Äußerung anleitet. Diskursanalytische Verfahren verlangen seitens der Forschenden nachvollziehendes Verstehen und gelungene Einfühlung. Die gute bis sehr gute Kenntnis des Forschungsfeldes wird ebenso eingefordert wie die Fähigkeit zur Selbstreflexion und der Mut zur Entwicklung eigener Interpretationsverfahren. Ziel des aus der Sprachwissenschaft stammenden Ansatzes ist es, kommunikative Abläufe insbesondere im Hinblick auf problematische Ausprägungen zu untersuchen. Im authentischen Forschungsfeld werden Audio- und Videoaufzeichnungen angefertigt und diese transkribiert. Durch die Orientierung an deren funktionaler Einbettung werden aus dem größeren Diskurszusammenhang einzelne Sprechhandlungen sequenziert. Eine Äußerung wird also stets im Zusammenhang mit vorausgehenden und nachfolgenden Äußerungen untersucht, auch berufliche und institutionelle Zusammenhänge sind zu berücksichtigen. Über die kleinschrittige Analyse hinausgehend sind auch großräumige Analysen durchführbar, wodurch verfestigte Handlungsformen als Muster innerhalb größerer Einheiten bestimmt werden können. Diese Analyseform wird als »Großräumige Musteranalyse« bezeichnet.

c) Die Grounded Theory

Zur Konzeptualisierung der Forschungsergebnisse in Form eines eigenen Ansatzes werden bei Becker-Mrotzek und Meier wenig Aussagen gemacht. Die Grounded Theory nach Strauss und Corbin gibt eine konkrete Anleitung, wie die Verbindung von empirischer Forschung und Theorieentwicklung umsetzbar ist. Die gegenstandsverankerte Theorie wird induktiv aus den erforschten Phänomenen abgeleitet, indem Prozesskomponenten kommunikativer Handlungen mittels Transkripten aus dem Forschungsfeld systematisch auf deren Bedeutungen hin erschlossen werden. Die Aufmerksamkeit der Forschenden für bedeutungsvolle Elemente in den Daten, die »theoretische Sensibilität«, ist Dreh- und Angelpunkt des Forschungsverlaufes und wird durch konkrete Arbeitsschritte und Übungsaufgaben angeleitet. Kodiertechniken des offenen, axialen und selektiven Kodierens münden schließlich in die Entscheidung für eine Kernkategorie.

In meiner Studie ist diese Kernkategorie das Konzept der Selbstverantwortung, welches die theoretischen und die empirischen Daten in eine Ordnungsstruktur bringt. Die Unterscheidung zwischen pädagogisch professioneller und habitueller Kommunikation beruht auf dem Umgang mit Selbstverantwortung seitens der sprechenden Person und wird aufgrund des Äußerungszusammenhanges hergestellt. Diese Kategorien wurden auf der Beziehungsebene der Kommunikation verortet und in Anlehnung an Bühler der sachorientierten, der empfängerorientierten oder der senderorientierten Kommunikation zugewiesen. Die Inhaltsebene der Äußerungen bildet den Kontext des Modells. Aus den bislang erläuterten Komponenten entstand ein Rahmenmodell (siehe Abbildung 1).

Methodentriangulation

Drei methodische Vorgehensweisen wurden trianguliert, um die Datenerhebung und -analyse durchzuführen: Die teilnehmende Beobachtung hat die Datenerhebung und erste Analyseschritte im Forschungsfeld unterstützt. Es wurden die Hypothesen aufgestellt, dass in einem erfolgreichen Lernprozess unter Supervision der Anteil

Inhaltsebene

Funktion	***Beziehungsebene*** *professionell* *habituell*	
sach-orientiert	Typ A	Typ D
empfänger-orientiert	Typ B	Typ E
sender-orientiert	Typ C	Typ F

Abbildung 1: Rahmenmodell zur Analyse professioneller und habitueller Kommunikation

habitueller Kommunikation abnimmt und der Anteil professioneller Kommunikation zunimmt. Das Kategorienschema bildete die zweite Komponente der triangulierten Methoden. Eine quantitativ-deskriptive Auswertung des Kategorienschemas diente der Hypothesenprüfung. Die dritte Komponente der Methodentriangulation sind die konzeptuellen Netzwerke. Sowohl Großräumige Musteranalysen als auch Einzelfallstudien waren Bestandteile der erarbeiteten Netzwerke.

a) Teilnehmende Beobachtung

Die teilnehmende Beobachtung ist als Forschungsmethode geeignet, wenn ein Blick auf Zusammenhänge eröffnet werden soll, der durch Befragung nur schwer zugänglich ist, beispielsweise weil er den Befragten selbst nicht bewusst ist (Friebertshäuser, 1997, S. 505). Die genaue Positionierung der Forschenden innerhalb des Spannungsfeldes aus Teilnahme und Beobachtung ist fallspezifisch festzulegen, indem Forschungsanliegen, Bedingungen des Forschungsfeldes und eigene Möglichkeiten und Kompetenzen auf die optimale Abstimmung hin befragt werden. Die Schule, an der die Supervision stattfand, sowie einige der teilnehmenden Lehrpersonen waren mir bereits vor Beginn der Supervision persönlich bekannt. So konnte ich einen relativ hohen Grad an Empathie und Verstehen voraussetzen. Mir war aus eigener Erfahrung das Format Supervision unbekannt und ich konnte meine eigene emotionale Auseinandersetzung im Prozess schwer einschätzen. Vor diesem Hintergrund erschien mir ein geeignetes Vorgehen darin zu liegen, mich während der Anfangs- und der Endphase aktiv in die Supervisionsgruppe einzubringen. Die übrige Zeit verbrachte ich außerhalb des Stuhlkreises, überwachte die Videoaufzeichnungen und fertigte Beobachtungsprotokolle an. Eigene Themen brachte ich als Forscherin nicht in die Supervision ein, um die Natürlichkeit der Situation möglichst zu erhalten.

b) Kategorienschema

Das Kategorienschema beruht auf dem oben dargestellten Rahmenmodell zur Analyse von Kommunikation unter Supervision und wurde anhand der empirischen Daten zur Kommunikation der Supervisionsgruppe gefüllt. Der Theorieteil der Arbeit, dessen Bezugstheorien im ersten Kapitel kurz genannt wurden, erläutert und begründet die Kategorien im Hinblick auf pädagogische Professionalität. Während der Entwicklung der Kategorien aus dem empirischen Datenmaterial waren die von mir angefertigten Protokolle der Sitzungen und die Videoaufzeichnungen notwendige Ergänzungen der Transkripte. Dem Verfahren zur Grounded Theory sowie der Funktionalen Pragmatik entsprechend habe ich mehrere Kodierungen vorgenommen, bis das Kategorienschema zur Kodierung aller Äußerungen geeignet war. Dabei war anfangs die Orientierung an anderen empirischen Studien und Vorschlägen zur Kategorisierung von Kommunikation hilfreich (z. B. Bellack et al., 1974). In der begrifflichen Fassung der Kategorien wurden alltagsweltliche Begriffe bevorzugt. Dabei wurden häufig die vom Supervisor verwendeten Begriffe – die Grounded Theory bezeichnet diese als »in vivo«-Kategorien – übernommen. Die übrigen Begriffe wurden von mir ausgewählt oder stammen aus der Fachliteratur.

Jeder der sechs Kommunikationstypen (Typ A bis Typ F) enthielt schließlich zwei Kategorien, so dass insgesamt zwölf Kategorien und eine Kategorie »Sonstige« entstanden. Zur Bestimmung der Inhaltsebene der Kommunikation wurden vier Themenbereiche unterschieden. Eine Grafik fasst das Kategorienschema der Studie zusammen (siehe Abbildung 2).

Inhaltsebene

(D) Schule

(C) Teamarbeit

(B) Pädagogische Arbeit

(A) Supervisionsgruppe

Funktion	***Beziehungsebene*** *professionell*	*habituell*
sachorientiert	(1a) Auskunft (1b) Anerkennung	(1c) Manipulation (1d) Abwertung
empfängerorientiert	(2a) Interesse (2b) Strukturierung	(2c) Hilfe (2d) Interpretation
senderorientiert	(3a) Selbstkundgabe (3b) Auflockerung	(3c) Bitte (3d) Rechtfertigung

(4) Sonstige

Abbildung 2: Kategorienschema zur Analyse der Kommunikation unter Supervision

Die Kategorien auf der Inhaltsebene der Kommunikation sind Supervisionsgruppe (A), Pädagogische Arbeit (B), Teamarbeit (C) und Schule (D). Der Themenbereich »Supervisionsgruppe« umfasste angesprochene Fragen und Probleme innerhalb der Supervisionsgruppe wie beispielsweise bei Fragen nach der Finanzierung der Supervision oder die Frage nach Teilnahmekonditionen für neue Mitglieder. Der Bereich »Pädagogische Arbeit« betraf Fragen, die auf den eigenen Unterricht bezogen waren sowie Fragen zur Elternarbeit. Die Kategorie »Teamarbeit« enthielt Fragen zur Arbeit mit Kollegen oder im Team. Organisatorisch-strukturelle Themen auf Schulebene wurden dem Themenbereich »Schule« zugeordnet. Dieser Kategorie wurden beispielsweise von den Teilnehmenden thematisierte Probleme auf Konferenzen zugewiesen.

Auf der Beziehungsebene der Kommunikation wurde nach habitueller und professioneller Kommunikation unterschieden, wobei die Kategorien zusätzlich in Anlehnung an Bühlers Ansatz nach sachorientierter, empfängerorientierter oder senderorientierter Funktion geordnet wurden. Äußerungen mit sachorientierter Funktion auf der Beziehungsebene sind demnach jene Äußerungen, die sich vorrangig auf Gegenstände und Sachverhalte beziehen. Zur sachorientierten professionellen Kommunikation (im Rahmenmodell kurz: Typ A) zählen die Kategorien »Auskunft« und »Anerkennung«, während »Manipulation« und »Abwertung« als sachorientierte habituelle Kommunikation (Typ D) gelten. Wendet sich die sprechende Person in erster Linie einer anderen Person zu, hat die Äußerung empfängerorientierte Funktion. Auch hier bestehen vier Möglichkeiten der Kodierung: »Interesse« und »Strukturierung« sind empfängerorientierte professionelle Kommunikation (Typ B), während »Hilfe« und »Interpretation« als empfängerorientierte habituelle Kommunikation (Typ E) bezeichnet werden. Kommuniziert eine Person vorrangig Beweggründe oder Gefühle, besitzt die Äußerung senderorientierte Funktion. Die Kategorien wurden nach senderorientierter professioneller Kommunikation (Typ C), nämlich »Selbstkundgabe« und »Auflockerung«, und nach senderorientierter habitueller Kommunikation (Typ F) – dies sind »Rechtfertigung« und »Bitte« – unterschieden.

Die Abgrenzung von Kategorien professioneller und habitueller Kommunikation gelang mit der Festlegung von »Selbstverantwortung« als Kernkategorie der Untersuchung. Das Kategorienschema ließ sich mit der Kontrastierung von Zitaten und Memos – dies sind Erinnerungsnotizen, welche in der Entwicklung einer Grounded Theory eine wichtige Rolle spielen – zunehmend ausdifferenzieren. In einem nächsten Schritt wurden einige der mit unterschiedlichen Überschriften bezeichneten Konzepte unter übergeordnete Kategorien subsumiert. Insgesamt ließ sich so die zunächst sehr große Anzahl konzeptuell erfasster Kategorien auf jeweils zwei Unterkategorien fokussieren und für die Beschreibung der Kategorien nutzen. Jeweils zwei Kategorien formten wiederum auf höherer Ebene die sechs Typen A bis F. Die Kategorien »Aufforderung« und »Vorschlag« wurden zu Unterkategorien der Kategorie »Strukturierung«. Auf der nächsthöheren Ebene sind diese dem Bereich empfängerorientierter professioneller Kommunikation (Typ B) subsummiert. Die Unterkategorien »Vorschrift« und »Behauptung« wurden zur Kategorie »Manipulation« zusammengefasst. Grafisch lässt sich der Aufbau des Kategorienschemas als Baumdiagramm darstellen (siehe Abbildung 3, hier z. B. zu Typ B).

Ich gebe nun einige Beispiele zu den Kategorien. In der Supervisionsgruppe bringt die Supervisandin Eva auf die Frage des Supervi-

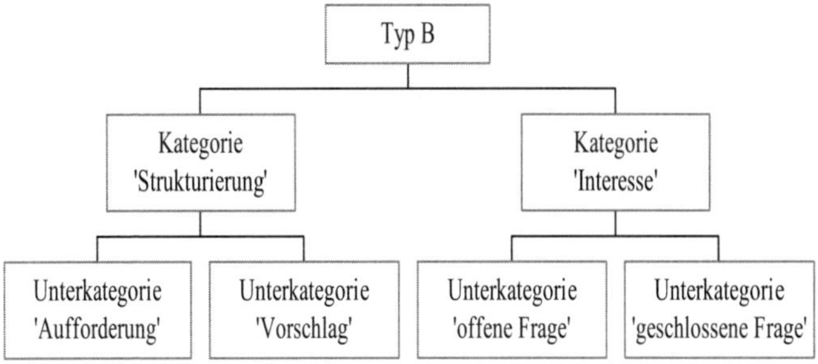

Abbildung 3: Beispiel zum Aufbau des Kategorienschemas mit Unterkategorien

sors ihr Thema mit folgender Einleitung ein: »Ja, dann fang ich mal an, ich hab nämlich schon … ich hab mir nämlich was überlegt, weil ich ja letztes Mal kein Thema hatte und ich ein Thema habe, was wirklich ein Thema ist«. Vor dem Hintergrund, dass beliebig viele Themen in die Supervision eingebracht werden dürfen und diese erst in einem nächsten Schritt verhandelt werden, erscheint Evas lange Begründung unnötig. Diese und andere, in ähnlicher Weise rechtfertigend eingesetzte Begründungen, wurden in der Auswertung mit der Kategorie »Rechtfertigung« kodiert. Diese Kategorie ist definiert durch die Abgabe von Selbstverantwortung mit der Tendenz, andere indirekt zur Bestätigung oder Ablehnung der eigenen Äußerung einzuladen. Die Kategorie gehört zu den Kategorien der *habituellen Kommunikation.*

Ein weiteres Beispiel der Kategorien habitueller Kommunikation ist die Kategorie »Hilfe«. Diese Kategorie ist definiert als bevormundendes Eingreifen, welches die Selbstverantwortungsübernahme anderer Personen erschwert. Indem sich beispielsweise eine Person in ein Gespräch einmischt, die Äußerung einer anderen Person ungefragt verbessert oder die Person durch einen Ratschlag beeinflusst, geraten die Selbstverantwortungsanteile der beteiligten Personen in ein ungünstiges Missverhältnis. Aus der Supervisionsgruppe wähle ich zur Veranschaulichung folgendes Beispiel: Die Teilnehmerin Sue bringt als ihr Thema die Frage ein: »Wie kann ich Erwachsene in ihre Schranken weisen, ohne dass sie im Extremfall aufstehen würden und gehen?« Die Teilnehmerin Eva mischt sich mit folgender Ergänzung ein: »Nicht Erwachsene, sondern Eltern von Schülern, für die du eine besondere Verantwortung übernimmst.« Evas Äußerung wurde als »Hilfe« kodiert.

Die Kategorien *pädagogisch professioneller Kommunikation* sind gekennzeichnet durch die gelungene Ausbalancierung der Selbstverantwortungsanteile der Kommunizierenden. Dies kann beispielsweise bei der sachorientierten Vermittlung von Auskünften der Fall sein (Kategorie »Auskunft«). Mit Blick auf den Umgang mit Selbstverantwortung ist dabei die Explikation eigenen Wissens verlangt. Indem also eine Person Sachverhalte darbietet und erklärt, ist von ihr die klare Verortung der eigenen Position im Thema verlangt. So beispielsweise bei folgender Äußerung: »Ich denke, dass er mit ner eigenen Geschichte, mit ner eigenen Frage kommt und nicht, dass es der Zettel ist.« Die Kategorie »Selbstkundgabe« beinhaltet Äußerungen, welche dem Ausdruck eigener Volitionen oder Beweggründe dienen: »Und den Faktor Zeit möchte ich gerne heute noch klären.« Mit solchen selbstbezogenen Äußerungen übernehmen Personen Selbstverantwortung für eigene Bedürfnisse und Gefühle und ermöglichen anderen Personen zugleich die Übernahme von Selbstverantwortung. Der Mut zum Ausdruck eigener Beweggründe kann dabei auch eine Vorbildfunktion für andere Personen erfüllen.

Nach Fertigstellung des Kategorienschemas wurde eine quantitativ-deskriptive Auswertung des Kategorienschemas durchgeführt. Dabei wurde die Häufigkeit des Auftretens der einzelnen Kategorien im Verlauf des Jahres festgestellt. Die deskriptive Analyse der Vorkommenshäufigkeit bietet auch ohne statistische Prüfverfahren die Möglichkeit, mögliche Veränderungen der Häufigkeit der Belegung der einzelnen Kategorien im Verlauf des Jahres auf einen Blick vergleichbar zu machen (zum Verfahren siehe Bortz, 2002, S. 151 und 376).

c) Konzeptuelle Netzwerke

Im Rahmen der Erarbeitung konzeptueller Netzwerke wurden Großräumige Musteranalysen und Einzelfallstudien durchgeführt. In den Großräumigen Musteranalysen wurde der weiterführenden Frage nachgegangen, ob in der Kommunikation der Supervisionsgruppe bestimmte Abfolgen wiederholt auftreten. Damit wurden Deutungsmöglichkeiten im Hinblick auf die soziale Struktur der Kommunikation unter Supervision eröffnet. Dies erscheint beispielsweise im Hinblick auf das »Drama-Dreieck« interessant (Berne, 2004b, S. 226 ff.). Dieses macht darauf aufmerksam, dass es ungünstige Abfolgemuster der Kommunikation gibt, die in ähnlicher Form wiederholt auftreten. Nach diesen wiederkehrenden Abläufen wurde in den transkribierten Daten gesucht. Weiterführend wurde auch untersucht, ob zwischen Anfang und Ende des Beobachtungszeitraumes Unterschiede in der Abfolgesystematik bestehen. Es wurde zwischen kommunikativen Mustern in der Kommunikation von Teilnehmern und Teilnehmerinnen miteinander und der Kommunikation von Teilnehmern und Teilnehmerinnen und Supervisor unterschieden. Dem liegt die Annahme zugrunde, dass in der Kommunikation der Teilnehmer und Teilnehmerinnen verfestigte Strukturen möglicherweise häufiger auftreten als bei direkter Beteiligung des Supervisors, da sich einige der Teilnehmer und Teilnehmerinnen bereits vor der Supervision gut kannten und eingespielte kommunikative Muster realisierten. Bei direkter Beteiligung des Supervisors dagegen wurde erwartet, dass er ungünstige kommunikative Muster möglicherweise unterbricht oder in eine konstruktivere Richtung führt.

In sechs Einzelfallstudien wurden die quantitativen Auswertungen des Kategorienschemas weitergeführt. Die Kommunikation von sechs der teilnehmenden Lehrpersonen wurde einzeln untersucht und individuelle Entwicklungen dargestellt. Zudem wurden die Ergebnisse im Hinblick auf die von der Person eingebrachten Themen analysiert. Ein von der Person häufig zur Bearbeitung in die Supervision eingebrachtes Thema wurde dabei im Hinblick auf den Umgang mit Selbstverantwortung untersucht. Aufgrund der Befunde wurde für jede Einzelperson die implizite »Regel« formuliert, welche der spezifischen Haltung der Person zugrunde liegt (Schlippe u. Schweitzer, 2003, S. 60). Sodann wurde analysiert, inwieweit die Person im Jahresverlauf Umdeutungen hinsichtlich ihrer Sichtweise auf bestimmte Themen vorgenommen hat.

Transkribierung und Einsatz des Computerprogramms Atlas/-ti

Die Gütekriterien des Transkriptionssystems sind seine Praktikabilität, seine Ausbaufähigkeit und Flexibilität bezüglich unterschiedlicher Gesprächsdaten, seine Erlernbarkeit und vor allem seine Lesbarkeit (Lalouschek u. Menz, 2002, S. 56). Insbesondere bei gleichzeitigem Sprechen müssen Entscheidungen getroffen werden, wie die Phänomene vermittelt werden können. Für meine Studie war die häufig eingesetzte Transkribierung mittels Partiturschreibweise ungeeignet. Neben einer erschwerten Lesbarkeit erwies sie sich als nicht kompatibel mit dem Computerprogramm Atlas/-ti. Mir erschien es daher günstiger, die Äußerung einer Person zusammenhängend zu transkribieren und die Stelle kenntlich zu machen, an der eine andere Person unterbricht. Verbale und nonverbale Mittel der Kommunikation wurden in Klammern gesetzt, um die Beziehungsebene der Äußerung in Schriftform zugänglich zu machen (ausführlich hierzu siehe Erbring, 2007, S. 132 ff.). Alle transkribierten Äußerungen wurden kodiert, auch die Äußerungen des Supervisors der Gruppe.

Das Computerprogramm Atlas/-ti wurde speziell zur Unterstützung von Analyse- und Auswertungsverfahren zur Grounded Theory entwickelt. Es bietet eine Unterstützung insbesondere in der Exploration der Daten, der Organisation von Texten (beispielsweise schnelles Wiederauffinden von kodierten Textsegmenten), der Erschließung des Datenmaterials (beispielsweise rasches Auszählen von Wörtern und Wortkombinationen), der Segmentierung und Kategorisierung von Texten, der Zusammenstellung von thematisch verbundenen Textpassagen, der Definition von Variablen und der Erstellung von Memos (Muhr, 1996, S. 385). Für die Analyse wurden alle transkribierten Sequenzen in das Programm Atlas/-ti eingespeist. Die Transkripte ließen sich dann mit unterschiedlichen Werkzeugen explorieren. Zunächst habe ich die Möglichkeit des Programms genutzt, um Memos zu schreiben. Die Memofunktionen sind unterschiedlich einsetzbar: Ich habe hier beispielsweise Namen der Anwesenden oder Besonderheiten der Sitzung notiert. Auch die Dauer der Sitzungsphase in Minuten wurde schriftlich fixiert. Darüber hinaus wurden die Ergebnisse meiner begleitend zur Supervisionssitzung angefertigten Protokolle in die Memos aufgenommen. Nach

Fertigstellung des Kategorienschemas wurden alle für die Auswertung ausgewählten Primärdokumente kodiert. Das Programm hebt dabei kodierte Textstellen am rechten Rand hervor. Die Inhalte wurden personenbezogen und unter Angabe des Bearbeitungsstatus kodiert, das heißt beispielsweise wurde das Thema »Teamarbeit« kodiert als »Teamarbeit-Zoe-bearbeitet«. Die Beziehungsebene wurde personenbezogen kodiert wie beispielsweise »Auskunft-Max«. Mit diesen Spezifizierungen sind sowohl summative als auch personenbezogene Analysen möglich. Frühere Auswertungsschritte habe ich gespeichert und in der Reflexion der Methoden sowie zur Beschreibung des Kategorienschemas herangezogen. Auf der Ebene von Memos habe ich die Kategorien begleitend zur Analyse kommentiert und diese Kommentare zur Erläuterung des Kategorienschemas genutzt.

Das Programm Atlas/-ti bietet die Möglichkeit, Kategorien und Memos zueinander in Bezug zu setzen und konzeptuell zu füllen. Die Verbindungen der so entstehenden konzeptuellen Netzwerke lassen sich grafisch darstellen, wobei die gewählten Elemente beim Anklicken die damit auf tieferen Ebenen verknüpften Elemente zeigen. Auf diese Weise können beispielsweise kodierte Textpassagen zu bestimmten Kategorien schnell aufgefunden werden. Die Exploration von Zusammenhängen und Unterschieden führt dazu, dass Kategorien auf einer höheren Ebene miteinander verbunden werden können. Somit können die Funktionen des Programms die Entwicklung einer datenbasierten Theorie unterstützen, wie dies mit der Grounded Theory angestrebt ist.

Kodierregeln und Gütekriterien

Für die quantitative Auswertung wurde die in jeder Sitzung wiederkehrende Phase der Themeneinbringung ausgewählt, so dass Veränderungen der Kommunikation im Verlauf des Jahres zuverlässig erfasst werden konnten. Folgende Kodierregeln galten für die Inhaltsebene und die Beziehungsebene: Bei der Kodierung der *Inhaltsebene* wurde jedes neu angesprochene Thema kodiert, ein wieder aufgegriffenes Thema wurde nicht erneut kodiert. Die Kodierung erfolgte unter Einbezug des Namens der einbringenden Person. Zusätzlich wurde kodiert, ob das eingebrachte Thema tatsächlich im weiteren

Verlauf der Supervision bearbeitet wurde oder nicht. Die quantitative Auswertung der Kategorien auf Inhaltsebene erfolgte mit der Auszählung der Häufigkeit der eingebrachten Themen. Darüber hinaus wurde die Häufigkeit der bearbeiteten und nicht bearbeiteten Themen ausgezählt.

Beispiel: Im Verlauf des Jahres wurden 25 mal Themen der Kategorie »Schule« eingebracht. Davon wurden 14 Themen im Verlauf der Sitzung bearbeitet, die übrigen 11 Themen wurden nicht bearbeitet.

Eine neue Kodierung der *Beziehungsebene* erfolgte immer dann, wenn sich die Kategorie veränderte, wenn ein Sprecherwechsel erfolgte oder wenn eine Pause gemacht wurde. »Ja«, »Mhm« und unverständliche Äußerungen wurden nicht separat kodiert, sondern gemeinsam mit der vorausgehenden oder nachfolgenden Äußerung der sprechenden Person kodiert. Allein stehende »Ja« wurden mit »Sonstige« kodiert, außer es handelte sich um Antworten auf eine Frage (dann war es »Auskunft«). Standen unverständliche Äußerungen oder »Mhm« allein, wurden sie mit der Kategorie »Sonstige« kodiert. Diese Regelung führte dazu, dass die Kategorie »Sonstige« stark ausgeprägt erscheint. In anderen Untersuchungen bedeutet diese Ausprägung meistens, dass viele Äußerungen nicht zugeordnet werden konnten, da sie entweder unverständlich waren oder in keiner der vorhandenen Kategorien einzuordnen waren. Für die vorliegende Untersuchung gilt dies nicht: Die Kategorie »Sonstige« enthielt nämlich nur zu einem verhältnismäßig geringen Anteil Äußerungen, welche akustisch nicht verständlich waren (beispielsweise aufgrund der Aufnahmequalität oder der Aussprache). Es handelte sich dabei lediglich um ein Fünftel aller kodierten Äußerungen in »Sonstige«. Die restlichen vier Fünftel waren Murmeln, »Mhm« oder »Ja« ohne eindeutige Zuordnung. Da die Kodierung aller Äußerungen angestrebt war und die »Mhm« in den Transkripten bereits vorlagen, ließ sich dieses Problem der Aussagekraft für die vorliegende Untersuchung nicht mehr beheben.

Probleme der Kodierung traten auf, wenn die Indikatoren für unterschiedliche Kategorien zutrafen. Beispielsweise bei folgender Äußerung von Tim: »Also mein Thema wäre jetzt […] ganz eindeutig: Wie geht die Arbeit in der Klasse weiter und die Arbeit mit den Eltern.« Tims Äußerung wurde als »Auskunft« kodiert, obwohl im ersten Satzteil ein Konjunktiv eingesetzt wurde, welcher als Indikator für die Kategorie »Bitte« definiert ist. Tims eindeutige Formulierung des Themas im zweiten Satzteil führte zur Entscheidung für die Kodierung von »Auskunft«. In solchen Entscheidungssituationen wurde der Videoausschnitt erneut angesehen, um Tendenzen festzustellen. Auch wurden solche Fragen mit dem Supervisor der Gruppe besprochen.

Nach vollständiger Kodierung aller ausgewählten Transkripte wurde zur Überprüfung der Hypothesen die Häufigkeit der Belegung der einzelnen Kategorien ermittelt. Dabei lässt sich der prozentuale Anteil der Kategorien in jeder Sitzung bestimmen, indem die Häufigkeit der Belegung dieser Kategorie in der entsprechenden Sitzung durch die Summe aller in dieser Sitzung kodierten Äußerungen dividiert wird (zu diesem Verfahren siehe auch Brünker, 2004, S. 130 ff.).

Beispiel: In der 5. Sitzung beträgt die Summe aller in dieser Sitzung kodierten Äußerungen 45. Die Kategorie »Rechtfertigung« wurde in der 5. Sitzung fünfmal kodiert. Dies entspricht 5/45 = 0,11[1]. Der prozentuale Anteil der Kategorie »Rechtfertigung« in der 5. Sitzung entspricht demnach 11 %.

Signifikanzkriterien wurden nicht festgelegt. Die Hypothesenprüfung ist somit als explorative Auswertungsstrategie zu verstehen, welche Entwicklungstendenzen in der Ausprägung der Kategorien und Äußerungstypen im Verlauf des Jahres sichtbar macht. Eine Verallgemeinerung der Aussagen im Rahmen der vorliegenden Studie ist nur begrenzt möglich, da keine Kontrollgruppe herangezogen wurde und die Gütekriterien quantitativer Forschung modifiziert wurden. In qualitativer Forschung gilt die Selbstreflexion der forschenden Person als ein entscheidendes Kriterium für die Güte der Forschungsarbeit. Sowohl persönliche Wertvorstellungen, Sichtweisen und Konflikte als auch Ideen, Fragen und Probleme werden auf diesem Weg der Forschung zugänglich. Mit der im Forschungsprozess notwendigen Fokussierung auf wesentliche Elemente in den Daten wird diese Form der Selbstreflexion in der Grounded Theory als »theoretische Sensibilität« bezeichnet.

---

[1] Die zweite Dezimalstelle nach dem Komma wurde gerundet, die Endung 5 als ,5 übernommen.

Im Verlauf des Forschungsprozesses habe ich wiederholt Gespräche mit den an der Supervision teilnehmenden Lehrpersonen geführt. Auf diese Weise war es möglich, eigene Annahmen und Wahrnehmungen zum Supervisionsprozess mit Aussagen der Teilnehmer und Teilnehmerinnen in Bezug zu setzen. Mit dem Supervisor der Gruppe besprach ich zwischen den einzelnen Sitzungen jeweils 60 Minuten lang die vorausgegangene Sitzung. Wir sahen Transkriptteile ein, betrachteten Videoausschnitte und diskutierten erinnerte Schlüsselszenen. Dadurch erhielt ich einerseits Einblicke in Prozessverläufe aus der Sicht des Supervisors, andererseits auch Anstöße zur Selbstreflexion. Die gemeinsamen Treffen fanden auch nach Abschluss des Jahres in unregelmäßigen Abständen weiter statt. Einige dieser Treffen nutzte ich dazu, das von mir entwickelte Kategorienschema sowie die Ergebnisse der Einzelfallstudien und der Großräumigen Musteranalysen mit dem Supervisor kommunikativ zu validieren. Die Fragestellung, Hypothesen und Ergebnisse wurden ihm in schriftlicher Form vorgelegt und von ihm – teilweise unter Einbezug der Videomitschnitte – durchgearbeitet. Die Validierung erbrachte eine hohe Übereinstimmung; Änderungsvorschläge des Supervisors wurden mit ihm besprochen und gegebenenfalls aufgenommen.

Aufgrund der Situiertheit von Kommunikation ist eine Überprüfung der Reliabilität anhand von Transkripten erschwert.Zur Erreichung der interkoderreliabilität wurden 20 % der Transkripte unter Verwendung des oben aufgezeigten Kategorienschemas von einer außenstehenden Person kodiert. Sie wurde in einer Übungssequenz von sechs Unterrichtsstunden von mir mit dem Kategorienschema vertraut gemacht. Folgende Tendenzen der Übereinstimmung und Abweichung wurden ermittelt:

- Für die Inhaltsebene ergab sich eine Übereinstimmung von 93 % (14 Übereinstimmungen, eine Abweichung). Die Abweichung trat in der Kategorie »Schule« auf.
- Für die Beziehungsebene ergaben sich 89 % Übereinstimmung (142 Übereinstimmungen, 17 Abweichungen). Vollständige Übereinstimmung trat in den Kategorien »Interesse«, »Anerkennung«, »Hilfe«, »Selbstkundgabe«, »Auflockerung«, »Bitte« und »Rechtfertigung« auf. Abweichungen ergaben sich in den Kategorien »Auskunft«, »Interpretation«, »Manipulation«, »Abwertung«, »Strukturierung« und »Sonstige«.

Ausgewählte Ergebnisse der Auswertungen

Die quantitativ-deskriptive Auswertung der Häufigkeit des Auftretens der Kategorien im Jahresverlauf zeigt, dass die Anteile der Kategorien professioneller Kommunikation zunehmen, während sich die Anteile der Kategorien habitueller Kommunikation verringern. Die zusammenfassende Auswertung bestätigt also die aufgestellten Hypothesen. Einschränkend ist zu erwähnen, dass nicht alle der Kategorien in gleicher Weise die erwarteten Veränderungen abbilden. Eine Ausnahme bildet die Kategorie »Bitte«, welche in der Feinauswertung nach Kategorien keinen deutlichen Rückgang im Auftreten zeigt.

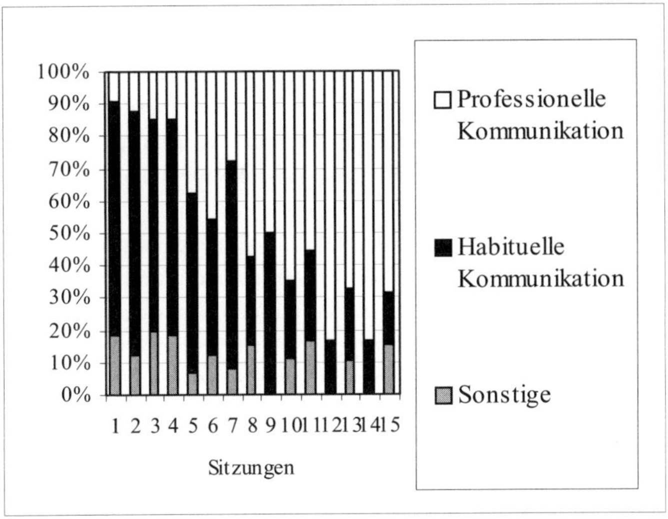

Abbildung 4: Anteile professioneller und habitueller Kommunikation im Verlauf des Jahres (15 Sitzungen)

Die Grafik macht sichtbar, dass der Anteil der Kategorien habitueller Kommunikation in der ersten Sitzung 72 % betrug und in der fünfzehnten Sitzung nur noch 16 %, während die Kategorien professioneller Kommunikation von 9 % auf 68 % zunahmen. Der Anteil der Kategorie »Sonstige« hielt sich auf Werten um 15 %.

Der Supervisor, dessen Äußerungen separat und mit den gleichen Kategorien wie die der Teilnehmer und Teilnehmerinnen kodiert wurden, kommuniziert im Verlauf des Jahres gleichbleibend professionell. Durchschnittlich beläuft sich der Anteil habitueller Kommunikation bei ihm im Verlauf des Jahres auf ca. 1,2 %. Trotz dieses verhältnismäßig geringen Anteils wurden die Kontexte, in denen bei ihm Kategorien habitueller Kommunikation auftraten, von mir genau untersucht, um Aufschlüsse über seinen Beitrag zum Lernprozess der Teilnehmer und Teilnehmerinnen zu erhalten (siehe hierzu Erbring, 2007, S. 192 ff.).

Die Großräumigen Musteranalysen machten deutlich, dass die Teilnehmer und Teilnehmerinnen auch ohne Einflussnahme des Supervisors im Jahresverlauf häufiger professionell miteinander kommunizierten. Interessant ist, dass die Kommunikation des Supervisors nicht unberührt von der restlichen Gruppe blieb, er also mit der Kommunikationsdynamik der Gruppe eng verbunden war. Es gelang ihm jedoch im Gegensatz zu den Teilnehmern und Teilnehmerinnen auch bereits zu Beginn des Jahres meistens, sich von ungünstigen Kommunikationsprozessen abzukoppeln und professionell zu kommunizieren.

Mit den Einzelfallstudien wurden individuelle Ausprägungen des Lernprozesses unter Supervision im Verlauf des Jahres erfasst. Hier wurde beispielsweise bei dem Supervisanden Tim deutlich, dass vor allem seine Fähigkeit, sachbezogen adäquat zu kommunizieren, im Jahresverlauf zunahm. Er formulierte seine sachorientierten Aussagen demnach wesentlich seltener manipulierend oder abwertend, sondern blieb auf einem sachlichen Niveau: Die sachorientierte professionelle Kommunikation nahm zu, während die sachorientierte habituelle Kommunikation abnahm. Auch im Bereich empfängerorientierter Kommunikation, der beispielsweise die oben erwähnte Kategorie »Hilfe« zuzuordnen ist, war bei Tim eine deutliche Abnahme verzeichnet. In meinem Buch habe ich die hier erfassten Veränderungen der Kommunikation zu den Inhalten der Kommunikation in Bezug gesetzt, also die von den Teilnehmern und Teilnehmerinnen eingebrachten Themen zur Interpretation der Veränderungen einbezogen (siehe Erbring, 2007, S. 203 ff.).

Schlussfolgerungen zum methodischen Design der Studie

Mit der Triangulation von Erhebungs- und Analysemethoden ließ sich die Kommunikation unter Supervision erfolgreich untersuchen. Der Wechsel quantitativ-deskriptiver und qualitativ-interpretativer Auswertungsverfahren und deren forschungsmethodische Reflexion ermöglichte die Fokussierung von Ergebnissen und zugleich das In-Beziehung-Setzen von Einzelergebnissen. Hinsichtlich der unterschiedlichen Auswertungsstrategien sind folgende Vor- und Nachteile hervorzuheben, welche in ihrer Kombination einen umfangreichen Forschungsertrag geliefert haben:

- Die quantitativ-deskriptive Auswertung der Häufigkeit des Auftretens der Kategorien in den einzelnen Sitzungen verschaffte einen groben Überblick der Entwicklungen im Jahresverlauf. Der Nutzen einer solchen Darstellung kann darin gesehen werden, dass sich der zunächst unübersichtliche Prozess strukturieren ließ und Veränderungen sich deutlich zeigten. Jedoch konnten mit der quantitativen Auswertung keine Aussagen über individuelle Ausprägungen oder über die Ressourcen des Lernprozesses unter Supervision gemacht werden.
- Die Großräumigen Musteranalysen zeigten auf, wie die Kommunikation sich innerhalb der Gruppe – sowohl bei Beteiligung des Supervisors als auch ohne dessen direkte Beteiligung – prozessual entwickelt hat. Vor allem aber ließ sich mit den Großräumigen Musteranalysen exemplarisch aufzeigen, wie konzeptuelle Netzwerke im Rahmen diskursanalytischer Auswertungen sinnvoll einsetzbar sind. Dies kann in Folgeuntersuchungen mit größeren Stichproben ein interessanter Ausgangspunkt sein.
- Individuelle Unterschiede der Teilnehmer und Teilnehmerinnen in der Entwicklung wurden mit den Einzelfallstudien erfasst. Anhand der Themenbereiche konnte ich in diesem Auswertungsteil die Verwobenheit von inhaltlicher Ebene und Beziehungsebene berücksichtigen und einzelne Entwicklungen exemplarisch auf bestimmte Themenbereiche beziehen.

Die quantitativen und qualitativen Ergebnisse wurden vor allem komplementär wirksam. So ließen sich beispielsweise die quantitativen Ergebnisse in den Einzelfallstudien nutzen und trugen dazu bei, ein umfassendes Bild der Untersuchungsthematik zu entwerfen. Auftretende Widersprüche in den Ergebnissen gaben jedoch auch Anlass für die Revision theoretischer Vorannahmen, beispielsweise hinsichtlich der Häufigkeit des Auftretens der Kategorie »Bitte«.

In der Ergebnisdarstellung wurde neben der Auswertung nach Kategorien auch die Zusammenfassung der Kategorien nach den Äußerungstypen A bis F vorgenommen, um die Übersichtlichkeit der Ergebnisse zu verbessern und Entwicklungstendenzen möglichst klar herauszuarbeiten. In der Analyse wurden hierfür die relativierten Ergebnisse der beiden Kategorien jedes Typus addiert. Der verbesserten Übersicht dienten auch die Analysen zu drei Messzeiträumen (siehe Erbring, 2007, S. 184 ff.). Dieses Vorgehen hat sich insbesondere im Hinblick auf die kleine Stichprobe als sinnvoll erwiesen. Bei einer Nachfolgeuntersuchung mit größeren Stichproben kann sich zeigen, ob die Zusammenfassung nach Typen weiterhin sinnvoll ist oder aufgegeben werden sollte.

Hinsichtlich einer möglichen Weiterentwicklung der methodischen Untersuchungsanlage ist zu sagen, dass auch die Äußerungsdauer als Indikator professioneller Kommunikation verwendet werden könnte. Die Dauer könnte anhand von Zeilen im Transkript oder der zeitlichen Dauer berücksichtigt werden.

Unterschiede hinsichtlich der Geschlechter habe ich zwar aufgenommen, aber nicht weiterführend untersucht, obwohl dieser Analysefokus weiterführende Forschungsergebnisse verspricht. Vernachlässigt blieb im Rahmen dieser Studie auch das Alter der teilnehmenden Lehrpersonen, ebenso die Differenzierung der Lehrpersonen nach studiertem Lehramt (Sonderpädagogik oder allgemeine Pädagogik). Ohne zu bestreiten, dass mit der Berücksichtigung der genannten Variablen interessante Ergebnisse zu Tage treten könnten, war es nicht Anliegen meiner Untersuchung, hierzu Annahmen aufzustellen und zu überprüfen. Mit der Überprüfung der genannten Variablen war ich unter anderem aus Gründen des Datenschutzes und aufgrund der kleinen Stichprobengröße zurückhaltend.

Insgesamt hat sich das von mir entwickelte Kategorienschema in der Analyse als tragfähig erwiesen. Der Umgang mit Selbstverantwortung eignet sich demnach als Indikator für pädagogische Professionalität. Dies gibt der Forschung im Bereich der Lehrerprofessionalisierung einen neuen Impuls. Auch in der Supervisionsforschung lässt sich das von mir entwickelte und empirisch überprüfte Kategorienschema weiterführend nutzen: So sind weitere Studien der Wirkungsforschung zur Supervision denkbar, welche das Kategorienschema für die professionelle Kommunikation anderer Berufsgruppen modifizieren. In der Supervisionsausbildung könnte das Kategorienschema als Instrument zur Überprüfung und Dokumentation kommunikativer Fähigkeiten von Supervisoren und Supervisorinnen eingesetzt werden.

Literatur

Becker-Mrotzek, M., Meier, C. (2002). Arbeitsweisen und Standardverfahren der Angewandten Diskursforschung. In G. Brünner, R. Fiehler, W. Kindt (Hrsg.), Angewandte Diskursforschung, Bd. 1 (S. 18–45). Radolfzell: Verlag für Gesprächsforschung.

Bellack, A. A., Kliebard, H. M., Hyman, R. T., Smith, F. L. (1974). Die Sprache im Klassenzimmer. Düsseldorf: Schwann.

Berne, E. (1964/2004a). Spiele der Erwachsenen (4. Aufl.). Reinbek: Rowohlt.

Berne, E. (2004b). Was sagen Sie, nachdem sie ‚Guten Tag' gesagt haben? Psychologie des menschlichen Verhaltens (19. Aufl.). Frankfurt a. M.: Fischer.

Bortz, J.; Döring, N. (2002). Forschungsmethoden und Evaluation für Human- und Sozialwissenschaften. Berlin: Springer.

Brünker, J. (2004). Beratung und Supervision. Fragen, Themen und Effekte, Frankfurt a. M. u. a.: Lang.

Buber, M. (2004). Ich und Du. Stuttgart: Reclam junior.

Bühler, K. (1923/1999). Sprachtheorie. Die Darstellungsfunktion der Sprache (3. Aufl.). Stuttgart: UTB.

Clark, C. M. (1995). Thoughtful teaching. London u. New York: Cassell.

Erbring, S. (2007). Pädagogisch professionelle Kommunikation. Eine empirische Studie zur Professionalisierung von Lehrpersonen unter Supervision. Baltmannsweiler: Schneider Verlag Hohengehren.

Friebertshäuser, B. (1997). Feldforschung und teilnehmende Beobachtung. In B. Friebertshäuser, A. Prengel (Hrsg.), Handbuch Qualitative Forschungsmethoden in der Erziehungswissenschaft (S. 503–534). Weinheim u. München: Juventa.

Habermas, J. (1972/1995). Vorstudien und Ergänzungen zur Theorie des kommunikativen Handelns. Frankfurt a. M.: Suhrkamp.

Helsper, W. (2004). Antinomien, Widersprüche, Paradoxien: Lehrerarbeit – ein unmögliches Geschäft? Eine strukturtheoretisch-rekonstruktive Perspektive auf das Lehrerhandeln. In B. Koch-Priewe, F.-U. Kolbe, J. Wildt (Hrsg.), Grundlagenforschung und mikrodidaktische Reformansätze zur Lehrerbildung (S. 49–98). Bad Heilbrunn / Obb.: Klinkhardt.

Lalouschek, J., Menz, F. (2002). Empirische Datenerhebung und Authentizität von Gesprächen. In G. Brünner, R. Fiehler, W. Kindt (Hrsg.), Angewandte Diskursforschung. Bd. 1: Grundlagen und Beispielanalysen (S. 46–68). Radolfzell: Verlag für Gesprächsforschung.

Muhr, T. (1996). Textinterpretation und Theorieentwicklung mit ATLAS/ti. In W. Bos, C. Tarnai (Hrsg.), Computergestützte Inhaltsanalyse in den Empirischen Sozialwissenschaften. Theorie – Anwendung – Software (S. 245–259). Münster u. a.: Waxmann.

Prengel, A. (1997). Perspektivität anerkennen – Zur Bedeutung von Praxisforschung in Erziehung und Erziehungswissenschaft. In B. Friebertshäuser, A. Prengel (Hrsg.), Handbuch Qualitative Forschungsmethoden in der Erziehungswissenschaft (S. 599–627). Weinheim u. München: Juventa.

Reinmann-Rothmeier, G., Mandl, H. (2001). Unterrichten und Lernumgebungen gestalten. In A. Krapp, B. Weidenmann (Hrsg.), Pädagogische Psychologie. Ein Lehrbuch (4. Auflage) (S. 601–646). Beltz PVU: Weinheim.

Schlippe, A. von, Schweitzer, J. (2003). Lehrbuch der systemischen Therapie und Beratung (9. Aufl.). Göttingen: Vandenhoeck & Ruprecht.

Strauss, A., Corbin, J. (1990/1996). Grounded Theory: Grundlagen qualitativer Sozialforschung. Weinheim: Beltz PVU.

Jutta Brünker

Beratung und Supervision

Ein Vergleich supervisorischer Beratung in Profit- und Non-Profit-Organisationen

Einleitung und Fragestellung

Supervision, im psychosozialen Bereich entstanden, wird mehr und mehr auch in anderen Arbeitsfeldern angeboten. Diese Untersuchung soll einen Beitrag zur Diskussion über Supervision in unterschiedlichen Arbeitsfeldern leisten. Anhand von vier Einzelfällen habe ich Supervisions- und Beratungsprozesse aus meiner eigenen Beratungspraxis im sozialen und im wirtschaftlichen Bereich untersucht. Der Schwerpunkt lag auf den Erwartungen an, den Themen in und der Nutzeneinschätzung von Beratung und Supervision in Profit- und Non-Profit-Organisationen.

Profit- und Non-Profit-Organisationen unterscheiden sich wesentlich in ihren Zielsetzungen (Tabelle 1): Profit-Organisationen (PO) sind Wirtschaftsunternehmen, deren Zweck es ist, Gewinn zu erwirtschaften. Non-Profit-Organisationen (NPO) sind dagegen Einrichtungen, die nicht gewinnorientiert arbeiten und die als oberste Ziele Sinnstiftung, Wertverwirklichung oder Bedarfsdeckung haben (Strunk, 1993, S. 691).

Tabelle 1: Unterschiede zwischen Profit- und Non-Profit-Organisationen

	PO	NPO
Ziele	Gewinn erwirtschaften	Sinnstiftung, Wertverwirklichung Bedarfsdeckung
Stärken	im Aufgabenbereich	im Beziehungsbereich
Beratungsbedarf	im Beziehungsbereich	im Aufgabenbereich

Beide Organisationsformen haben gemäß dieser Zielbestimmung im Laufe ihrer Entwicklung unterschiedliche Stärken und Schwächen ausgebildet. Die Stärke von Profit-Organisationen liegt, aufgrund der schon immer wirtschaftlich und gewinnorientierten Ausrichtung, in einer effektiven Aufgabenerfüllung, also im *Aufgaben*bereich. Die Stärke von Non-Profit-Organisationen liegt, aufgrund ihrer historischen Entwicklung und Zielbestimmung, im *Beziehungs*bereich. Die »Qualität der kommunikativen Beziehung zwischen Agent und Klient« und »die Pflege der Kommunikationskultur« sind für die Arbeit im Non-Profit-Bereich besonders wichtig (Strunk, 1993, S. 691), wie zum Beispiel bei erzieherischen, therapeutischen, pflegerischen, beratenden oder seelsorgerischen Tätigkeiten. Aus der Psychotherapieforschung wissen wir, dass ein wesentlicher Erfolgsfaktor der Psychotherapie die Therapeut-Klient-Beziehung ist (Sloane et al., 1975).

Gestützt auf meine Erfahrungen im Profit- und im Non-Profit-Bereich sehe ich die Defizite von Profit-Organisationen eher im *Beziehungs*bereich, die Defizite von Non-Profit-Organisationen eher im *Aufgaben*bereich (vgl. Butzko, 2000), wobei hier noch eine Differenzierung notwendig ist: Natürlich haben auch Non-Profit-Organisationen Stärken im Aufgabenbereich, und zwar bei den Tätigkeiten, die der eigentlichen Zielsetzung (»den obersten Zielen« nach Strunk, 1993, S. 691 oder den »basalen Organisationszielen« nach Schreyögg, 2003, S. 217) der jeweiligen Non-Profit-Organisation dienen, also der Sinnstiftung, der Bedarfsdeckung oder der Wertverwirklichung. Das können beispielsweise erzieherische, therapeutische, pflegerische, beratende oder seelsorgerische Tätigkeiten sein. Die Defizite bei den Non-Profit-Organisationen vermute ich bei Tätigkeiten, die Steuerungs-, Kooperations- und Kommunikationsaktivitäten (i. S. von Giesecke u. Rappe-Giesecke, 1997) betreffen, also Aktivitäten, die sich auf die Effizienz und die Effektivität einer Organisation auswirken und damit zur Wirtschaftlichkeit beitragen.

Meine Vermutung war, dass supervisorische Beratung die Profit- und Non-Profit-Organisationen jeweils in ihrem defizitären Bereich unterstützen soll, die PO also im Beziehungsbereich und die NPO im Aufgabenbereich.

Diese Vermutung stützt sich auf die Beobachtung, dass die Anforderungen in Profit- und Non-Profit-Organisationen immer ähnlicher werden: In den Non-Profit-Organisationen steigt der Konkurrenz- und Kostendruck in Zeiten, in denen die Mittel knapper werden (Strunk, 1993, S. 696). Und damit rückt die Bedeutung wirtschaftlichen Handelns auch für NPO in den Vordergrund. In Profit-Organisationen sieht man sich mit einer globalen Konkurrenzsituation konfrontiert, mit immer ähnlicher werdenden Produkten und immer höheren Ansprüchen der Kunden. In dieser Situation stellt man mehr und mehr fest, dass die wirtschaftlichen Ziele nur dann erreicht werden können, wenn Beziehungsarbeit geleistet wird in den Beziehungen zu Kunden und zu Lieferanten und in den Beziehungen zu Kollegen und zu Mitarbeitern.

Die Untersuchung geht der Frage nach, ob sich dieser angenommene Beratungsbedarf im Aufgabenbereich in den Non-Profit-Organisationen und im Beziehungsbereich in den Profit-Organisationen widerspiegelt in

- den *Erwartungen* an die Supervision,
- den *Themen* in der Supervision und
- der Einschätzung des *Nutzens* aus der Supervision.

Untersucht habe ich Team-Supervisions-Prozesse in Profit- und in Non-Profit-Organisationen.

Stand der Supervisionsforschung

D. Shapiro hat im Jahre 1990 auf einem Treffen der »Society for Psychotherapeutic Research« die Psychotherapieforschung in drei Epochen eingeteilt (Fischer u. Klein, 1997):

1. *Ergebnisorientierte Epoche* zwischen 1930 und 1970, in der es vornehmlich um die Erforschung der Wirkung von Psychotherapie ging.
2. *Variablenorientierte Epoche* zwischen 1960 und 1980, in der es um den Zusammenhang zwischen Prozessmerkmalen und Ergebnisvariablen ging, also darum, welche Merkmale des Prozessverlaufs bzw. welche Therapiekonzepte ein günstiges oder ungünstiges Gesamtergebnis erwarten lassen.
3. *Fallorientierte Epoche* ab etwa 1980, in der eine Wendung weg von Laborbedingungen hin zu den realen Prozessbedingungen er-

folgte. Das Interesse ist nun auf die Mikrodynamik des Prozessgeschehens gerichtet.

Wenn man dieses Modell der Forschungsepochen auf die Supervisionsforschung überträgt (ausführlich in Brünker, 2005a), stellt man fest, dass die bisherige Supervisionsforschung noch überwiegend Wirkungsforschung ist (vgl. Buer, 1998, S. 9), also der ergebnisorientierten Epoche zuzuordnen ist. In einer Zeit, in der die Finanzmittel knapp sind, ist dies verständlich, denn Forschungsarbeiten, die die Wirkung von Supervision nachweisen, tragen zu ihrer Legitimation bei.

Die Erforschung des Zusammenhangs zwischen Prozessmerkmalen und Ergebnisvariablen, die in der Psychotherapieforschung die variablenorientierte Epoche ausmachte, scheint bislang im Bereich der Supervision wenig Interesse gefunden zu haben. Das mag an der Problematik der Forschungsmethodik dieser Epoche liegen, dem experimentellen Gruppenvergleich: Unter den Laborbedingungen kommt es »tendenziell zu einer Entfernung der [...] Praxis« (Fischer u. Klein, 1997, S. 22), der Prozess kann nicht mehr unverzerrt studiert werden.

Einige Arbeiten in der Supervisionsforschung gibt es bereits, die der dritten, der fallorientierten Epoche zugeordnet werden können. Es handelt sich um Fallstudien, die unter realen Praxisbedingungen erforschen, was in der Supervision geschieht. Auch die hier beschriebene Untersuchung ist in diese Forschungsepoche einzuordnen.

Hypothesen

Aus der oben genannten Fragestellung heraus habe ich meine Hypothesen entwickelt. Der Einfachheit und besseren Verständlichkeit halber, möchte ich sie hier auf zwei zentrale Hauptaussagen reduzieren (detailliert ausgeführt sind die Hypothesen in Brünker, 2005a). Diese lauten: In Team-Supervisionsprozessen ist

– in NPO der Anteil der Aufgabenorientierung größer als in PO.
– in PO der Anteil der Beziehungsorientierung größer als in NPO.

Meine Erwartung war, dass sich diese Gewichtung in den Erwartungen, in den Themen sowie in der Nutzeneinschätzung der Beratung widerspiegeln würde.

Untersuchungsmethodik

Es handelt sich um eine Feldstudie, in der vier Einzelfälle untersucht wurden. In allen Fällen war ich selbst als Supervisorin tätig. Bei der Vorgehensweise habe ich mich an den Grundgedanken von Mayring (2002) zur Einzelfallanalyse und zur Feldforschung orientiert.

Die einzelnen Supervisionsgruppen waren:

- *Kindergarten-Team (NPO-1):* 6 Erzieherinnen und 4 Kinderpflegerinnen. Der Träger des Kindergartens ist ein Verein.
- *Pädagoginnen-Team (NPO-2):* 2 Pädagoginnen einer Beratungsstelle für Frauen. Der Träger der Beratungsstelle ist ein Verein.
- *Moderatorenrunde (PO-1):* 9 Mitarbeiter eines mittelständischen Sportartikel-Herstellers mit ca. 50 Mitarbeitern. Supervision sollte in diesem Unternehmen die Einführung von Gruppenarbeit im Produktionsbereich unterstützen. Die Moderatorenrunde setzte sich zusammen aus 4 Gruppensprechern von 4 Arbeitsgruppen, 3 Gruppenbetreuern, die die Aufgabe hatten, die Gruppen und die Gruppensprecher zu unterstützen, dem Produktionsleiter und der Geschäftsführerin. Die Gruppensprecher und Gruppenbetreuer wurden zusammenfassend als »Moderatoren« bezeichnet (vgl. Seifert u. Kraus 1996).
- *Projektteam (PO-2):* Auftraggeber war ein Systemhaus aus der Informationstechnologie-Branche mit ca. 50 Mitarbeitern. Das Projektteam war aus 6 Personen für ein bestimmtes Projekt zusammengestellt worden. 3 der Teammitglieder waren Angehörige der Abteilung C, deren Aufgabe Konzeption und Beratung ist. Die 3 anderen Teammitglieder waren Angehörige der Abteilung T, die für die Umsetzung der Konzepte, für Installationen und Serviceaufgaben zuständig ist.

Die Gesamtzahl der Supervisanden betrug 27.

Die Daten wurden zu 6 verschiedenen Zeitpunkten erhoben, die sich auf Vorgespräche, Supervisionssitzungen und Nachgespräche verteilten, wie in Abbildung 1 dargestellt.

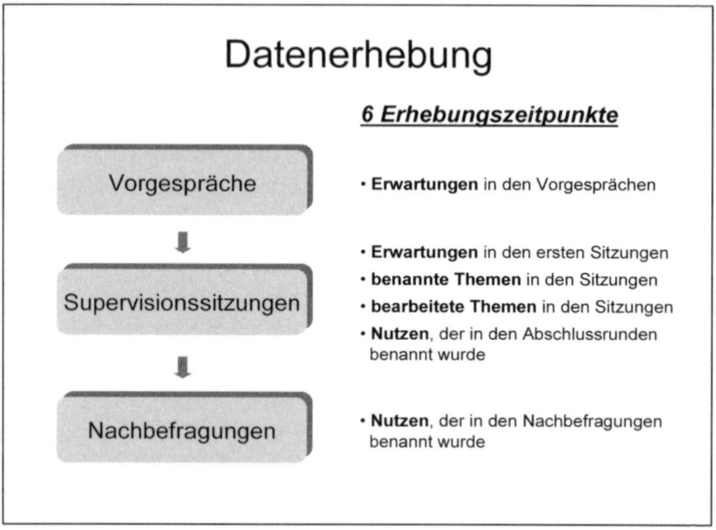

Abbildung 1: Datenerhebung

Konstruktion eines beschreibenden Kategoriensystems

Um das Datenmaterial zu ordnen, habe ich ein deskriptives Kategoriensystem entwickelt (ausführlich in Brünker, 2005a). Die theoretischen Grundlagen dafür gehen zurück auf die Ausführungen von Giesecke und Rappe-Giesecke (1997). Weitere Anhaltspunkte entnahm ich der Unterscheidung von Anliegenarbeit mit erlebnisaktivierenden Methoden von Karl Benien (2002) und den funktionalen Rollenbezeichnungen von Benne und Sheats (1948).

Die Aussagen zu Erwartungen, Themen und Nutzeneinschätzung habe ich in vier Kategorien eingeordnet (Abbildung 2):
Der Kategorie »aufgabenorientiert« wurden alle Aussagen zugeordnet, die Arbeitsinhalte, Aufgaben, Methoden oder Strukturen betrafen.

Kategoriensystem

Kategorie	Abkürzung	Beschreibung
aufgabenorientiert	a	die Arbeitsinhalte, Aufgaben, Methoden, Strukturen betreffend
beziehungsorientiert	b	die Interaktion, die Beziehungen, Metakommunikation betreffend
selbstorientiert	s	die eigene Person betreffend
nicht zuzuordnen	n. z.	keiner der oben genannten Kategorien eindeutig zuzuordnen

Abbildung 2: Kategorien für die Unterscheidung von Erwartungen, Themen und Nutzen

Der Kategorie »beziehungsorientiert« wurden alle Aussagen zugeordnet, die Interaktion, Beziehungen oder Metakommunikation zum Gegenstand hatten.

Der Kategorie »selbstorientiert« wurden alle Aussagen zugeordnet, die die Person desjenigen betrafen, der die jeweilige Aussage machte. Bei diesen Aussagen ging es um die eigene Rolle, den eigenen Standpunkt, die eigene Perspektive, das eigene Erleben, die eigene Befindlichkeit.

Und schließlich gab es Aussagen, die keiner dieser drei Kategorien zugeordnet werden konnten. Diese Nennungen fasste ich in der Kategorie »nicht zuzuordnen« zusammen. Das betraf auch Aussagen, die eine doppelte Einordnung zuließen (z. B. sowohl aufgabenorientiert als auch beziehungsorientiert, je nach Interpretation).

Auswertung

Zur Überprüfung der Hypothesen habe ich das Material nach der Methode der qualitativen Inhaltsanalyse nach Mayring (2002) ausgewertet. Die hier gewählte Grundform der Inhaltsanalyse ist die Strukturierung. Deren Ziel ist es, bestimmte Aspekte aus dem Material herauszufiltern. Dazu habe ich zunächst das gerade beschriebene Kategoriensystem konstruiert und danach das Material anhand dieses Kategoriensystems strukturiert.

Zur *quantitativen Auswertung* habe ich die Häufigkeiten der Nennungen in den einzelnen Kategorien (a, b, s, n.z.) ausgezählt, und zwar getrennt nach

1) den Erhebungszeitpunkten:
   - Erwartungen aus den Vorgesprächen
   - Erwartungen aus den ersten Sitzungen
   - benannte Themen in den Sitzungen
   - bearbeitete Themen in den Sitzungen
   - Nutzen, der in den Abschlussrunden benannt wurde
   - Nutzen, der in den Nachbefragungen benannt wurde
2) den Supervisionsgruppen
   - NPO-1
   - NPO-2
   - PO-1
   - PO-2

In einem zweiten Schritt wurden diese Häufigkeiten innerhalb der einzelnen Kategorien (a, b, s, n.z.) zum einen für die Profit-Organisationen und zum anderen für die Non-Profit-Organisationen addiert und jeweils zur Gesamtzahl der Nennungen in Beziehung gesetzt. Das ergab die relativen Häufigkeiten in den einzelnen Kategorien.

Entscheidungskriterien: Signifikanzkriterium und Relevanzkriterium

Die relativen Häufigkeiten von PO und NPO wurden dann zu jedem der sechs Erhebungszeitpunkte zueinander in Beziehung gesetzt, zum einen für die Aufgabenorientierung:

$a_{(NPO)} / a_{(PO)}$

wobei: $a_{(NPO)}$ = Anteil aufgabenorientierter Äußerungen von NPO
$a_{(PO)}$ = Anteil aufgabenorientierter Äußerungen von PO

und zum anderen für die Beziehungsorientierung:

$b_{(PO)} / b_{(NPO)}$

wobei: $b_{(PO)}$ = Anteil beziehungsorientierter Äußerungen von PO
$b_{(NPO)}$ = Anteil beziehungsorientierter Äußerungen von NPO

Die Frage, die jetzt zu beantworten war, galt dem Signifikanzkriterium: Wie groß muss der Quotient sein, um von einem signifikant höheren Anteil an aufgaben- bzw. beziehungsorientierten Äußerungen sprechen und die Hypothesen bestätigen zu können?

Da ich die Aufmerksamkeit auf deutliche Unterschiede zwischen Profit- und Non-Profit-Organisationen lenken wollte, habe ich als *Signifikanzkriterium* einen Wert von mindestens 3 definiert. Das heißt für die Aufgabenorientierung: Wenn der Anteil der aufgabenorientierten Äußerungen der NPO zu einem bestimmten Erhebungszeitpunkt mindestens dreimal so groß war wie der Anteil der aufgabenorientierten Äußerungen der PO zu demselben Erhebungszeitpunkt, sollte eine Signifikanzentscheidung getroffen und die Hypothese bestätigt werden. Entsprechend sollte für die Beziehungsorientierung gelten, dass eine Signifikanzentscheidung getroffen werden sollte, wenn der Anteil der beziehungsorientierten Äußerungen der PO zu einem bestimmten Erhebungszeitpunkt mindestens dreimal so groß war wie der Anteil der beziehungsorientierten Äußerungen der NPO zu demselben Erhebungszeitpunkt.

Mit einem weiteren Kriterium, dem *Relevanzkriterium*, habe ich festgelegt, ob eine Kategorie zu einem bestimmten Erhebungszeitpunkt als bedeutsam zu betrachten ist: Das sollte dann der Fall sein, wenn der Anteil einer Kategorie zu einem bestimmten Erhebungszeitpunkt für PO oder für NPO mindestens ein Drittel betrug.

Abbildung 3 enthält die wichtigsten Auswertungsschritte im Überblick.

Auswertungsschritte

- **Qualitative Inhaltsanalyse** (nach Mayring 2002)
  - Konstruktion eines deskriptiven Kategoriensystems
  - Strukturierung des Materials anhand des Kategoriensystems
- **Häufigkeitsauszählung** der Nennungen innerhalb der einzelnen Kategorien (a, b, s, n.z.), getrennt nach Erhebungszeitpunkten und Supervisionsgruppen
- Berechnung der **relativen Häufigkeiten** der Nennungen in den einzelnen Kategorien (a, b, s, n.z.), getrennt nach Erhebungszeitpunkten für PO und für NPO
- Definition von **Entscheidungskriterien**
  - Signifikanzkriterium ≥ 3

    $a_{(NPO)} / a_{(PO)} \geq 3$ bzw. $b_{(PO)} / b_{(NPO)} \geq 3$

    -> Signifikanter Unterschied => Bestätigung der Hypothese
  - Relevanzkriterium $\geq 1/3$

    Der Anteil der Äußerungen einer Kategorie muss zu einem bestimmten Erhebungszeitpunkt mindestens 1/3 betragen, damit diese Kategorie zu diesem Erhebungszeitpunkt als relevant gilt.

Abbildung 3: Auswertungsschritte

Zentrale Ergebnisse und Diskussion

Abbildung 4 zeigt den Anteil aufgabenorientierter Äußerungen von NPO und PO zu den verschiedenen Erhebungszeitpunkten. Der Anteil der aufgabenorientierten Äußerungen wurde errechnet, indem die Anzahl der aufgabenorientierten Äußerungen durch die Anzahl aller Äußerungen zu dem betreffenden Erhebungszeitpunkt dividiert wurde.

In der Abbildung wird deutlich, dass die Kategorie Aufgabenorientierung zu allen Erhebungszeitpunkten sehr ausgeprägt war, und zwar nicht nur, wie ich erwartet hatte, bei den NPO, sondern auch – entgegen meiner Erwartung – bei den PO. Das Relevanzkriterium –

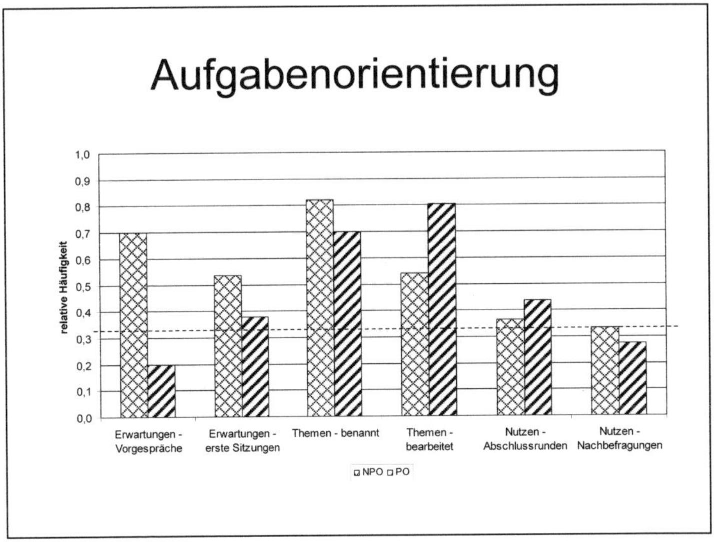

Abbildung 4: Aufgabenorientierung

in der Abbildung durch die gestrichelte Linie dargestellt – wurde in den NPO zu allen Erhebungszeitpunkten erreicht, d. h., der Anteil aufgabenorientierter Äußerungen betrug zu allen Erhebungszeitpunkten mindestens ein Drittel. In den PO wurde das Relevanzkriterium zu allen Erhebungszeitpunkten erreicht, die innerhalb der Sitzungen lagen, knapp verfehlt wurde es in den Nachbefragungen (aufgabenorientierter Anteil = 28 %) und nicht erreicht in den Vorgesprächen (aufgabenorientierter Anteil = 20 %).

Bei den Erwartungen in den Vorgesprächen war der Unterschied des Anteils aufgabenorientierter Erwartungen von NPO zum Anteil aufgabenorientierter Erwartungen von PO signifikant. Zu diesem Erhebungszeitpunkt wurde das Signifikanzkriterium ≥ 3 erreicht ($a_{(NPO)} / a_{(PO)} = 0{,}7/0{,}2 = 3{,}5$). Meine erste Hypothese ist damit bestätigt: Mitglieder von Non-Profit-Organisationen nennen in den Vorgesprächen verhältnismäßig mehr aufgabenorientierte Erwartungen als Mitglieder von Profit-Organisationen.

Zu allen anderen Erhebungszeitpunkten war der Unterschied des Anteils aufgabenorientierter Erwartungen von NPO zum Anteil aufgabenorientierter Erwartungen von PO nicht signifikant. Die weiteren Hypothesen, die besagen, dass in NPO der Anteil an aufgabenorientierten Äußerungen größer ist als in PO, können also nicht bestätigt werden.

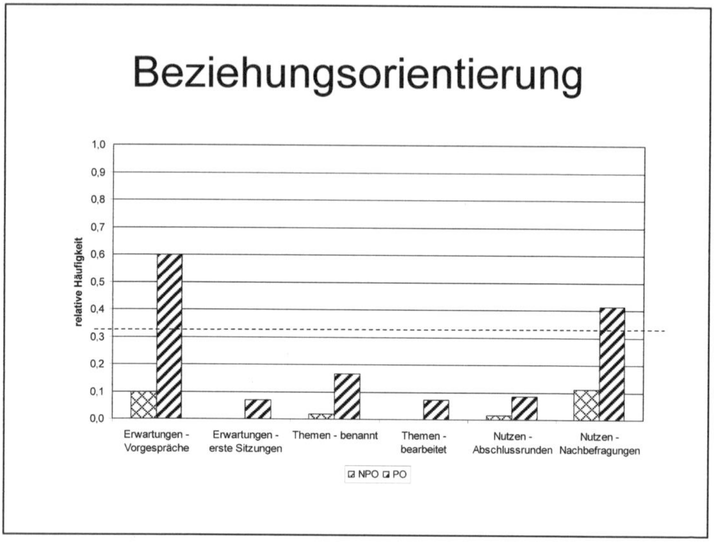

Abbildung 5: Beziehungsorientierung

Bei der Betrachtung von Abbildung 5 wird deutlich, dass die Beziehungsorientierung in den PO eine große Rolle in den Vorgesprächen und in den Nachbefragungen spielte. Zu den anderen Erhebungszeitpunkten, die innerhalb der Supervisionssitzungen lagen, wurde das Relevanzkriterium jedoch nicht einmal annähernd erreicht. Während der Supervisionssitzungen spielte also die Beziehungsorientierung nur eine untergeordnete Rolle. In den NPO war der Anteil beziehungsorientierter Äußerungen zu allen Erhebungszeitpunkten sehr gering, zweimal sogar null.

Setzen wir den Anteil beziehungsorientierter Äußerungen von PO ($b_{(PO)}$) zum Anteil beziehungsorientierter Äußerungen von NPO ($b_{(NPO)}$) in Beziehung, so erhalten wir zu allen Erhebungszeitpunkten, zu denen der Wert rechnerisch ermittelt werden kann, ein signifikantes Ergebnis. Das heißt, in PO war der Anteil beziehungsorientierter Äußerungen zu allen Erhebungszeitpunkten, die rechnerisch ausgewertet werden konnten, jeweils mindestens dreimal so groß wie in NPO. In zwei Fällen konnte kein Quotient ermittelt werden, weil der Anteil beziehungsorientierter Äußerungen in NPO null war, und eine Division durch null unzulässig ist. Meine Annahme, dass in PO die Beziehungsorientierung eine größere Rolle spielt als in NPO, wurde damit bestätigt, wenn auch bei geringer Relevanz der Beziehungsorientierung in den Sitzungen der PO.

In Tabelle 2 sind die Ergebnisse numerisch dargestellt.

Tabelle 2: Übersicht über die Ergebnisse der Hypothesenprüfung zu Erwartungen, Themen und Nutzen

	Erwartungen Vorgespräche	Erwartungen Sitzungen	Themen benannt	Themen bearbeitet	Nutzen Abschlussrunden	Nutzen Nachbefragungen
$a_{(NPO)}/a_{(PO)}$	3,5*	1,42	1,17	0,67	0,84	1,18
$b_{(PO)}/b_{(NPO)}$	6*	—	8,5*	—	4,5*	3,72*

Anmerkung: * = Signifikanzkriterium (≥ 3) erfüllt.

Benannte und bearbeitete Themen

Nach den Ergebnissen der Vorgespräche, in denen die beziehungsorientierten Erwartungen in den PO deutlich überwogen (60 % beziehungsorientierte Erwartungen und nur 20 % aufgabenorientierte Erwartungen – der Rest der Erwartungen war »nicht zuzuordnen«), war ich erstaunt, dass die Themen in den Supervisionssitzungen überwiegend aufgabenorientierter Natur waren. Das veranlasste mich, die einzelnen Äußerungen aus den PO genauer zu betrachten.

Dabei erhielt ich für die *benannten Themen* das folgende Bild (Tabelle 3): Die Supervisionsgruppe aus PO-1 benannte ausschließlich aufgabenorientierte Themen, die Supervisionsgruppe aus PO-2 ausschließlich beziehungsorientierte Themen.

Tabelle 3: Verteilung der benannten Themen in den untersuchten Profit-Organisationen

benannte Themen	PO-1	PO-2
aufgabenorientiert	21	0
beziehungsorientiert	0	5

Auch bei den bearbeiteten Themen stammen fast alle aufgabenorientierte Themen von PO-1 (Tabelle 4).

Tabelle 4: Verteilung der bearbeiteten Themen in den untersuchten Profit-Organisationen

bearbeitete Themen	PO-1	PO-2
aufgabenorientiert	32	1
beziehungsorientiert	2	1

In PO-2 bestand die Supervision aus einer ganztägigen Sitzung, in der insgesamt nur zwei Themen bearbeitet wurden, je ein beziehungsorientiertes und ein aufgabenorientiertes Thema. Dabei nahm das beziehungsorientierte Thema, bei dem es um die Bearbeitung von gegenseitigen Vorurteilen innerhalb des Projektteams ging, den zeitlich weitaus größten Anteil der Sitzung ein. Das aufgabenorientierte Thema bestand lediglich aus der Formulierung von Maßnahmen zum Abschluss der Sitzung.

Woher kommt dieser große Unterschied zwischen PO-1 und PO-2? Warum spielen bei PO-1 die aufgabenorientierten Themen eine so viel größere Rolle als bei PO-2?

Die Antwort liegt in der Zielsetzung der Supervision von PO-1. In diesem Unternehmen sollte die Supervision die Einführung von Teamarbeit als neue Arbeitsform unterstützen (Brünker, 2005b). Die Mitglieder dieser Supervisionsgruppe hatten zwar zuvor Schulungen für ihre neuen Funktionen als Gruppensprecher und Gruppenbetreuer erhalten. Dennoch tauchten während der Supervision immer wieder Fragen zur Erfüllung der neuen Aufgaben in diesen Funktionen auf. Die Supervisanden von PO-1 betrachteten bestimmte Themen, die in der Regel Beziehungsthemen sind und normalerweise die Art des Umgangs miteinander regeln, aus einer Metaposition heraus,

aus der funktionellen Sicht des Gruppensprechers oder Gruppenbetreuers. Solche Themen waren z. B. »Verhaltensregeln für den Gruppensprecher« oder »Verhalten als Gruppensprecher bei Konflikten«. Es ging in dieser Gruppe nicht um direkte Beziehungsregulierung zwischen zwei oder mehreren Personen, sondern es ging um Fragen, wie Beziehungsregulierung gestaltet werden kann in den Funktionen als Gruppensprecher oder Gruppenbetreuer. Damit ging es um die Aufgabenerfüllung in diesen Funktionen.

Selbstorientierung

Zur Selbstorientierung habe ich keine Hypothesen formuliert. Es gab hier jedoch ein interessantes Ergebnis, das ich erwähnen möchte.

Wir sehen in Abbildung 6, dass in den Vorgesprächen überhaupt keine selbstorientierten Erwartungen geäußert wurden. Anders jedoch in den ersten Sitzungen. Hier wurden besonders von den Angehörigen der NPO viele selbstorientierte Erwartungen geäußert. Der Anteil beträgt 32 %. Es waren 9 von insgesamt 28 Erwartungsäußerungen. Alle diese 9 selbstorientierten Äußerungen wurden von den beiden Pädagoginnen aus NPO-2 benannt.

Werden die Erwartungsäußerungen von NPO-1 herausgerechnet und NPO-2 alleine betrachtet, dann liegt der Anteil der selbstorientierten Erwartungsäußerungen der beiden Pädagoginnen sogar bei 53 % (9 von 17 Äußerungen).

Dass in den Vorgesprächen keine selbstorientierten Erwartungen genannt wurden, überrascht nicht bei NPO-1, PO-1 und PO-2, da diese Vorgespräche mit Leitungspersonen geführt worden waren und diese für die Beratung der Teams verständlicherweise einen anderen Fokus haben als die Konzentration auf sich selbst. Überraschend ist dieses Ergebnis jedoch bei NPO-2. Denn hier habe ich die Vorgespräche mit den Supervisandinnen selbst geführt, und beide hatten keine Leitungsfunktion inne. In den Vorgesprächen äußerten die beiden Supervisandinnen keine einzige selbstorientierte Erwartung, in der ersten Sitzung jedoch waren über die Hälfte ihrer Erwartungsäußerungen selbstorientiert.

Erklärt werden kann dieses Ergebnis damit, dass sich die Supervisandinnen bei der Auftragsklärung vorab (in den Vorgesprächen)

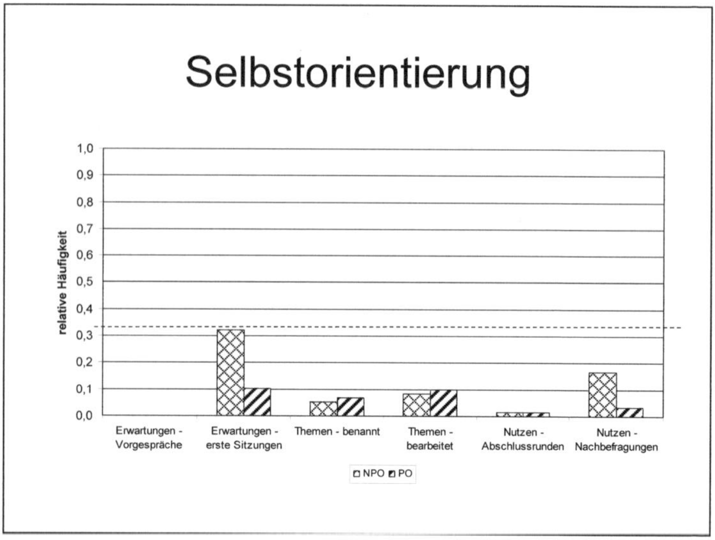

Abbildung 6: Selbstorientierung

mit der Erwartungshaltung ihrer Vorgesetzten bzw. des Trägervereins, der die Supervision finanzierte, identifizierten und deshalb ausschließlich aufgabenorientierte Erwartungen äußerten. Erst später in der ersten Supervisionssitzung formulierten sie ihre eigenen Erwartungen. In der Auftragsklärung, die vor der Beratung stattfindet, scheinen also andere Faktoren eine Rolle zu spielen als in den Sitzungen selbst.

Die deutlichen Unterschiede zwischen den Erwartungen aus den Vorgesprächen und den Erwartungen aus den ersten Sitzungen zeigen, wie wichtig es ist, dass nach der Auftragsklärung in den Vorgesprächen eine weitere Erwartungsklärung mit den Supervisanden in der ersten Supervisionssitzung erfolgt, selbst wenn die Supervisanden die Gesprächspartner in den Vorgesprächen sind.

Bei der Nutzeneinschätzung tauchen auch wieder selbstorientierte Äußerungen auf, weniger in den Abschlussrunden, sondern mehr in den Nachbefragungen. Die meisten selbstorientierten Nutzenäußerungen in den Nachbefragungen wurden wieder von den beiden Pädagoginnen aus NPO-2 gemacht. Vermutlich hängt dieses Ergebnis damit zusammen, dass in NPO-2 die Supervisandinnen selbst befragt wurden. In den anderen Organisationen wurden Leitungspersonen befragt, die eine andere Perspektive einnahmen.

Folgerungen

Aus den Ergebnissen lassen sich die folgenden Schlüsse ziehen (zusammengefasst in Abbildung 7).

Folgerungen

1. **Erwartungen und Auftrag**
   - Die Erwartungen in der ersten Supervisionssitzung immer abfragen – auch wenn Vorgespräche stattgefunden haben.
   - Der Auftrag aus den Vorgesprächen ist immer nur ein *vorläufiger* Auftrag.
2. **Beratungsbedarf**
   - Es gibt einen Bedarf an aufgabenorientierter Beratung im Non-Profit-Bereich.
   - Es gibt einen Bedarf an beziehungsorientierter Beratung im Profit-Bereich.
3. **Determinierung von Beratungsbedarf und Themenfokus**
   - Das Grundanliegen der Beratungsgruppe determiniert den Beratungsbedarf, unabhängig ob PO oder NPO.

Abbildung 7: Folgerungen

Erwartungen und Auftrag

Wir haben deutliche Unterschiede zwischen den Erwartungen aus den Vorgesprächen und den Erwartungen aus den ersten Sitzungen bei den beiden Pädagoginnen aus NPO-2 gesehen (Abbildung 6: Selbstorientierung). Diese Unterschiede weisen darauf hin, wie wichtig es ist, dass nach der Auftragsklärung in den Vorgesprächen eine weitere Erwartungsklärung mit den Supervisanden in der ersten Supervisionssitzung erfolgt, selbst wenn die Supervisanden die Gesprächspartner in den Vorgesprächen sind.

Folgerungen:

- Auch wenn Vorgespräche stattgefunden haben – egal mit wem, ob mit Leitungspersonen oder den Supervisanden selbst –, sollten die Erwartungen in der ersten Supervisionssitzung unbedingt noch einmal erfragt werden.
- Der Auftrag aus den Vorgesprächen ist immer nur ein vorläufiger Auftrag.

Beratungsbedarf

- Es gibt einen Bedarf an aufgabenorientierter Beratung im Non-Profit-Bereich. Das belegen die Ergebnisse zur »Aufgabenorientierung« (Abbildung 4) eindrucksvoll.
- Es gibt einen Bedarf an beziehungsorientierter Beratung im Profit-Bereich. Ich ziehe diesen Schluss, obwohl die quantitativen Ergebnisse zur »Beziehungsorientierung« das zunächst nicht nahe legen. Aber – und das ist der Vorteil einer qualitativen Studie – wir können hier in die Details gehen. Wenn wir die Ergebnisse von PO-2 betrachten (»Themen – benannt«: 100 % beziehungsorientierte Themen; »Themen – bearbeitet«: 50 % beziehungsorientierte Themen) und die besondere Zielsetzung der Supervision von PO-1 berücksichtigen, ist dieser Schluss durchaus zulässig.

Determinierung von Beratungsbedarf und Themenfokus

Die hohe Aufgabenorientierung der Supervisionsgruppe von PO-1, deren Mitglieder bei der Ausübung einer neuen Funktion, nämlich als »Gruppensprecher« bzw. »Gruppenbetreuer«, unterstützt werden sollten, zeigt, dass das Grundanliegen – hier das Erlernen einer neuen Aufgabe – den Beratungsbedarf und den Themenfokus ganz wesentlich mitbestimmt.

Folgerung:
Das Grundanliegen der Beratungsgruppe determiniert den Beratungsbedarf, unabhängig davon, ob die zu Beratenden einer Profit- oder einer Non-Profit-Organisation angehören.

Literatur

Benien, K. (2002). Beratung in Aktion. Erlebnisaktivierende Methoden im Kommunikationstraining. Hamburg: Windmühle.

Benne, K. D., Sheats, P. (1948). Functional roles of group members. Journal of Social Issues, 4, 41–49.

Brünker, J. (2005a). Beratung und Supervision. Fragen, Themen und Effekte. Frankfurt a. M.: Lang (zugl.: Köln, Univ., Diss. 2004).

Brünker, J. (2005b). Supervision als Personalentwicklungsinstrument bei der Einführung industrieller Teamarbeit. Supervision, Heft 4/2005, Weinheim: Beltz, S. 51–59.

Buer, F. (1998). Einführung. In P. Berker, F. Buer (Hrsg.), Praxisnahe Supervisionsforschung. Felder – Designs – Ergebnisse (S. 8–13). Münster: Votum.

Butzko, H. G. (2000). Supervision in Wirtschaftsunternehmen. In H. Pühl (Hrsg.), Handbuch der Supervision 2 (2. überarb. Aufl.). (S. 245–261). Berlin: Edition Marhold.

Fischer, G., Klein, B. (1997). Psychotherapieforschung. Forschungsepochen, Zukunftsperspektiven und Umrisse eines dynamisch-behavioralen Verfahrens. In K. D. Hildemann, P. Potthoff (Hrsg.), Psychotherapie – Quo vadis? Ziele, Effektivität und Kosten in Psychiatrie und Psychosomatik (S. 17–35). Göttingen: Hogrefe.

Giesecke, M., Rappe-Giesecke, K. (1997). Supervision als Medium kommunikativer Sozialforschung. Frankfurt a. M.: Suhrkamp.

Mayring, P. (2002). Einführung in die qualitative Sozialforschung. Eine Anleitung zu qualitativem Denken (5. Aufl.). Weinheim: Beltz.

Schreyögg, A. (2003). Die Differenzen zwischen Supervision und Coaching. Organisationsberatung, Supervision, Coaching, 10 (3), 217–226.

Seifert, J. W., Kraus, R. (1996). Mitarbeiter-Gruppen. KAIZEN erfolgreich entwerfen, einführen, umsetzen (3. Aufl.). Offenbach: Gabal.

Sloane, R. B., Staples, F. R., Cristol, A. H., Yorkston, N. J., Whipple, K. (1975). Psychotherapy versus behavior therapy. Cambridge, Mass.: Harvard University Press.

Strunk, A. (1993). Controlling in Non-Profit-Organisationen und -Unternehmen. Gabler Wirtschaftslexikon. (S. 691–697). Wiesbaden: Gabler.

Angelika Iser

Verhältnisbestimmung von Supervision und Mediation

Expertinnen- und Experteninterviews über Vorgehensweisen in der Beratung bei Mitarbeiterkonflikten in der Sozialen Arbeit

Supervision und Mediation in ihrem Verhältnis zueinander zu bestimmen, war einer der Ausgangspunkte für die Erforschung der Frage, wie mit Supervision und Mediation zur Klärung von Mitarbeiterkonflikten und damit wiederum zur Qualität in der Sozialen Arbeit beigetragen werden kann. Dieser Fragestellung bin ich im Rahmen meiner Promotionsstudie anhand von Theoriearbeit und mittels Expert/inneninterviews nachgegangen (vgl. Iser, 2008).

Im Folgenden gebe ich einen Einblick

1) in die Themenentwicklung und -begründung,
2) das empirische Vorgehen
3) und zeichne anhand der Suchbewegung nach der Verhältnisbestimmung von Supervision und Mediation einen Ergebnisstrang der Studie ausführlicher nach.
4) Abschließend benenne ich weitere Ergebnisbereiche, die mit der Studie erarbeitet wurden.

Das Klären von Mitarbeiterkonflikten als Qualitätsbeitrag von Supervision und Mediation

Die Arbeitslandschaft in Deutschland und vielen weiteren Ländern lässt sich zunehmend charakterisieren durch permanenten Umbau: Einrichtungen werden umstrukturiert zu *schlanken* Unternehmen, Tätigkeitsprofile werden spezialisiert und akademisiert, weniger Qualifizierte werden aus dem Arbeitsmarkt verdrängt. Durch Umstellung von Linienstrukturen auf Projektmanagement, durch faktische oder vorgeschobene Mittelknappheiten werden Verträge zunehmend befristet gestaltet. Unternehmen werden an- und verkauft, soziale Einrichtungen werden zusammengelegt, Teilbereiche outgesourced. Dies alles führt zu permanenten Veränderungen und Verunsicherungen und zu einem zunehmenden Nebeneinander verschiedener Einrichtungskulturen in den (z.T. neu entstehenden) Einrichtungen.

Hinter diesen wirtschaftlichen Konzentrationsprozessen steht die Erwartung, Synergien zu erzeugen, mehr Leistung und bessere Qualität bei einem niedrigeren Kostenaufwand zu erreichen. Ausgeblendet wird jedoch die Frage, welche Nebenwirkungen dabei gleichzeitig verursacht werden. Naheliegend und vermehrt beobachtbar ist aber, dass durch die zunehmende Konkurrenz um Arbeitsplätze und den wachsenden Druck auf die einzelnen Arbeitnehmer/innen auch das Misstrauen, die latenten und manifesten Konflikte untereinander anwachsen – zumindest dann, wenn ihnen nicht in adäquater Weise begegnet werden kann. Mitarbeiterkonflikte verursachen wiederum Kosten und können die Qualität der fachlichen Arbeit enorm vermindern. Sie verursachen z.B. Fehlentscheidungen, konflikt- oder mobbingbedingte Folgekrankheiten und Fehltage. Oft okkupieren sie einen beträchtlichen Teil der Arbeitszeit, der Motivation und der Lebensenergie.[1] Während einerseits die Sinnhaftigkeit der ökonomisch scheinbar notwendigen Konzentrationsprozesse infrage gestellt werden muss, so gilt es andererseits, sich mit den Folgen auseinanderzusetzen und sozial verträgliche Umgangsweisen dafür zu finden. Für meine Studie stellte sich daher als zentrale Frage, wie Mitarbeiterkonflikten rechtzeitig professionell begegnet werden kann und wie »Folgekosten« insbesondere für die betroffenen Menschen in den Institutionen und Unternehmen minimiert werden können.

Aus der Perspektive der Sozialen Arbeit ist es naheliegend, an dieser Stelle nach möglichen Beiträgen von Supervision und Mediation zur Klärung und Lösung von Mitarbeiterkonflikten zu fragen. Beide

---

[1] Laut Tilman Todenhöfer, den geschäftsführenden Gesellschafter bei Robert Bosch, nimmt die Beschäftigung mit den Auswirkungen ungeklärter Konflikte ein Drittel der Arbeitszeit von Führungskräften in Anspruch, wenn keine konstruktive unternehmerische Konfliktkultur besteht und gepflegt wird (Vortrag: »Mit Konflikten leben. Das unternehmerische Konfliktmanagement« im Studium Generale der Universität Tübingen am 14. Juni 2005).

Verfahren haben Wurzeln im (Um-)Feld der Sozialen Arbeit: Supervision ist als Administrations- und Qualitätsinstrument zur Anleitung und Begleitung ehrenamtlicher Helfer/innen entstanden (vgl. Belardi, 1992, S. 245 f.), Mediation hat einen Teil ihrer Wurzeln im Kontext der Gemeinwesenarbeit, um im Sinne des Empowerment Menschen zu stärken, ihre Konflikte selbst konstruktiv zu regeln (vgl. Gebhardt, 2000; Metzger, 2004). Erwartbar ist damit, dass die genannten Verfahren dem Verständnis der Sozialen Arbeit und den Anforderungen in ihren Arbeitsfeldern in besonderem Maße entsprechen. Vor diesem Hintergrund geht meine Studie fünf Fragebereichen auf verschiedenen Ebenen nach:

- Wie kann durch Supervision und Mediation dazu beigetragen werden, Mitarbeiterkonflikte konstruktiv zu regeln?
- Lassen sich Supervision und Mediation durch einen Vergleich miteinander klarer profilieren? Was unterscheidet sie? In welchen Fällen ist welches der beiden Verfahren eher indiziert?
- Gibt es Kernelemente (im Sinne von Erfolgsbedingungen) für die Klärung oder auch Lösung von Mitarbeiterkonflikten im Feld der Sozialen Arbeit?
- Sind diese Kernelemente für erfolgreiche Konfliktberatung übertragbar auf das professionelle Handeln der (lebensweltorientierten) Sozialen Arbeit?
- Wie kann der Qualitätsbeitrag von Supervision und von Mediation für eine lebensweltorientierte Soziale Arbeit auf dieser Basis beschrieben werden?

Die zwei letzten Fragen sind vor dem Hintergrund der These formuliert, dass die Vermittlung zwischen Individuum und Gesellschaft bei drohenden oder bestehenden sozialen Konflikten eine zentrale Aufgabe Sozialer Arbeit ist (vgl. Hamburger, 2003, S. 14; Herrmann, 2006, S. 27). Heiner konkretisiert diesen Auftrag Sozialer Arbeit als »positive intermediäre Funktion [...] der Vermittlung zwischen den Ansprüchen der Gesellschaft und den Bedürfnissen und Fähigkeiten der Individuen« (2004a, S. 30). Mit diesem Verständnis Sozialer Arbeit lässt sich die Hypothese begründen, dass Gelingensbedingungen der Konfliktvermittlung bei Supervision oder Mediation auf professionelles Handeln in der Sozialen Arbeit übertragbar sein könnten. Daher wurden in der Studie u. a. detaillierte Fallbeschreibungen rekonstruiert, um Elemente zu finden, die aus dem konkreten Vorgehen im Rahmen der spezifischen Verfahren für das weitere professionelle Handeln in der Sozialen Arbeit Lernmodelle sind. Damit wird auch Hubbertz' (2002, S. 118) Vorschlag gefolgt, Kriterien für professionelles Handeln (einer lebensweltorientierten Sozialen Arbeit) durch eine genaue Beschreibung von Fallverläufen zu gewinnen. Bei einer solchen Kasuistik geht es darum, »Bedingungen zu eruieren, unter denen Sozialarbeiter gute methodische Arbeit leisten« können. Denn so werden »Leitkriterien und fördernde Bedingungen« gefunden und beschrieben, die eine eigenverantwortliche Methodenentscheidung und Handlungsreflexion ermöglichen.

Empirisches Vorgehen

Um die gewählte Fragestellung zu bearbeiten, wurde neben einem theoretischen Zugang ein empirisches Vorgehen auf der Grundlage der Grounded Theory (Strauss, 1994) gewählt. Mit acht Supervisor/innen, Mediator/innen und doppeltqualifizierten Expert/innen wurden in 2003 Expert/inneninterviews geführt und sowohl anhand kasuistischer Einzelfallinterpretationen (Heiner) als auch kategorial in Form eines thematischen Quervergleichs ausgewertet. Der empirische Zugang wurde gewählt, um mit der Befragung von Expert/innen aus den Feldern der Supervision und/ oder Mediation über ihre Arbeitserfahrungen tiefere Einblicke in die Handlungspraxis und -spektren gewinnen zu können, als dies mit einer Untersuchung nur auf konzeptioneller Ebene (Selbstverständnis, Ziel, Methodenwahl usw.) möglich gewesen wäre.

Forschungsmethodologie

Die Grounded Theory, die hier in bezug auf Anselm L. Strauss herangezogen wird, ist *eine* Möglichkeit, qualitativ zu forschen, um »zu einem tieferen Verständnis von sozialen Phänomenen« beizutragen. Sie versteht sich als ein Forschungs*stil* der qualitativen Datenanalyse, der »vor allem darauf ausgelegt [ist], eine *Theorie zu generieren und zu* *überprüfen«* (Strauss, 1994, S. 19). Das steht im Kontrast zu vorwiegend theorieprüfenden Stilen, bei denen Empirie vor allem herangezogen wird, um theoretisch gewonnene Vorannahmen zu verifizieren oder zu falsifizieren. Entgegen beispielsweise der qualitativen Inhaltsanalyse (Mayring, 2002, S. 114 f.), bei der Texte durch ein zwar am Material gewonnenes, aber schon vorliegendes und starres Kategoriensystem »gescannt« werden, versteht die Grounded Theory den Forschungsprozess als eine Interaktion zwischen Gegenstand und Forscherin. Die Leitidee des ständigen Vergleichens soll von den Vorüberlegungen über die Datenerhebung und Auswertung zum permanenten Hypothesen- und Theorienbilden, Überprüfen und Verfeinern führen. Datenerhebung und Analyse werden damit nicht als getrennte, sondern ineinander verwobene Arbeitsschritte betrachtet. Theorien werden »als temporär-vergängliche Reifikationen aus diesem Prozess […] im Moment ihrer Formulierung bereits wieder Ausgangspunkt neuen Theoretisierens« (Strübing, 2004, S. 10). Als Daten werden nicht nur empirisch erhobene Daten, sondern ebenso Referenz- und Theoriewissen im Vorgang des *theoretical samplings* herangezogen, bis eine *gesättigte* gegenstandsbezogene Theorie den Endpunkt des Prozesses bilden soll. Dabei lautet die »grundlegende Frage beim Theoretical Sampling […]: *Welchen* Gruppen oder Untergruppen von Populationen, Ereignissen, Handlungen (um voneinander abweichende Dimensionen, Strategien usw. zu finden) wendet man sich bei der Datenerhebung *als nächstes zu?* Und *welche* theoretische Absicht steckt dahinter?« (Strauss, 1994, S. 70; Hv.i.O.).

Die Grounded Theory folgt dem interpretativen Forschungsparadigma und der vom Pragmatismus geprägten erkenntnistheoretischen Grundannahme, dass problemlösende Erkenntnis »anders als auf dem Weg über die innere Beteiligung der problemlösenden Subjekte grundsätzlich nicht zu gewinnen« ist. Vor diesem Hintergrund wird wissenschaftlicher Erkenntnisgewinn grundsätzlich zur »Kunstlehre« (Strübing, 2004, S. 16). Das heißt Wirklichkeit wird »theoriebildend gestaltet«, ist also letztlich immer subjektiv konstruiert und kann nicht als vorab gegebene Wirklichkeit gefunden und entdeckt werden (Hildenbrand, 1994, S. 12). Der wissenschaftliche Erkenntnisprozess muss dennoch gepaart werden mit einem möglichst »unvoreingenommenen Blick« und mit dem notwendigen methodischen Handwerkszeug, um zu intersubjektiv nachvollziehbaren Theorien zu gelangen (vgl. Hildenbrand, 1994; Strübing, 2004, S. 16 f.).

Die Grounded Theory wird von mir als Forschungsstil und methodologischer Rahmen herangezogen. Strauss selbst geht bereits davon aus, dass sie von weiteren Forschern adaptiert und mit anderen Methoden kombiniert werden wird (vgl. Strübing, 2004, S. 92). In der vorliegenden Studie wird sie mit Überlegungen und Vorgehensweisen der kasuistischen Interpretation nach Heiner (2004a, 2004b) und des Experteninterviews nach Meuser und Nagel (1991, 1994) kombiniert. Beide nehmen Bezug auf die Grounded Theory nach Strauss, gehen kategorienbildend vor und entwickeln davon ausgehend eigene methodische Akzentuierungen. Das legt nahe, dass sie mit der Methodologie und dem »methodischen Rüstzeug« der Grounded Theory kompatibel sind.

Im Diskurs der Supervisionsforschung wird zunehmend dafür votiert, eine gegenstandsangemessene Forschung zu betreiben und die Forschungsformen in Analogie zum Forschungsgegenstand, also der Supervision, zu gestalten (vgl. z. B. Rappe-Giesecke, 1998; Möller, 2001; Brünker, 2005). Der Form des supervisionsähnlichen Interviews wird eine gesteigerte Reflexivität und ein besonderer Lernprozess zugesprochen. Mit der von mir gewählten Form des Interviews, die verbunden war mit der Bitte um eine Fallschilderung, besteht eine Analogie zur Gestalt einer Einzel- bzw. einer Fallsupervision. Als weitere Analogie zum Forschungsgegenstand der Supervision und als Form der Auswertungskontrolle habe ich regelmäßige Gespräche über die Interviews, die entwickelten Fallstudien und die vergleichende Analyse mit verschiedenen fachkundigen Personen geführt und für mich schwierige Textsequenzen im Rahmen einer interdisziplinär besetzten Forschungssupervision reflektiert.

Die von mir gewählte Gestaltung des halbstandardisierten Interviewleitfadens entspricht einer »Within-Method-Triangulation« (Flick, 2004, S. 309 ff.). Fragen, die auf subjektive Theorien zielen, wurden mit einer Erzählaufforderung kombiniert, mit der anhand der Beschreibung von Erfahrungen bei einer gelungenen Beratung eines Mitarbeiterkonflikts alltägliche Routinen fokussiert wurden. In einem dritten Teil wurden direkt auf die Fallschilderung bezogene Reflexionsfragen gestellt. Im Sinne der Triangulation wird damit möglich, divergente Perspektiven zwischen dem beschriebenen Handeln und den subjektiven Theorien aufzudecken, was (im Sinne des theoretical samplings) zur Theorieentwicklung auffordert und sie voranbringt.

Durch die Kombination mehrerer Auswertungszugänge ist weiterhin eine *Perspektiven-Triangulation* erfolgt (vgl. Flick, 2004). Üblicherweise entsteht in der empirischen Sozialforschung die Situation, dass vielzählige Daten erhoben werden, die nur bruchstückhaft ausgewertet werden können. Das wird regelmäßig problematisiert und in seltenen Fällen durch Metaanalysen nachträglich produktiv gewendet. Indem hier drei unterschiedliche Auswertungszugänge für die Analyse der Expert/inneninterviews gewählt werden, wurde eine nachträgliche Methodentriangulation versucht, durch Kombination der Auswertungsgänge der Kasuistischen Interpretation nach Heiner (2004), der Expert/inneninterviews im Sinne von Meuser und Nagel (1991, 1994) und des permanenten Kodierens und Verdichtens von Kategorien im Sinne der Grounded Theory (Strauss, 1994). Die Auswertungsdurchgänge dienten dabei ebenso der wechselseitigen Überprüfung, wie dies sonst durch die Anwendung unterschiedlicher Erhebungsmethoden geschehen soll.

Experteninterviews zielen sowohl auf bewusstes Wissen, als auch auf »Wissensbestände, die als solche, das heißt in analytischer Form, von den Experten selbst (noch) nicht gewusst werden« (Meuser u. Nagel, 1994, S. 181). Solch implizites Wissen muss rekonstruiert werden. Dabei gelten narrative Sequenzen, »wenn der Inhalt der Erzählung eine Episode aus dem beruflichen Handlungsfeld ist, durchaus als Schlüsselstellen für die Rekonstruktion von handlungsleitenden Orientierungen«. Indem Expert/innen »Abläufe rekapitulieren«, geben sie »Einblick in ihre impliziten funktionsbezogenen Relevanzen und Maximen« (S. 183 f.). Aus diesem Grund habe ich in den Interviews Expert/innen durch einen Erzählimpuls zur gesteigerten Reflexivität angeregt und damit versucht, eine anschauliche Narration eines geglückten Falls anzustoßen, um den Bezug zum konkreten »organisatorischen Kontext« herzustellen (Dewe, 2005, S. 264) und das latente und situative Wissen zur Supervision bzw. Mediation bei Mitarbeiterkonflikten explizit zu machen.

Im Unterschied zu Meuser und Nagel ging es mir dabei aber nicht nur um »Betriebswissen« (1991, S. 446), sondern auch darum, verfahrensübergreifende Kernelemente der erfolgreichen Beratung bei Mitarbeiterkonflikten zu finden und Lehrfallstudien zu beschreiben (vgl. Fatzer, 1996, S. 79). Die Entwicklung von Kategorien des Erfolgs und ihre verdichtete Beschreibung folgen dem Vorgehen der Grounded Theory. Zur Entwicklung von Lernstudien wurde weiterhin das Vorgehen im Sinne der Kasuistischen Interpretation herangezogen. Detaillierte Fallanalysen ermöglichen laut Heiner (2004b, S. 61 f.), »dem Anliegen der qualitativen Sozialforschung entsprechend die Besonderheiten des Einzelfalles, seine subjektive Weltsicht, sein Profil als individuelle Merkmalskombination herauszuarbeiten«. Analog zum Vorgehen bei Heiner folgten auf die Fallanalysen zunächst ein ganzheitlicher und thematischer Aussagenvergleich und schließlich ein typologisierender Quervergleich. Dabei wurden das (offene, axiale und selektive) Kodieren und das Schreiben analytischer Memos durchgängig nach der Grounded Theory gestaltet (Strauss, 1994, S. 45 ff.). Strauss' Kodierparadigma, das die Frage nach den Bedingungen, Interaktionen zwischen den Akteuren, Strategien und Taktiken sowie Konsequenzen der untersuchten Handlungen umfasst (1994, S. 57), habe ich um die von Heiner vorgeschlagenen Fragen nach Emotionen und nach Bewertungen ergänzt sowie um die Analyseschritte, nach Lücken und nach Widersprüchen zu suchen (vgl. 2004b, S. 73). Durch theoretisches Konzeptionalisieren und Generalisieren (Meuser u. Nagel 1994, S. 191) wurde schließlich nach Anschlussstellen der Mikroanalyse zu vorliegenden Makroanalysen gesucht, um die Theorieentwicklung datenbegründet voranzutreiben.

Auswahl der Interviewpartner/innen nach ihren Verfahren und Konzepten

Für die Auswahl spezifischer Konzepte von Supervision und Mediation wurde nach Ansätzen gesucht, die besonders häufig angewendet werden und zueinander möglichst trennscharf sind. Aufgrund der geschichtlichen Entwicklung war in der deutschen *Supervision* lange Zeit eine psychoanalytische Orientierung vorherrschend. Während der letzten zwei Jahrzehnte verbreiten sich systemische Konzepte von Supervision zunehmend. Daher habe ich angenommen, dass (abgesehen von integrativen bzw. eklektischen Ansätzen) in der Praxis vor allem systemisch und analytisch orientierte Supervisionskonzepte anzutreffen sind. Diese These wird durch eine (nicht repräsentative) Studie von Hege (1996) gestützt. Laut Marianne Hege folgten nach der Psychoanalyse zwar als nächst häufiger anzutreffende Supervisionsansätze »gruppendynamische« knapp vor systemischen, allerdings mit dem Hinweis, dass analytische und gruppendynamische Konzepte besonders häufig miteinander kombiniert werden. Mit der Konzentration auf systemische und analytische Konzepte war die Hypothese verbunden, dass klar unterscheidbare Konzepte gewählt wurden, die unterschiedlichen Paradigmen folgen.

Vermutet wurde zum einen, dass ein psychoanalytischer Ansatz Konflikte bei der Person und ihrer Beziehungsgestaltung verortet und mit einem prozessorientierten, eher aufarbeitungsorientierten Vorgehen einhergeht. Für die systemischen Ansätze wurde eine Konfliktverortung im System erwartet, verbunden mit einem zukunfts- und lösungsorientierten Vorgehen. Auch für die doppelt qualifizierten Expert/innen wurde je eine Vertreterin für systemische und eine für analytische Supervision gesucht, die zusätzlich Expertin für Mediation ist. Eine Vorauswahl des Settings war nicht vorgesehen. Aufgrund der Fokussierung auf Mitarbeiterkonflikte fand dennoch eine faktische Konzentration auf Team- bzw. Organisationssupervisionen statt.

Für die Wahl der Mediator/innen bestand die Bedingung, dass sie Mitarbeiterkonflikte im sozialen Bereich und in der Sozialen Arbeit mediieren. Damit war eine Vorauswahl getroffen, weil Mediation vor allem durch das bearbeitete Konfliktfeld unterschieden wird (z. B. Familienmediation, Mediation in Jugendarbeit und Schule, Täter-Opfer-Ausgleich, Wirtschaftsmediation usw.). Dahinter steht implizit auch eine Unterscheidung zwischen verschiedenen Grundberufen und ihrer Aneignungsform von Mediation (Juristin, [Sozial-] Pädagogin, Psychologin, Wirtschaftlerin). Im Diskurs um »richtige« Mediation finden sich außerdem unterschiedliche Positionen. Sie polarisieren zwischen (a) reiner Zukunftsorientierung der Mediation, die ausschließlich am »Runden Tisch« stattfinden darf, verbunden mit einer vollständigen Lösungsabstinenz des Mediators, gegenüber (b) einem zumindest partiellen Bearbeiten des vergangenen Konflikts, wofür z. T. auch Einzelgespräche geführt werden und gegebenenfalls durch den Mediator eigene Lösungsideen als Wahlmöglichkeit eingebracht werden dürfen. Für die Interviews wurden Mediator/innen beider »Lager« gesucht.

Ausgewählte Thesen und Ergebnisse

In der qualitativen empirischen Sozialforschung sind häufig die Daten am interessantesten, die die Vorannahmen und vorausgehenden (impliziten oder expliziten) Hypothesen irritieren. Auf eine dieser Irritationen möchte ich im Folgenden eingehen.

Anders als erwartet ließen sich Supervision und Mediation nicht »einfach« miteinander vergleichen und gegenüberstellen. Beim Auswerten der einzelnen Interviews und ihrer Rekonstruktion in Form von Einzelfallanalysen wurde deutlich, dass ein einfacher Vergleich zwischen Supervision auf der einen und Mediation auf der anderen Seite nicht ausreicht, um die Unterschiede zu erklären, die sich bei der Betrachtung des Materials zeigen. Aber auch der Versuch, beide Verfahren anhand ihrer spezifischen Konzepte differenzierter zu unterscheiden, wurde durch die untersuchten Fälle irritiert. Mit den acht beschriebenen Vorgehensweisen, Konzepten und Deutungsmustern wurden vielmehr acht erstaunlich unterschiedliche Herangehensweisen sichtbar.

Um im Sinne der Grounded Theory den Phänomenen zu folgen, musste deshalb zunächst untersucht werden, woran es liegt, dass sich trotz klar benannter Verfahren (Mediation und Supervision) und einer Zuordnung zu Konzepten (z. B. Gruppenanalyse) klar ausgeprägte *persönliche Stile der Konfliktintervention* finden. Erforderlich wurde also, die acht Interviews direkt miteinander zu vergleichen, ohne sie vorab nach Konzepten zu gruppieren.

In unzähligen Auswertungsdurchgängen, bei denen zentrale Codes und Kategorien herausgearbeitet, auf ihren Einfluss überprüft und verglichen wurden, den sie auf die Entwicklung von persönlichen Stilen und Interventionsverständnissen haben, ließ sich zunehmend verdichten und nachweisen, dass das *Konfliktverständnis* und in Bezug darauf das jeweilige *Verfahrensverständnis* der Expert/innen zentral für die Einschätzung einer (Konflikt-)Situation, die Wahl des konkreten Vorgehens, aber auch für die Selbstdefinition der Expert/innen als

Professionelle sind. Dieser datenbasierte Zusammenhang ließ sich schließlich in einer Art dichten Beschreibung fassen. Erst vor dem Hintergrund dieser Beschreibung und der Erklärung, wie es zur Herausbildung persönlicher Interventionsstile kommt, wurde es möglich, auf einer höheren Abstraktionsstufe nach Typen der Konfliktintervention zu suchen, mit denen das vorliegende Material datenbegründet systematisiert werden konnte. Erst nach diesen beiden Auswertungsschritten war es wiederum möglich, die Unterschiede zwischen Supervision und Mediation, die auf einer höheren Abstraktionsstufe tatsächlich bestehen, herauszuarbeiten.

Entwicklung persönlicher Stile der Konfliktintervention

Den Auswertungsdurchgängen zufolge lässt sich der Prozess der Herausbildung persönlicher Stile der Intervention stark verdichtet wie folgt beschreiben (vgl. Iser, 2008, S. 406 f.):

Demnach entwickeln die Expert/innen auf der Basis ihrer Ausbildung und ihrer Erfahrung ein Konfliktverständnis, das verhältnismäßig *konsistent* ist und das ihre Herangehensweise an einen je konkreten Konflikt leitet. Auf der Basis ihrer Ausbildung, ihres Ansatzes und ihrer Erfahrung entwickeln sie außerdem ihr eigenes Verständnis für ein Verfahren (Supervision, Mediation u. a.), das durch Fallreflexion und durch den Einfluss ihrer Konfliktsicht weiterentwickelt wird. Die Verfahrensverständnisse haben den Interviews zufolge nur eine *relative Konsistenz.* Es stehen Eckpunkte fest, während Elemente reflektiert, modifiziert und entwickelt werden. Das Verfahrensverständnis ist bei den »jüngeren« Praktiker/innen weniger konsistent als bei den »alten Hasen«. Dennoch besteht ein verhältnismäßig fest gefügtes Bild über die eigene Rolle im jeweiligen Verfahren, das erforderliche Setting und die Dauer, die Vorgehensweise und die Wirkmöglichkeiten. Damit gerinnen das (verfahrensübergreifend konsistente) Konfliktverständnis und das jeweilige Verfahrensverständnis zu einem verhältnismäßig stabilen persönlichen Stil.

Für das jeweilige Vorgehen der Expert/innen ist das Konfliktverständnis insofern zentral, als es ihr Urteil über ein Verfahren prägt. Denn aufgrund ihres Konfliktverständnisses steht fest, auf welchen Ebenen sie den Konflikt verorten. Daraus leiten sie ab, auf welchen

Ebenen sie Interventionen für notwendig halten, welche Bearbeitungsdauer und Wirkungsmöglichkeiten sie sehen und welches Setting ihres Erachtens erforderlich ist. Indem sie bestimmte Verständnisse von Supervision und Mediation haben, mit denen die eigene Rolle, der Auftrag und seine Reichweite, das mögliche Setting und die mögliche Verfahrensdauer feststehen, gibt es Verfahren, die ihres Erachtens besser mit ihrem Konfliktverständnis (und der je gegebenen Situation) harmonieren als andere. Die Kombination von beidem führt so zu einem jeweils persönlichen Stil.

Vier Profile der Konfliktintervention

Mithilfe des systematischen Vergleichs konnten auf dem Hintergrund so beschriebener persönlicher Stile der Intervention die Vorgehensweisen und Deutungsmuster der befragten Expert/innen nach Ähnlichkeiten und Kontrasten gruppiert werden, und es kristallisierten sich vier Profile oder Typen der Konfliktintervention heraus. Diese vier im Folgenden beschriebenen Interventionsprofile sind meines Erachtens aussagekräftiger in Bezug auf das konkrete, erwartbare Vorgehen als die Zuordnung durch ein Verfahren (Supervision oder Mediation) oder einen Ansatz (systemisch…) und durchkreuzen im untersuchten Material auch die von den Expert/innen vorgenommen Attributierungen. Aufgrund der geringen Fallauswahl bleibt offen, ob es weitere Typen der Konfliktintervention gibt.

Im Material fanden sich die Interventionsprofile der: (a) Konfliktkompetenzentwicklung, (b) Konfliktvermittlung, (c) Konfliktklärung und (d) Konfliktaufarbeitung (s.u.) Sie ermöglichen, die zunächst disparaten Vorgehensweisen zu systematisieren und zu erklären. Diese vier Profile unterscheiden sich darin, auf welchen Ebenen direkte Veränderungen angestrebt und auf welche Weise diese Änderungen hervorgerufen werden sollen.

Die verschiedenen Veränderungen, die nach Aussagen der Expert/innen durch ihre Beratung angestoßen werden können, lassen sich bei systematischer Betrachtung auf vier Ebenen ansiedeln. Es sind Veränderungen (a) der einzelnen Personen (intrapsychische Veränderungen, Persönlichkeitsentwicklung, Kompetenzentwicklung, Verhalten), (b) der Beziehungen und Interaktionen zwischen Personen,

(c) von organisationalen Strukturen und Regeln auf Team- und/ oder Organisationsebene und (d) von Kulturen und der Atmosphäre auf der Gruppen-, Team- und/ oder der Organisationsebene (s. Tab. 1).

Tabelle 1: Vier Profile der Konfliktintervention (vgl. Iser, 2008, S. 407)

		Interventionsziele			
Interventionsprofil	**Experten***	**Person** Psychohygiene, Persönlichkeits-Entwicklung	**Interaktion** Konfliktbestimmte Interaktion verbessern	**Strukturen** Strukturelle Konfliktursachen benennen, z. T. beheben	**Kulturen** Gruppen- und Organisations-Kulturen fördern und verbessern
Konfliktkompetenzentwicklung	Bsv Hsv Lsv	X	-	-	(X)
Konfliktvermittlung	Osv Gsv Amed	(X)	X	-	(X)
Konfliktklärung	L, M, F, G bei Mediation	(X)	X	(X)	-
Konfliktaufarbeitung	Asv G(sv-med)	X	X	(X)	X

* Die großen Buchstaben stehen für die befragten Expert/innen, »sv« zeigt an, dass es um das Supervisionsverständnis des Experten geht, »med« bezeichnet das Mediationsverständnis der jeweiligen Experten.

Die Vorgehensweisen der vier Profile lassen sich wie folgt skizzieren: *[1] Bei der Konfliktkompetenzentwicklung* werden Konflikte (auch soziale) auf der intrapsychischen Ebene geklärt, indem die Beratenen darin unterstützt werden, komplexe Situationen und Beziehungsgeflechte zu verstehen. Das erleichtert ihre Entscheidungsfindung. Die konkrete Lösungsfindung und -umsetzung *sozialer* Konflikte bleibt jedoch den Beratenen vollständig selbst überlassen. Mittel der Arbeit ist die Entwicklung einer guten, vertrauensvollen Gruppenatmosphäre und -kultur. Sie ermöglicht Vertrauen und stärkt die Selbstreflexionskräfte. Langfristig zielt die Arbeit auf Selbsterkenntnis und

Persönlichkeitsentwicklung, kurzfristig und unmittelbar auf die Verbesserung der Gruppenatmosphäre.

[2] Konfliktvermittlung: Konflikte (auch intrapsychische) werden vor allem auf der Beziehungs- und Interaktionsebene bearbeitet. Ihre Muster und Hintergründe werden untersucht. Lösungen werden entwickelt, vereinbart und ihre Umsetzung wird überprüft. Persönliche Themen und intrapsychische Verwicklungen werden nur indirekt bearbeitet. Strukturelle Konfliktpotentiale werden analysiert und in der Beratung bewusst gemacht. Eine Veränderung von Organisationsstrukturen außerhalb des Beratungssystems wird aber nicht als Beratungsaufgabe verstanden. Eine Veränderung der Kommunikations- und Kooperationskultur im Team wird angeregt und begleitet.

[3] Konfliktklärung: Konflikte sollen auf der Beziehungsebene gelöst, auf der Gefühlsebene gewürdigt und auf der strukturellen Ebene vorgeklärt werden. Persönliche Verwicklungen sollen soweit geklärt werden, dass Verletzungen heilen können und Verhandlungen möglich werden. Für die konflikthafte Beziehungsgestaltung werden Lösungen gesucht und vereinbart, konkrete Strukturveränderungen zur Vermeidung ähnlicher Konflikte werden analysiert und gegenüber der Institution benannt, um sie in deren Verantwortung zurückzugeben.

[4] Konfliktaufarbeitung: persönliche Anteile und Beziehungen werden geklärt und Lösungen dafür gefunden, an Organisationsstrukturen wird exemplarisch (mit Vorbildabsicht) gearbeitet, die Gruppen- und Organisationskultur steht im Fokus und wird langfristig entwickelt, um so grundlegenden Wandel zu ermöglichen.

Die damit verbundenen unterschiedlichen Rahmenbedingungen sowie auch die Zuordnung der spezifischen Konzepte und Verfahren zu den Profilen kann der gebotenen Kürze halber hier nicht erläutert werden (vgl. ausführlicher bei Iser, 2008, S. 208 ff.). Deutlich wird aber vermutlich bereits anhand dieser sehr dichten Ergebnisbeschreibung, dass die Unterschiede im Interventionsvorgehen charakterisiert sind dadurch, auf welchen Ebenen Konfliktursachen gesehen werden, auf welche Ebenen die Interventionen und die Veränderungsabsicht abzielen und drittens durch die Dimension Zeit –

die bei einem Verfahren für den Beratungsprozess besteht, aber auch die Zeit, die aus Sicht der Expert/innen für Veränderungen notwendig ist.

Diskussion der vier Analyse- und Zielebenen in Bezug auf vorliegende Theorien

Beim Vergleich dieser Ergebnisse mit vorliegenden Theorien zu Veränderungsprozessen in Organisationen wurde mir deutlich, dass in meinem Material eine Ebene zu Tage getreten ist, die dort bisher nicht systematisch berücksichtigt wird. In der Literatur zur Supervision in Organisationen findet sich häufig eine Unterscheidung nach Interventionen auf den drei Ebenen der Person, der Gruppe und der Organisation beziehungsweise der individuellen, interaktionalen und systemischen Ebene (vgl. z. B. Brünker, 2005, S. 19 f.; Scala u. Grossmann, 1997, S. 72). Diese Dreiteilung findet sich auch in der organisationsbezogenen Konflikttheorie, zum Beispiel als personenzentrierte, interaktionszentrierte und strukturzentrierte Konfliktperspektive (vgl. z. B. Berkel, 1984).

In dem mir vorliegenden Material ließ sich eine Unterscheidung zwischen den Profilen der Intervention jedoch nur klar beschreiben, indem ein weiterer Bereich gesondert betrachtet wurde: die Ebene der Atmosphäre und Kulturen auf Gruppen- und Organisationsebene. Erst mit dieser Unterscheidung wurde es schließlich auch möglich, zentrale Unterschiede zwischen den Vorgehensweisen und Möglichkeiten von Supervision gegenüber denen der Mediation zu beschreiben. Erst mit der Ebene der *Gruppen- und Organisationskulturen* als weiterer, vierter Betrachtungsebene, wird ein grundlegender Unterschied greifbar, der zwischen dem *Organisationsbezug* der Mediationen gegenüber dem der Supervisionen besteht.

Um diesen Unterschied deutlich zu beschreiben, muss allerdings zugleich zwischen zwei *Handlungsmodi* unterschieden werden; der *Analyse* einer Situation oder eines Konflikts auf der einen Seite gegenüber der *Intervention* bei einem Konflikt auf der anderen Seite. Sowohl die Analyse als auch die Intervention können unabhängig voneinander auf allen vier Ebenen oder nur einer Auswahl dieser Ebenen angegangen werden. So kommen je nach Analyse- und Interventionsebenen zentrale Unterschiede im Vorgehen zustanden. Dies soll hier nur an einem Beispiel skizziert werden:

Während der Handlungsmodus der (Konflikt- und Situations-) *Analyse* in beiden Verfahren auf allen vier Ebenen erfolgen kann und sollte, zum Beispiel bezogen auf die Kultur(en) aber auch die Organisationsstrukturen oder einzelnen Personen, so kann eine Kultur*entwicklung* im Handlungsmodus *Intervention* aufgrund der unterschiedlichen *Dauer der Verfahren* Supervision und Mediation nicht in gleicher Weise geschehen. Die Möglichkeit, Kulturentwicklung als Ziel zu wählen, macht längere Zeiträume der Intervention und Begleitung erforderlich, die in einer Supervision in der Regel gegeben sind. Dagegen werden in Mediationen mit circa fünf Sitzungen im Zeitraum von etwa drei Monaten strukturelle Konfliktpotentiale analysiert und zum Teil genutzt, um durch Hinweise auf strukturelle Konfliktursachen persönliche Konflikte zu entschärfen und/oder um strukturelle Veränderungen anzuregen, die von der Organisation selbst umgesetzt werden können. Wenn man davon ausgeht, dass eine Institutionskultur auf Sedimenten oft langjähriger Interaktionsmuster beruht, kann Mediation Kulturentwicklung höchstens punktuell anstoßen.

Mit diesem skizzenhaften Durchschreiten zentraler Forschungsergebnisse sollte verdeutlicht werden, dass zur vergleichenden Ermittlung der Möglichkeiten und Grenzen der Verfahren Supervision und Mediation folgende Unterscheidungen hilfreich sind:

1. eine Unterscheidung zwischen vier Ebenen: der intrapsychischen, interpersonellen, der strukturellen wie der kulturellen Ebene statt der weitgehend üblichen Unterscheidung von Person, Gruppe und Organisation.
2. sowie zusätzlich die Unterscheidung zwischen den Handlungsmodi der *Analyse* und der *Intervention,* um Vorgehensweisen präziser beschreiben zu können.

Gerade auch bezogen auf Supervision ist diese genauere Differenzierung zwischen vier (statt drei) Ebenen verbunden mit den beiden Handlungsmodi meines Erachtens weiterführend. Für die Supervision ist der Blick auf die vier Ebenen als *Analyseebenen* zwar selbstverständlich, um Fälle oder Themen zu reflektieren (vgl. z. B. Fatzer, 1996; Möller, 2001, S. 70). Andererseits stellt die *Intervention* aber schon bezogen auf die drei Ebenen (Person, Interaktion, Organisation) eine verhältnismäßig neue Entwicklung dar, wie die intensive Diskussion um den »Paradigmenwechsel« der Supervision von einer reinen Personenorientierung hin zur Personen- und Organisationsorientierung zeigt (supervision, 2006). Während über Jahrzehnte der deutschen Supervisionsgeschichte Interventionen auf der Organisationsebene nicht zur Supervisionsaufgabe gehörten, wird hier nun der Übergang der Supervision zur Organisationsentwicklung gesehen und beginnt laut Fatzer die für Organisationsentwicklung und Supervision, m. E. aber auch Mediation, gemeinsame Frage nach einer »Theorie der Intervention in Personen-, Team- und Organisationssystemen« (1996, S. 11). In dieser Frage deutet sich ein Forschungsfeld an, in dem meines Erachtens die Suche nach so genannten »best practices« von Interventionsprozessen im Vordergrund steht. Gerade die rekonstruierten Einzelfallstudien in der hier beschriebenen Forschung weisen darauf hin, dass in der Praxis nicht nur Ungleichzeitigkeiten bestehen, sondern auch unterschiedliche Paradigmen zu wohlreflektierten, unterschiedlichen Interventionsprofilen führen. Nicht alle diese Profile zielen auf eine direkte Intervention auf der organisationsstrukturellen Ebene ab und nicht alle zielen darauf ab, die Organisationskultur außerhalb des beratenen Teams direkt zu verändern. Solche Unterschiede stärker herauszuheben und in ihren Argumenten zu verstehen, ermöglicht meines Erachtens, sie systematischer zu erforschen und spezifischere Wirkzusammenhänge aufzudecken.

Hinweis auf weitere Ergebnisbereiche

Mit der hier beschriebenen Studie konnten durch die Befragung von acht Expert/innen der Supervision und/oder Mediation tiefere Einblicke in die Handlungspraxis gewonnen werden, als dies mit einer Untersuchung auf der rein konzeptionellen Ebene möglich gewesen wäre. Insbesondere durch die Within-Method-Triangulation bei der Gestaltung des Interviews und durch die Perspektiven-Triangulation mithilfe verschiedener Zugänge bei der Auswertung konnte die Studie zu Ergebnissen auf mehreren Konkretisierungsstufen führen. Letztlich wurde es so möglich, für alle fünf eingangs benannten Fragenbereiche datenbasierte Ergebnisse zu generieren und darüber hinaus durch die im Material auftretenden Phänomene weitere Erkenntnisse zu gewinnen.

Neben den in diesem Artikel ausgeführten Erklärungen zur Herausbildung persönlicher Stile der Intervention und der Bildung von Typen der Konfliktintervention konnten mit der Studie

a) acht Lehr-Fallstudien der Konfliktberatung durch Supervision, Mediation oder Kombinationen von beiden Verfahren rekonstruiert werden,
b) verfahrensübergreifend gemeinsame Erfolgsfaktoren für eine gelingende Konfliktberatung bei Mitarbeiterkonflikten beschrieben werden,
c) die Verfahren der Supervision und der Mediation differenziert verglichen und wechselseitige Lernmöglichkeiten daraus abgeleitet werden,
d) ein Indikations- und Diagnoseraster für Mitarbeiterkonflikte entwickelt werden,
e) schließlich durch einen Bezug der Ergebnisse auf das Konzept der lebensweltorientierten Sozialen Arbeit herausgearbeitet werden, welche Lehr-Fallstudien hieran anschlussfähig sind und somit auch zur Veranschaulichung professionellen lebensweltorientierten Handelns herangezogen werden können (vgl. Iser, 2008).

Aus meiner Sicht zeigt der Durchgang durch das Datenmaterial, wie gewinnbringend es sein kann, sich im Sinne der Grounded Theory auf den Vorrang der Phänomene einzulassen, den Irritationen im Material Aufmerksamkeit zu schenken, sie zu hinterfragen, ihnen zu folgen. Es führt zu dem Ergebnis, dass sowohl das Verhältnis von Konzeption bzw. Theorie zur Handlungspraxis differenzierter erscheint als auch Handlungsmotive in der Praxis in ihrer Rückwirkung auf die Interpretation der vorgelagerten Theorien oder Konzepte sichtbar werden. Dies ist ein weiterer Schritt in der Verhältnisbestimmung von Theorie und Praxis. Möglich wird – das ist die Hoffnung –, Lernbeispiele und Modelle zu gewinnen, die sowohl für den theoretischen Diskurs als auch für die Praxis fruchtbar werden können.

Literatur

Belardi, N. (1992). Supervision. Von der Praxisberatung zur Organisationsentwicklung. Paderborn: Junfermann.

Berkel, K. (1984). Konfliktforschung und Konfliktbewältigung. Ein organisationspsychologischer Ansatz. Berlin: Duncker u. Humblot.

Brünker, J. (2005). Beratung und Supervision. Fragen, Themen und Effekte. Frankfurt a. M. u. a.: Lang.

Dewe, B. (2005). Perpektiven gelingender Professionalität. neue Praxis, 35 (3), 257–266.

Fatzer, G. (Hrsg.) (1996). Organisationsentwicklung und Supervision: Erfolgsfaktoren bei Veränderungsprozessen. Köln: Edition Humanistische Psychologie.

Flick, U. (2004). Triangulation in der qualitativen Forschung. In U. Flick, E. v. Kardorff, I. Steinke (Hrsg.), Qualitative Forschung. Ein Handbuch (3. Aufl.) (S. 309–318). Reinbek: Rowohlt.

Gebhardt, B. (2000). Mediation – Idee und Wirklichkeit. Zukunftsforum Jugend 2000, 4, 3–6.

Hamburger, F. (2003). Einführung in die Sozialpädagogik. Stuttgart: Kohlhammer.

Hege, M. (1996). Konzeptionsfragen der Supervision. supervision, 29, 104–106.

Heiner, M. (2004a). Professionalität in der Sozialen Arbeit. Theoretische Konzepte, Modelle und empirische Perspektiven. Stuttgart: Kohlhammer.

Heiner, M. (2004b). Interpretation qualitativer Interviews: Ein kasuistischer Ansatz. Tübingen: Unveröffentlichtes Manuskript.

Herrmann, F. (2006). Konfliktarbeit. Theorie und Methodik Sozialer Arbeit in Konflikten. Wiesbaden: VS, Verlag für Sozialwissenschaften.

Hildenbrand, B. (1994). Vorwort. In A. L. Strauss, Grundlagen Qualitativer Sozialforschung: Datenanalyse und Theoriebildung in der empirischen und soziologischen Forschung (S. 11–17). München: Fink.

Hubbertz, K.-P. (2002). Problemlösen und Verstehen. Ein strategisch-kommunikatives Modell beruflichen Handelns in der Sozialen Arbeit. Archiv für Wissenschaft und Praxis der Sozialen Arbeit, 33. (2), 84–127.

Iser, A. (2002). Qualität interner Beratung steigern. Socialmanagement, Zeitschrift für Sozialwirtschaft, 6, 21–24.

Iser, A. (2005). Der Beitrag der Supervision zu einem partizipativen Qualitätsmanagement in der Sozialen Arbeit. In C. Engelfried (Hrsg.), Soziale Organisationen im Wandel. Fachlicher Anspruch, Genderperspektive und ökonomische Realität (S. 49–80). Frankfurt a. M. u. a.: Campus-Verlag.

Iser, A. (2008). Supervision und Mediation in der Sozialen Arbeit. Eine Studie zur Klärung von Mitarbeiterkonflikten. Tübingen: dgvt-Verlag.

Leymann, H. (2005). Mobbing. www.leymann.se, [Stand: Mai 2005]

Mayring, P. (2002). Einführung in die qualitative Sozialforschung (5. überab. u. neu ausgestattete Aufl.). Weinheim u. a.: Beltz.

Metzger, T. (2004). Gemeinwesenmediation. Von der Analyse der Justizkrise zur modernen Mediation. perspektive mediation, 1, 37–41.

Meuser, M., Nagel, U. (1991). ExpertInneninterviews – vielfach erprobt, wenig bedacht. Ein Beitrag zur qualitativen Methodendiskussion. In D. Garz, K. Kraimer (Hrsg.), Qualitativ-empirische Sozialforschung: Konzepte, Methoden, Analysen (S. 441–471). Opladen: Westdeutscher Verlag.

Meuser, M., Nagel, U. (1994). Expertenwissen und Experteninterview. In R. Hitzler, A. Honer, C. Maeder (Hrsg.), Expertenwissen: die institutionalisierte Kompetenz zur Konstruktion von Wirklichkeit (S. 180–192). Opladen: Westdeutscher Verlag.

Möller, H. (2001). Was ist gute Supervision? Grundlagen – Merkmale – Methoden. Stuttgart: Klett-Cotta.

Rappe-Giesecke, K. (1998). Kommunikative Supervisionsforschung. In P. Berker, F. Buer (Hrsg.), Praxisnahe Supervisionsforschung. Felder – Designs – Ergebnisse (S. 237–242). Münster: Votum.

Scala, K., Grossmann, R. (1997). Supervision in Organisationen. Veränderungen bewältigen – Qualität sichern – Entwicklung fördern. Weinheim u. a.: Juventa.

Strauss, A. L. (1994). Grundlagen qualitativer Sozialforschung: Datenanalyse und Theoriebildung in der empirischen und soziologischen Forschung. München: Fink.

Strübing, J. (2004). Grounded Theory. Zur sozialtheoretischen und epistemologischen Fundierung des Verfahrens der empirisch begründeten Theoriebildung. Wiesbaden: VS, Verlag für Sozialwissenschaften.

Supervision (2006). Paradigmenwechsel: Supervisor/innen in Verantwortung für die Organisation. Themenheft der Zeitschrift: supervision. Mensch, Arbeit, Organisation, 2.

Monika Klinkhammer

Supervision und Coaching für Wissenschaftlerinnen und Wissenschaftler[1]

Einführung

Die Förderung des wissenschaftlichen Nachwuchses, die Nutzung bislang ungenutzten insbesondere auch weiblichen Potentials, die Steigerung des Frauenanteils in allen Wissenschafts- und Hochschulpositionen sind von der Hochschulpolitik seit Jahren verfolgte Ziele. Die Politik setzt auf verschiedenen Ebenen an. Beispiele für die strukturelle Ebene sind die aktuelle »Exzellenzinitiative« zur Förderung von Spitzenuniversitäten in Deutschland, die Einführung der Juniorprofessur oder die Errichtung von neuen Graduiertenkollegs und Graduiertenschulen. Auf der individuellen Ebene wirken aus Bundesmitteln finanzierte Programme, wie z. B. »Anstoß zum Aufstieg«, durch das im Zeitraum von 2001 bis 2003 Wissenschaftler/innen in über 700 Fortbildungen gefördert wurden. An vielen Universitäten haben sich Mentorinnenprogramme und Career Center etabliert. Vereinzelt, jedoch mit zunehmender Tendenz, wird auch prozessorientierte und personenbezogene Beratung im Wissenschaftsfeld implementiert. Seit kurzem bieten einige Universitäten ihren Führungskräften und Professor/innen Coaching an, wie z. B. die Universitäten Bochum (Reinhardt et al., 2006), Bremen (Hubrath et al., 2006) und die Freie Universität Berlin. Ein relativ neuer und großer Beratungsmarkt »Wissenschaft und Hochschule« entwickelt

[1] Dies ist eine erweiterte Fassung des Beitrages: Klinkhammer, Monika (2006). Brauchen Wissenschaftler/innen (k)eine Beratung? Supervision und Coaching für Wissenschaftler/innen. Personal- und Organisationsentwicklung in Einrichtungen der Lehre und Forschung (PE-OE), 2, 34–39. Universitätsverlag Webler.

sich: Im Hochschulbereich gab es im Jahr 2006 über eine halbe Million Beschäftigte, davon 51 % Frauen (Statistisches Bundesamt, Pressemeldung vom 11.07.07).

Als Erziehungs- und Sozialwissenschaftlerin mit dem Forschungsschwerpunkt Berufsbiografien und Berufsidentität von Wissenschaftler/innen einerseits und als Trainerin, Supervisorin und Coach andererseits führte dies zu den Leitfragen meiner Dissertation (Klinkhammer, 2004):

- Warum haben professionelle Beratungsformen wie Supervision oder Coaching zuvor kaum Eingang in das Berufsfeld »Wissenschaft« gefunden?
- Bieten sich Supervision und Coaching denn nicht gerade als für die individuelle Wissenschaftskarriere förderliche Beratungsmethoden an?
- Wie sieht der Bedarf an den professionellen Beratungsformen Supervision oder Coaching für die »Profession Wissenschaft« bzw. explizit für Wissenschaftlerinnen aus?
- Wie kann ihm entsprochen werden?
- Welche Art von Supervision und Coaching für Wissenschaftler/innen ist aus Sicht der Profession, Theorie und Empirie adäquat?

Im folgenden Beitrag möchte ich einige ausgewählte Ergebnisse und Aspekte dieser zwar auf Wissenschaftlerinnen ausgerichteten Studie präsentieren, die in vielen Aspekten jedoch auch für Wissenschaftler relevant sind. Zunächst wird die »Profession Wissenschaft« anhand des besonderen Karrierewegs und der Berufsrolle beschrieben. Anschließend wird das Hauptergebnis der Studie zusammengefasst und auf die spezifischen Gründe eingegangen, warum Supervision und Coaching bislang kaum Eingang in das Berufsfeld »Wissenschaft« gefunden haben. Im Anschluss daran werden die für den Hochschulbereich möglichen spezifischen Zielgruppen beschrieben. Im nächsten Abschnitt wird behandelt, welcher Kompetenzen es zur Supervision und zum Coaching mit Wissenschaftler/innen bedarf. Im letzten Teil wird zusammengefasst, welche besonderen Themen dabei zu berücksichtigen sind und ein Ausblick gewagt, welche Fragen für Berater/innen und Personalverantwortliche aus meiner Sicht offen sind und deren Diskussion interessant sein könnte.

Vorweg möchte ich mein Verständnis von Supervision und Coaching verdeutlichen.

Zum Verständnis von Supervision und Coaching

Im Gegensatz zum Wissenschaftsbereich »boomen« im Profitbereich sowohl der Begriff als auch die Beratungsform Coaching geradezu. Es gibt jedoch keine einheitliche Definition dieser Beratungsform. Zwar werden Supervision und Coaching zunehmend als Beratungsformate für den Hochschulbereich beschrieben. Jedoch auch hier existieren unterschiedliche, teils widersprüchliche Definitionen (Wildt et al., 2006; Reinhardt et al., 2006). Umso wichtiger ist es, Supervision und Coaching zu definieren:

> »Supervision beschäftigt sich mit einer Vielfalt von Arbeitsbereichen, Zielgruppen, Problemsituationen und Potentialen. Sie dient als Beratungsinstrument für alle beruflichen Tätigkeiten im Spannungsfeld Person – Rolle – Organisation/Arbeitsfeld – Klienten-/Kundensystem. Insbesondere dient Supervision der Steigerung von Professionalität durch Reflexion, als Bearbeitung und Lösung von aktuellen Konflikten, zur Entwicklung von Rollen-, Aufgaben- und Zielklarheit im Rahmen beruflicher Sozialisations- und Veränderungsprozesse, zur Unterstützung von Projektarbeit und bei individuellen Veränderungen oder Veränderungsprozessen in Organisationen« (Deutsche Gesellschaft für Supervision, 2003, S. 4).

Sowohl Coaching als auch Supervision sind prozessorientierte und dialogische Beratungsformen, in denen es um die Unterstützung und Begleitung der beruflichen (Selbst-)Reflexion von Menschen geht. Der Beratungsprozess basiert auf einem in der Regel auch schriftlich formulierten Kontrakt und wird auf die individuellen Bedürfnisse und Situation des/der Ratsuchenden ausgerichtet. Er dient der Klärung, Förderung und Erweiterung von (professioneller) Handlungskompetenz, der Selbststeuerung, dem Erhalt und der Steigerung der Leistungsfähigkeit des/der Ratsuchenden. Hierbei werden die individuelle berufliche Situation, die berufliche Identität, berufliche Rollen, Inhalte, Aufträge, das strukturelle Umfeld, der organisatorische Kontext, das kundenspezifische Anliegen und die Person thematisiert. Coaching und Supervision unterstützen die Fähigkeit, im beruflichen Kontext in unüberwindbaren Widersprüchen zu denken und zu handeln sowie Gegensätze und Rollenwidersprüche zu balancieren. Coaching und Supervision sind nachhaltige Instrumente der Personalentwicklung und dienen gleichzeitig der Entwicklung von Organisationen und Unternehmen. Im Unterschied zu Supervision, der aus meiner Sicht der weitergehende Begriff ist, definiere ich Coaching analog zur Leitungssupervision, also als spezielle Beratung von Führungskräften und Personen mit Führungsaufgaben, und nutze in diesem Verständnis beide Begriffe für die Profession Wissenschaft analog.

Wissenschaft als Profession: Karriereweg und Berufsrolle

Was ist nun das Besondere der Profession Wissenschaft und inwiefern wird damit deren Beratungsbedarf markiert? Ich möchte dies hier exemplarisch anhand der Wissenschaftskarriere und der Spezifika der Berufsrolle aufzeigen.

Ich vergleiche die Wissenschaftskarriere mit der hochalpinen Bergbesteigung des Montblanc: Viele starten den Weg zum Gipfel, die wenigsten erreichen den Gipfel, konkret die Professur, tatsächlich. Die meisten Wissenschaftler und noch mehr Wissenschaftlerinnen steigen während des Aufstiegs eher aus und orientieren sich beruflich um. Der Idealverlauf der Wissenschaftskarriere wird nach wie vor am androzentristischen Modell bemessen: Die Normalbiografie des Wissenschaftlers geht von einer geradlinigen Wissenschaftskarriere aus, in der die Promotion im Alter von 30 Jahren bzw. die Habilitation bis 40 Jahren abgeschlossenen sind. Über im Vergleich zu anderen Professionen ungewöhnlich lange Jahre gibt es extreme Qualifizierungs- und Leistungsanforderungen, die auch durch zahlreiche Bewertungs- und Prüfungsrituale charakterisiert sind. Der Leistungsdruck manifestiert sich im »to publish or perish«. Der individuelle Karriereweg ist zudem unsicher und brüchig und Wissenschaftler/innen jonglieren in ihrer Berufsidentität zwischen W 3 (ehemals C 4) und Hartz IV, also den Identitätspolen Professor/in (werden wollen) einerseits und befristet beschäftigt oder zeitweise arbeitslos oder gar Hartz-IV-Empfänger/in andererseits. Dies ist auch abhängig vom sozialen Umfeld und der soziokulturellen Herkunft. Je mehr *ökonomisches, soziales* und *kulturelles Kapital* im Sinne von Bourdieu (1997) im Hintergrund vorhanden sind, desto größer sind die Bewältigungskompetenz und die Chancen, diese Identitätsbalance gut zu managen. Einschlägige Ergebnisse der Arbeitslosenforschung oder der Frauengesundheitsbericht (BMFSFJ, 2002, S. 428–434) zeigen, dass dieser drohende Statusverlust sich schnell auf das psychosoziale Befinden, insbesondere auf das Selbstwertgefühl auswirken kann.

Die Wissenschaftskarriere verlangt weiterhin gleichzeitig Innovations- und Anpassungspotentiale. Es gibt kaum geregelte Arbeitszeiten, eine klare Trennung zwischen Privatleben und wissenschaftlicher Arbeit ist selten möglich. Berufliche Mobilität und ein unterstützendes privates Umfeld werden vorausgesetzt. Die Arbeitszeit und der Arbeitsraum sind oft nicht definiert. In Wissenschaftsorganisationen herrscht als informelle Regel sogar ein allzeitiger »Verfügbarkeitsanspruch« (Wimbauer, 1999, S. 162).

Der Weg in die Wissenschaft oder in universitäre Führungspositionen ist also allgemein – physisch wie psychosozial – mit enormen Stress auslösenden Belastungen verbunden und verlangt Lebensenergie und -zeit. Realisieren Wissenschaftlerinnen im Lauf ihrer beruflichen Entwicklung Mutterschaft, kommen weit reichende Belastungen im privaten Bereich hinzu.

Repräsentative Studien bestätigen dies, wie die Studie von Krimmer et al. (2004): Karriere fördernd ist demzufolge nach wie vor der stringente, zügige Aufstieg idealerweise über Stellen im Hochschulbereich. Mentor/innen sind auf dem Weg zur Professur sehr förderlich. Ist diese erreicht, stellen allerdings viele eine desillusionierende Diskrepanz zwischen Anspruch und Wirklichkeit der realen professionellen Möglichkeiten fest. Auch treten Überlastungsphänomene und Stress ein, der »Markteintritt« wird als mit »Kosten« verbunden – z. B. ungewollter Kinderlosigkeit oder gesundheitlicher Belastungen – erlebt. In der Wahrnehmung von Geschlecht herrscht auch eine Diskrepanz vor: Männer und Frauen schätzen die Wirklichkeit der Universität im Hinblick auf die Diskriminierung von Frauen unterschiedlich ein: Frauen erleben diese, Männer nehmen eine Diskriminierung von Frauen selten wahr. In Familie und Partnerschaft dominieren eher traditionelle Rollenmuster, d. h., dass Professoren überwiegend durch ihre Partnerin unterstützt werden, Professorinnen seltener; sie sind zudem öfter allein lebend.

Neben den Spezifika der Wissenschaftskarriere und dem professionellen Anforderungsprofil müssen Wissenschaftler/innen auch den besonderen, vielschichtigen und komplexen Erwartungen an die Berufsrolle und deren Funktionen gerecht werden: Die klassischen Aufgaben von Forschung und Lehre sind mittlerweile durch vielfältige Aspekte gekennzeichnet. In der Forschung gilt es, Forschungsprojekte zu managen und dabei Personalführung und -entwicklung zu beherrschen sowie Marketing und Drittmittelakquise zu betreiben. Lehrtätigkeit verlangt neben fachlichen und didaktischen Kompetenzen ebenfalls Menschenführung, pädagogische Fähigkeiten und Beratungskompetenz z. B. bei Studienberatung und Prüfungsaktivitäten. Die zunehmenden Aufgaben in der Hochschulselbstverwaltung beinhalten die Leitung oder das Engagement in hochschulinternen wie -externen Gremien und die aktive Beteiligung an Studienreformen. Hinzu kommen die Rollen als Vorgesetzte/r, Prüfer/in, Mentor/in, Gutachter/in, Kolleg/in, Tagungsleiter/in, Autor/in, Praktiker/in etc.

Die Berufsrolle und ihre einzelnen Funktionen unterliegen aktuell, auch durch die strukturellen Reformen im Hochschulbereich sowie der »Ausweitung der Wissensgesellschaft« (Konrad u. Schumm, 1999), einem grundlegenden Wandel. Beispielsweise gilt es, durch die Einführung von Master- und Bachelorstudiengängen, die Lehrtätigkeit inhaltlich und konzeptionell grundlegend neu zu gestalten, was auch Konsequenzen auf die Gestaltung der Hochschullehrerrolle hat (Klinkhammer, 2005, 2006b).

Der permanente Wandel der Berufsrolle Wissenschaftler/in bzw. Hochschullehrer/in erfordert das Management teils unlösbarer Widersprüche und Konflikte. Sie fordert vom Subjekt eine aktive, selbstreflexive Auseinandersetzung mit den damit verbundenen vielfältigen Erwartungen, der Komplexität sowie eine Präferenzsetzung und Selbstmanagement. Die Profession Wissenschaftler/in bzw. Hochschullehrer/in ist ein reflexiver Beruf:

> »Es handelt sich um Berufe, die sich durch ein besonderes Verhältnis von Tun und Reflektieren auszeichnen. Tun und Reflektieren des Tuns sind in ihnen so miteinander verzahnt, dass eines ohne das andere nicht gut

> möglich ist. […] Reflektieren ist dort nicht einfach so etwas wie Begleitmusik von Tätigkeit, die ohne diese Begleitmusik genauso ablaufen würde. Jeder Handlungsschritt baut vielmehr auf einer Reflexion des vorangegangenen auf, in der verschiedene Alternativen der Fortsetzung erwogen werden.« (Buchinger, 2006, S. 1–2).

Diese differenten und komplexen Erwartungen und Anforderungen an die Berufsrolle und deren prognostizierter Wandel wird durch den Faktor Geschlecht variiert. Die Lösung der vielfältigen Managementaufgaben, z. B. Planung, Organisation, Personaleinsatz und -entwicklung, Führung, Kontrolle, Projektmanagement sowie Selbstmanagement, kommt hinzu. Ein hohes Maß an Fachkompetenz wird ebenso selbstverständlich vorausgesetzt wie eine breit gefächerte Sozial- und Methodenkompetenz. An die Person, insbesondere an die Selbstorganisation, Selbstmotivation, Selbstvermarktung, Kreativität sowie an das Durchhaltevermögen, werden damit höchste Ansprüche gestellt. Die Profession Wissenschaft erfordert das Management dieser Rollenvielfalt und mit steigender Karriere Führungsqualitäten, auf die Nachwuchswissenschaftler/innen – im Gegensatz zu Nachwuchsführungskräften in der freien Wirtschaft – in der Regel nicht vorbereitet werden.

Großer Beratungsbedarf – geringe Nachfrage

Die empirischen Ergebnisse meiner Dissertation basieren auf biografischen, qualitativen Interviews mit 34 Wissenschaftlerinnen, davon 17 Geistes- und 17 Sozialwissenschaftlerinnen jeweils zur Hälfte aus Ost- und Westdeutschland. Fokussiert wird die Berufsbiografie und Berufsidentität von Wissenschaftlerinnen auch vor dem Hintergrund der Geschlechterverhältnisse im Hochschulbereich.

Es zeigt sich, dass der Beratungsbedarf von Wissenschaftlerinnen aus professions-, geschlechtertheoretischer und empirischer Sicht sehr hoch ist, jedoch aus subjektiver Sicht kaum artikuliert wird. Überspitzt formuliert: Die Profession Wissenschaft impliziert einen enormen Bedarf an selbstreflexiven Beratungsformen. Im Gegensatz dazu scheinen Wissenschaftler/innen eher beratungsresistent zu sein, so dass Berater/innen sich hier auf besondere feldspezifische *Wider-*

stände einstellen sollten. Eine ergänzend durchgeführte Expertenumfrage von Professor/innen, die Mitglieder der Deutschen Gesellschaft für Supervision (DGSv) sind, bestätigt dies (Klinkhammer, 2004, S. 395–409). Exemplarisch formuliert dies ein Teilnehmer folgendermaßen:

> »Der Bedarf an Supervision ist riesengroß. [...] Professoren, die Beratung lehren, sind selbst beratungsresistent. Der Bedarf an Coaching wird nicht akzeptiert, noch nicht einmal formuliert.«

Ergebnis dieser Befragung ist auch, dass die Kategorie Geschlecht durchweg für die Beratung als relevant bzw. schwierig bewertet wird.

Die Immunität und Widerstände von Hochschullehrer/innen gegen die Inanspruchnahme von Supervision und Coaching im Berufsfeld der Wissenschaft haben verschiedene Ursachen und Hintergründe: Es gibt *professionshistorische Gründe* gegen Supervision, die stärker sind als gegen die Bezeichnung Coaching. Durch die Geschichte der Supervision, die sich aus dem praxisbezogenen Sozialwesen entwickelte, gab es von Anfang an zum eher theoriegeleiteten Berufsfeld der Wissenschaft wenig Bezug. Supervision wird zudem, stärker als Coaching, im Hochschulbereich – wie generell außerhalb des Sozialbereichs – unbewusst oft gleichgesetzt mit Psychotherapie, die wiederum eher mit einem pathogenen und weniger salutogenetischen Verständnis von psychischer Belastung und Krankheit verbunden wird (Antonovsky, 1979, 1998). Ratsuchende fürchten stigmatisiert zu werden, als ob sie ein Problem hätten, dessen Ursachen in ihrer Person zu finden wäre. Der Bedarf des Subjekts nach Supervision wird mit dessen »Schwäche« oder Defizit gleichgestellt. Der Erkenntnisgewinn des Subjekts durch Inanspruchnahme der dialogischen und über rationale Aspekte hinausgehenden Beratungsformen Supervision und Coaching wird im konkurrenzgeprägten und auf individuelle Durchsetzung ausgerichteten Wissenschaftssystem als minderwertig und somit negativ bewertet. Diese professionshistorischen Gründe richten sich dabei eher gegen den Begriff Supervision und weniger gegen die Bezeichnung Coaching. Aus diesem Grund werden viele Beratungs- und Fortbildungsangebote auf dem Markt als Coaching tituliert und teilweise mit dem Verdacht der Scharlatanerie assoziiert (Kühl, 2006).

Auch können *Gründe in der Professionsgestaltung* festgemacht werden: Die praxisorientierten Beratungsformen Supervision und Coaching und die überwiegend theoriegeleitete Arbeit in der Wissenschaft arbeiten vom Ansatz her grundlegend konträr. Die Art des Erkenntnisgewinns und dessen Ausgestaltung stehen sich diametral gegenüber. Der Erkenntnisgewinn durch Supervision und Coaching erfolgt durch den Dialog, durch Selbstreflexion und Selbsterfahrung und dient somit primär dem Subjekt. Der Erkenntnisgewinn in der Wissenschaft erfolgt im Mainstream der meisten Disziplinen auf rein rationaler, logisch-analytischer, auf objektiv überprüfbarer Basis und dient primär der Gesellschaft.

Ebenso liegen Ursachen für Widerstände in der *professionellen Sozialisation und Professionskultur:* Wissenschaftler/innen betrachten das durch wissenschaftliche Methoden erlangte Wissen oft als höchst qualifizierteste Form von Wissen. Mit der Berufsrolle ist ein *Mythos* (Macha, 1992) verknüpft. Der Beruf, der Ruf auf eine Professur, wird als Berufung erlebt. Der Persönlichkeit des Wissenschaftlers wird Genialität zugeschrieben, die keiner Hilfe oder Beratung bedarf. Der durch professionelle Sozialisation verinnerlichte *Habitus* (Bourdieu, 1992, 1997) bewirkt zudem einen subjektiven und kollektiven Widerstand gegen Beratung: Die Konkurrenzsituation und das explizite Anforderungsprofil fordern Einzelkämpfer/innen, kollegiale Beratung oder professionell gestalteter Raum zur Selbstreflexion sind selten. Sach- und Fachkompetenz wird meist höher bewertet als Sozialkompetenz, Forschung steht über Methoden- und Lehrkompetenz. Die Ritualisierung einer Konkurrenzbeziehung zwischen Wissenschaftler/in, insbesondere wenn sie bzw. er eine Professur innehat, und Berater/in ist eine hier drohende Beratungsfalle.

Zielgruppen von Supervision und Coaching im Hochschulbereich

Welche speziellen Zielgruppen von Supervision und Coaching können im Hochschul- und Forschungsbereich markiert werden?

Zum einen sind es Führungskräfte im Hochschulbereich generell, z. B. Professor/innen, Rektor/innen, Personalverantwortliche, Gleichstellungsbeauftragte, Koordinator/innen von Studiengängen, Fachbereichsreferent/innen oder Leiter/innen von Forschungsgruppen oder Graduiertenkollegs und Graduiertenschulen (Klinkhammer, 2004). An sie werden über die Anforderungen an Führungspositionen hinaus thematisch und inhaltlich andere Anforderungen gestellt, die es in der Supervision und im Coaching zu berücksichtigen gilt. Eine weitere Zielgruppe sind (Nachwuchs-) Wissenschaftler/innen in verschiedenen Karrierestadien (Buer, 2001; Klinkhammer, 2004): Hier stehen Fragen des Aufbaus und der Genese von professioneller Identität als Wissenschaftler/in bzw. Hochschullehrer/in ebenso im Mittelpunkt wie vielfältige Aspekte zur Karriereplanung. Zielgruppen von Supervision und Coaching sind auch Organisationseinheiten oder Teams z. B. im Kontext von Strukturveränderungen, Fachbereichsräte usw. (Belardi, 2000) sowie unterschiedlich zusammengesetzte Teams im Kontext von »Managing Gender & Diversity« (Bruchhagen u. Koall, 2002).

Zudem sind Hochschullehrer/innen und Lehrbeauftragte in allen Positionen (Professorinnen, Juniorprofessorinnen, Gastprofessoren, Hochschuldozenten, Privatdozenten, honorierte und nicht honorierte Lehrbeauftragte) als Lehrende (hier dient Coaching/Supervision als Qualifizierung durch Beratung) (Klinkhammer, 2007) als weitere Zielgruppe zu nennen. Auch die Rolle als Lehrende hat ihre eigenen Anforderungen und Dynamiken.

Zielgruppe von Supervision und Coaching sind auch Hochschullehrer/innen und Lehrbeauftragte, die ein Rollenverständnis als Coach der Studierenden besitzen (hier dient Coaching/Supervision als Qualifizierung zur Beratung).

Ein weiterer Bereich ist die Forschungsupervision zur Beratung von Forschungsprojekten (Barkhausen, 2002; Giesecke u. Rappe-Giesecke, 1997, 2001; Rappe-Giesecke, 2000a, b), Zielgruppe sind hier die Forscher/innen. Und last but not least können Supervision und Coaching Nachwuchswissenschaftler/innen, Lernenden und Studierenden als Lerncoaching dienen.

Kompetenzen zur Supervision und zum Coaching mit Wissenschaftler/innen

Die prozessorientierte Beratung der Zielgruppe Wissenschaftler/innen erfordert von Coachs und Supervisor/innen selbstverständlich eine professionelle und methodische Qualifizierung, Berufs- und Beratungserfahrung, fundierte »Beratungskompetenz« (Buchinger u. Klinkhammer, 2007) sowie ein adäquates Qualifikations- und Kompetenzprofil für den Hochschulbereich. Das Profil ist dabei abhängig vom Auftrag, Ziel, Setting und Kontext der Beratung. Für Qualität bürgt ein entsprechendes und auf berufsständischen Standards basierendes Beratungskonzept. Zudem ist eine besondere Feldkompetenz wichtig (Gotthardt-Lorenz, 2000, S. 59; Buer, 2001). Supervisor/innen und Coachs sollten Kenntnisse über Wissenschaft als Profession besitzen. Erfahrungen aus der eigenen Hochschulkarriere oder Hochschultätigkeit reichen dabei nicht aus.

Stehen z. B. Fragen zur Karriereplanung im Mittelpunkt von Supervision und Coaching, werden von der Beraterin bzw. dem Berater dezidierte Kenntnisse zur Hochschullaufbahn vom Berufseinstieg bis in die Spitzenpositionen von Wissenschaft und Hochschule benötigt. Thematisiert werden hier u. a. das Auftreten in der Öffentlichkeit, Selbst-PR oder Stressbewältigungsstrategien. Der Beratende sollte auch Kenntnisse und methodische Kompetenzen im Hinblick auf den Aufbau und Wandel der Identität als Wissenschaftler/innen besitzen. Zudem kann das Beratungsangebot zielgruppen- und phasenspezifisch gestaltet werden. Im Beratungsprozess sind fachspezifische und weitere differenzierte Informationen über die reale Zahl von Stellen und Aufstiegschancen zu berücksichtigen. So sind derzeit mehr als ein Viertel aller Professor/innen 60 Jahre und älter. Bedarf an Beratungsangeboten für ältere Professor/innen zum Ausstieg aus dem aktiven Berufsleben zeichnet sich ab.

Wird Forschungs- oder Projektsupervision bzw. -coaching angefragt, benötigt der Beratende Kenntnisse über das Forschungsfeld, die Forschungsdisziplin und den forschungsbezogenen Handlungsspielraum.

Supervisor/innen und Coachs sollten die Rollenvielfalt von Wissenschaftler/innen und Hochschullehrer/innen kennen und mit den berufsrollenspezifischen Ambivalenzen, den komplexen Themen und den verschiedenen Ebenen umgehen können. Sie sollten vorhandene Statusunterschiede sowie eine Beratungsbeziehung auf der Ebene von gleichwertigen Erwachsenen gestalten können.

Findet die Beratung im Kontext oder als Teil von Organisationen statt, z. B. im Team, als Forschungsgruppe bzw. im Zusammenhang mit der Reform von Studiengängen oder dem Strukturwandel, ist die Erarbeitung expliziter Kenntnisse über die jeweilige Hochschulkultur, übergreifende Stile, Standards, Werte, Konventionen und Überzeugungen notwendig. Jeder Fachbereich, jeder Lehrstuhl kann eine eigene Prägung entwickelt haben. Markante Besonderheiten des Hochschulbereichs sind laut der Expertenbefragung z. B. der »Profilierungsdruck«, das »Einzelkämpfertum«, besondere »Eitelkeiten«, »Konkurrenz«, der »Habitus« von Wissenschaftler/innen usw. (Klinkhammer, 2004, S. 393–408). Belardi (2000, S. 370) spricht hier sogar von impliziten »Beratungsfallen im speziellen Milieu der Hochschulen«, denen durch multiprofessionell zusammengesetzte Beratungsnetzwerke, durch fachkompetente Hochschullehrer/innen und externe Supervisor/innen, Coachs bzw. Organisationsberater/innen entgegengewirkt werden kann. Auch nach Buchinger (1999) besteht die »Zukunft der Supervision« in Kooperationen von multiprofessionellen Beraternetzwerken; erste auf den Hochschulbereich spezialisierte Beraternetzwerke haben sich schon gegründet, wie z. B. das »Coachingnetz-Wissenschaft«. Vor dem Hintergrund der Zunahme multidisziplinärer und multikultureller Forschungsgruppen und neuer Lehrformen wie Teamteaching gilt dies auch für Beratung im Hochschulkontext.

Ebenso sollte der Relevanz von Geschlecht und Geschlechterverhältnissen im Wissenschaftsbereich Rechnung getragen werden. Supervisor/innen und Coachs sollten mit den Gender bezogenen und berufsrollenspezifischen Ambivalenzen und hierarchischen Ebenen umgehen können.

Durch die noch geringe Inanspruchnahme von Supervision und Coaching im Hochschulbereich sollten Anbieter/innen verstärkt Aufklärungsarbeit leisten: Hochschullehrer/innen benötigen vor einer Entscheidung oft Grundlageninformationen, z. B. über Konzepte, Methoden, Themen usw. Supervisor/innen und Coachs sollten daher für Transparenz hinsichtlich ihres Beratungsangebotes sorgen und auch Beratung über Beratung anbieten können. Selbstverständlich muss zu Beginn von Coaching- oder Supervisionsprozessen überprüft werden, ob das angefragte Beratungsformat mit dem Anliegen des Kunden übereinstimmt. Gegebenenfalls ist an andere Beratungsformate weiter zu verweisen.

Ausblick

Die Studie liefert eine Reihe von Erkenntnissen zur Nachfrage nach Supervision und Coaching und zur Analyse des subjektiven Beratungsbedarfs im Wissenschaftsbereich. Im Beratungs- und Handlungskonzept werden die verschiedenen berufssoziologischen, beratungstheoretischen und empirischen Perspektiven und Ansätze mit einbezogen. Neben beratungspraktischen Anregungen z. B. zur Gestaltung von Kontrakt und Setting werden eine Reihe von methodischen und thematischen Bausteinen zu Supervision und Coaching beschrieben: So wird die Relevanz der (Berufs-)Biografie und Karriereplanung dargestellt und als thematischer Baustein präsentiert. Hierzu dient die Reflexion der eigenen professionellen (»doppelten«) Sozialisation (Becker-Schmidt, 1987; Knapp, 1990) und der Relevanz sozialer Herkunft für die eigene Karriere im Sinne des »kulturellen Kapitals« nach Bourdieu sowie dessen Konsequenzen für den beruflichen »Habitus« (Bourdieu, 1992, 1997). Darüber hinaus kann die konkrete Karriereplanung ein zentrales Thema werden, indem Karriereziele bewusst geplant und deren phasen- und fächerspezifische Bedingungen zur Umsetzung besprochen werden. In Supervision und Coaching kann konkret am eigenen professionellen »Habitus« und an der Selbstdarstellung als Wissenschaftler/in, am Auftreten im beruflichen Kontext, z. B. in karriererelevanten Situationen wie wissenschaftlichen Kongressen, Berufungsverfahren, Vorstellungsgesprächen oder Vorträgen zur Überprüfung der eigenen »Passfähigkeit« und »Platzierung« (Zimmermann, 2000) gefeilt werden. Zudem kann Durchhaltevermögen unterstützt und Selbstbewusstsein gestärkt werden, z. B. durch die Arbeit am Persönlichkeits- und Kompetenzprofil, durch Strategien zur Selbstbehauptung, Zeit- und Zielmanagement, Prioritäten- und Grenzensetzungen persönlicher wie thematischer Art. Professor/innen können durch Supervision und Coaching unterstützt werden, ihre Beziehungsarbeit, Beratung und Betreuung von Nachwuchswissenschaftler/innen und den Umgang mit den hier typischen Themen, Konflikten und Krisen zu verbessern. Es bieten sich auch Spezifizierungen zum Umgang mit Feedback, dem Einsatz von Personalentwicklungsgesprächen oder der Herstellung von Transparenz im Führungsverhalten an. Dies kann auch Unterstützung des eigenen Konfliktmanagements und der Konfliktbewältigung beinhalten. Auch können das subjektive Geschlechterverständnis, die Geschlechterverhältnisse innerhalb der Organisation und der eigene Umgang damit sowie die Selbst- und Fremdwahrnehmung thematisiert werden. Ein weiteres spannendes Thema ist die Relevanz sozialer Unterstützung durch berufliche Netzwerke sowie der systematische und strategische Aufbau und die Pflege dieser Netzwerke, um eine karriererelevante Wirkung im Sinne von »Aufwärtsspiralen« (Allmendinger et al., 1999, S. 212) zu initiieren. Supervision und Coaching können auch eine Krisenintervention und emotionale Entlastung sein, z. B. als Unterstützung bei der Bewältigung subjektiver Kränkungen, karrierebedingter Krisen, psychischer Belastungen und Leistungsanforderungen. Vertiefende Themen hier sind Stressbewältigung, die Beziehung zum eigenen Körper, das subjektive Gesundheitsverständnis, Work-Life-Balance und der Erhalt und die Förderung der eigenen Gesundheit, Arbeitszufriedenheit und Arbeitsfähigkeit. Auch Rollenberatung und Rollenklärung ist vor dem Hintergrund der dargestellten Komplexität der Berufsrolle Wissenschaft ein mögliches Thema. Supervision und Coaching fördern insgesamt den Aufbau und Wandel der Berufsidentität als Wissenschaftler/in. Sie unterstützen bei der Entwicklung von Konzepten, beim Wandel auf der individuellen, strukturellen, berufsrollenspezifischen sowie inhaltlichen Ebene. Sie fördern generell die Zusammenarbeit und Kommunikation z. B. im Umgang mit Studierenden, Mitarbeiter/innen und Kolleg/innen.

In der Beratungspraxis müssen noch viele Fragen weiter differenziert und im Hinblick auf die Veränderungen der Hochschul- und Forschungslandschaft fortlaufend aktualisiert werden. So sind in Supervision und Coaching statusgruppen- und fachspezifische Aspekte ebenso zu berücksichtigen wie die Auswirkungen der Dienstrechtsreform auf die Karriereplanung, z. B. die Einführung der Juniorprofessuren als Alternative zur Habilitation.

Die zentrale Frage, wie Wissenschaftler/innen und Verantwortliche für Personalentwicklung trotz der aufgezeigten spezifischen Widerstände einen individuellen und organisatorischen Nutzen von Supervision und Coaching erkennen können, muss weiter durchdacht und hochschul- wie fachspezifisch differenzierter betrachtet werden. Erfolgreiche Programme wie z. B. der Universität Bochum zeigen, dass es geht und welche Kriterien Erfolg versprechend scheinen. Ich denke hier z. B. an die strikte Vertraulichkeit und Anonymität von Coachees.

Folgende Fragen lohnt es sich aus meiner Sicht von Anbieter/innen von Supervision und Coaching ebenso wie von Hochschulleitungen und Verantwortlichen der Personalentwicklung zu vertiefen und nachzugehen:

Wie können Supervision und Coaching im deutschen Wissenschaftssystem, z. B. in der Personalentwicklung, stärker implementiert werden? Wie können systemische Organisationsentwicklungsmaßnahmen und Supervision bzw. Coaching im Hochschulkontext synergetisch miteinander verwoben werden? Wie kann mit speziellen Beratungsfallen und »Widerständen« im Hochschulmilieu umgegangen werden? Wie können multiprofessionelle zusammengesetzte Beratungsnetzwerke (fachkompetente Hochschullehrer/innen und externe Supervisor/innen bzw. Coachs, Organisationsberater/innen usw.) konkret zusammenarbeiten? Wie können die Geschlechterverhältnisse im deutschen Wissenschaftssystem adäquat in selbstreflexiven Beratungsformen berücksichtigt werden, ohne den Status quo blind zu reproduzieren? Wie kann den Besonderheiten des Hochschulbereichs (»Profilierungsdruck«, »Einzelkämpfertum«, »Eitelkeiten«, »Konkurrenz«, »Habitus« usw.) beratungsmethodisch begegnet werden? Wie kann Bewusstsein über den Nutzen von Supervision und Coaching im Kontext von Förder-Programmen wie Mentoring-Programmen oder Inhalten von Organisationsentwicklungsmaßnahmen wie Gender Mainstreaming oder Betriebliche Gesundheitsförderung geschaffen werden?

In diesem Beitrag wurde anhand verschiedener Aspekte veranschaulicht, dass die Profession Wissenschaft einen sehr spezifischen Bedarf an professionellen Beratungsformen wie Supervision und Coaching hat. Es wurde auch deutlich, dass damit eine Reihe von Herausforderungen, insbesondere für Berater/innen und Personalverantwortliche, verbunden sind. Ich hoffe, dass mein Beitrag zur Diskussion und Weiterentwicklung auch beratungstheoretischer wie -praktischer Ansätze anregt und Wissenschaftler/innen Wege zur Inanspruchnahme von Supervision und Coaching weist oder bislang ungeahnte Türen öffnet.

Literatur

Allmendinger, J., von Stebut, J., Fuchs, S., Brückner, H. (1999). Eine Liga für sich? Berufliche Werdegänge in der Max-Planck-Gesellschaft. In A. Neusel, A. Wetterer (Hrsg.), Vielfältige Verschiedenheiten. Geschlechterverhältnisse in Studium, Hochschule und Beruf (S. 193–220). Frankfurt a. M.: Campus.

Antonovsky, A. (1979). Health, stress and coping. San Francisco: Jossey-Bass.

Antonovsky, A. (1998). Vertrauen, das gesund hält. Warum manche Menschen dem Stress trotzen. Psychologie heute, 2, 51–57.

Barkhausen, A. (2002). Forschung zwischen Elfenbeinturm und Kontakt. Assoziationen einer Forschungssupervisorin. Gestalttherapie 16 (1), 125–133.

Becker-Schmidt, R. (1987). Die doppelte Vergesellschaftung die doppelte Unterdrückung: Besonderheiten der Frauenforschung in den Sozialwissenschaften. In I. Wagner, L. Unterkirchner (Hrsg.), Die andere Hälfte der Gesellschaft (S. 10–29). Wien: Verlag d. Österreich. Gewerkschaftsbundes.

Belardi, N. (2000). Entwicklungsberatung für den Hochschulbereich. In H. Pühl (Hrsg.), Supervision und Organisationsentwicklung 2 (S. 359–376). Berlin: Leske + Budrich.

Bourdieu, P. (1992). Homo academicus. Frankfurt a. M.: Suhrkamp.

Bourdieu, P. (1997). Die männliche Herrschaft. In I. Dölling, B. Krais (Hrsg.), Ein alltägliches Spiel. Geschlechterkonstruktion in der sozialen Praxis (S. 153–217). Frankfurt a. M.: Suhrkamp.

Bruchhagen, V., Koall, I. (2002). Supervision im Diversitymanagement. In I. Koall, V. Bruchhagen, F. Höher (Hrsg.), Managing Gender & Diversity. Vielfalt statt Lei(d)tkultur (S. 121–152). Hamburg: LIT.

Buchinger, K. (1999). Die Zukunft der Supervision. Aspekte eines neuen Berufes. Heidelberg: Carl-Auer-Systeme Verlag.

Buchinger, K. (2006). Supervision als Geschäftsmodell. Unveröffentlichtes Manuskript.

Buchinger, K., Klinkhammer, M. (2007). Beratungskompetenz. Coaching, Supervision, Organisationsberatung. Stuttgart: Kohlhammer.

Buer, F. (2001). Supervision mit Promovend/innen. In F. Buer (Hrsg.), Praxis der Psychodramatischen Supervision. Ein Handbuch (S. 245–259). Opladen: Leske + Budrich.

Bundesministerium für Familie, Senioren, Frauen und Gesundheit (BMFSFJ) (Hrsg.) (2002). Verbundprojekt zur gesundheitlichen Situation von Frauen in Deutschland. Untersuchung zur gesundheitlichen Situation von Frauen in Deutschland. Stuttgart, Berlin: Kohlhammer.

Deutsche Gesellschaft für Supervision e.V. (DGSv) (2003). Supervision – professionelle Beratung zur Qualitätssicherung am Arbeitsplatz. Broschüre der Deutschen Gesellschaft für Supervision e.V., Flandrische Straße 2, 50674 Köln.

Giesecke, M., Rappe-Giesecke, K. (1997). Supervision als Medium kommunikativer Sozialforschung. Die Integration der Selbsterfahrung und distanzierter Betrachtung in der Beratung und Wissenschaft. Frankfurt a. M.: Suhrkamp.

Giesecke, M., Rappe-Giesecke, K. (2001). Zur Integration von Selbsterfahrung und distanzierter Betrachtung in der Wissenschaft. In T. Hug (Hrsg.), Wie kommt die Wissenschaft zu Wissen (S. 225–236)? Hohegehren: Schneider.

Gotthardt-Lorenz, A. (2000). Die Methode Supervision – eine Skizze. In H. Pühl (Hrsg.), Supervision und Organisationsentwicklung (S. 55–69). Berlin: Leske + Budrich.

Hubrath, M., Jantzen, F., Mehrtens, M. (Hrsg.) (2006). Personalentwicklung in der Wissenschaft. Aktuelle Prozesse, Rahmenbedingungen und Perspektiven. Bielefeld: Universitätsverlag Webler.

Klinkhammer, M. (1998). Körperverständnis und Gesundheitsbewusstsein von Wissenschaftlerinnen. beiträge zur feministischen theorie und praxis, 49/50, 51–61.

Klinkhammer, M. (2004). Supervision und Coaching für Wissenschaftlerinnen. Theoretische, empirische und handlungsspezifische Aspekte. Dissertation. Wiesbaden: VS Verlag.

Klinkhammer, M. (2005). Supervision für Hochschullehrerinnen und Hochschullehrer: Beratungsbedarf kontra Beratungsbedürfnis? supervision 1, 60–64.

Klinkhammer, M. (2006a). Brauchen Wissenschaftler/innen (k)eine Beratung? Supervision und Coaching für Wissenschaftler/innen. Personal- und Organisationsentwicklung in Einrichtungen der Lehre und Forschung (PE-OE), 2, 34–39. Universitätsverlag Webler.

Klinkhammer, M. (2006b). Supervision und Coaching im Hochschul- und Forschungsbereich: Beschreibung eines Beratungsformates. Personal- und Organisationsentwicklung in Einrichtungen der Lehre und Forschung (PE-OE), 4, 89–94. Universitätsverlag Webler.

Klinkhammer, M. (2007). Perspektivwechsel durch (Selbst-)Reflexion. Supervision und Coaching im Kontext der Hochschullehre. In B. Behrend, H.-P. Voss, J. Wildt, Neues Handbuch Hochschullehre (L 3.4/1–30). Berlin: Raabe.

Knapp, G.-A. (1990). Zur widersprüchlichen Vergesellschaftung von Frauen. In E.-H. Hoff (Hrsg.), Die doppelte Sozialisation Erwachsener. Zum Verhältnis von beruflichem und privatem Lebensstrang (S. 17–52). Weinheim, München: DJI.

Konrad, W., Schumm, W. (Hrsg.) (1999). Wissen und Arbeit. Neue Konturen von Wissensarbeit. Münster: Westfälisches Dampfboot.

Krimmer, H., Stallmann, F., Behr, M., Zimmer, A. (2004). Karrierewege von Professor/innen an Hochschulen in Deutschland. Hrsg. vom Projekt Wissenschaftskarriere. Münster: www.wissenschaftskarriere.de.

Kühl, S. (2006). Das Scharlatanerieproblem. Coaching zwischen Qualitätsproblemen und Professionalisierungsbemühung. 90 kommentierte Thesen zur Entwicklung des Coachings. Eine Studie i. A. der Deutschen Gesellschaft für Supervision e.V. Köln.

Macha, H. (1992). Wissenschaftlerinnen in der Bundesrepublik. In B. Geiling-Maul, H. Macha, H. Schrutka-Rechtenstamm, A. Vechtel (Hrsg.), Frauenalltag. Weibliche Lebenskultur in beiden Teilen Deutschlands (S. 189–214). Köln: Bund-Verlag.

Rappe-Giesecke, K. (2000a). Vom Beratungsanliegen zur Beratungsvereinbarung. In H. Pühl (Hrsg.), Handbuch der Supervision 2 (S. 18–29). Berlin: Leske + Budrich.

Rappe-Giesecke, K. (2000b). Diagnose und Supervision und Organisationsberatung. In H. Pühl (Hrsg.), Supervision und Organisationsentwicklung 2 (S. 319–331). Berlin: Leske + Budrich.

Reinhard, C., Kerbst, R., Dorando, M. (Hrsg.) (2006). Coaching und Beratung an Hochschulen. Bielefeld: UVW-Verlag.

Wildt, J., Szcyrba, B., Wildt, B. (Hrsg.) (2006). Consulting Coaching Supervision. Eine Einführung in Formate und Verfahren. Reihe Blickpunkt Hochschuldidaktik. Bielefeld: Bertelsmann.

Wimbauer, C. (1999). Organisation, Geschlecht, Karriere. Fallstudien aus einem Forschungsinstitut. Opladen: Leske + Budrich.

Zimmermann, K. (2000). Spiele mit der Macht in der Wissenschaft. Passfähigkeit und Geschlecht als Kriterien für Berufungen. Berlin: edition sigma.

Daniel Berndt und Marcel Hülsbeck

Untersuchung professioneller Wirkung

Zur Erforschung von Wirkfaktoren supervisorischer Beratung

Wirklich ist, was wirkt.
Kurt Lewin

Berufsbegleitende Beratung – professionelle Wirkung?

Der gesellschaftliche Weiterbildungsbedarf in Berufsfeldern wie Supervision und Coaching ist lange bekannt und legitimiert. Dies drückt sich nicht nur in einer Vielzahl von Berufsverbänden und Ausbildungsinstituten aus, sondern im Fall der Supervision auch in einer langjährigen wissenschaftlichen Begleitung dieser Beratungsform. Trotzdem kann das Verhältnis von Forschung und Praxis auch im internationalen Vergleich der Beratungsforschung nicht als ausbalanciert bezeichnet werden (Daheim, 1992; Dewe, Ferchhoff u. Radtke, 1992; Dellori, 2002). Eine Begründung für diese Theorie-Praxis-Divergenz liegt im herrschenden Forschungsparadigma der soziologisch fundierten Beratungsforschung, die sich bis auf wenige Ausnahmen (z. B. Jansen, Mäthner u. Bachmann, 2003; Schmidt u. Keil, 2004) vor allem qualitativ-induktiver Verfahren (Fallanalysen, Interviews) zur Erforschung von Programmen widmet und sich damit bewusst von der quantitativ-empirischen Wirkungsforschung abgrenzt (Rappe-Giesecke, 1998).

Dieser Tradition entsprechend fehlt es in der berufsbegleitenden Beratung einerseits an einer intersubjektiv überprüfbaren theoretischen Fundierung und – bedingt durch den qualitativ-verstehenden Ansatz – andererseits an operationalisierbaren und prognosefähigen Arbeitsmodellen. Daher mangelt es in der psychosozialen Beratung an Kriterien, die semi-professionelle von professioneller Beratung unterscheiden helfen bzw. Aussagen über die Qualität der angebotenen Beratungsleistung treffen können.

Im weiteren Verlauf dieses Beitrags stellen wir, ausgehend vom Professionalisierungsbegriff in der berufsbegleitenden Beratung, in Anlehnung an unsere eigene Forschung zum Führungskräfte-Coaching, ein Programm zur Erforschung der Wirkung professioneller Beratung vor, welches bei der Definition der oben genannten Kriterien hilfreich sein kann und Aussagen über Beratungsqualität ermöglicht. Wir bedienen uns dabei der eng verwandten psychotherapeutischen Forschung, die trotz ähnlicher Probleme inzwischen erforschbare empirische Modelle vorweisen kann.

Professionalisierung von Beratung

Die Landschaft beratender Berufe entwickelt sich seit den 1980er Jahren zu einer Zerfaserung von Praxisfeldern und wirft damit die Frage auf, ob Professionalisierung überhaupt zugelassen, möglich und erforderlich sei (Schlutz, 1988). Um dieser Diffusion beruflicher Beratung entgegenzuwirken, bedarf es einer konzertierten Professionalisierungsaktion. Neben der sekundären Professionalisierung durch Praktiker, welche auf die zielgerichtete Sicherung von Privilegien, Marktchancen und weiteren Vorteilen wie z. B. Zertifizierungen abzielt, ist eine theoretische Professionalisierung notwendig, die der Verbesserung der Wissensgrundlagen mittels Akademisierung dient (Nittel, 2000) und zur Optimierung von berufsspezifischen Handlungsstrukturen führt.

Vor diesem Hintergrund verstehen wir unter der Professionalisierung von berufsbezogener Beratung einen Prozess, in dessen Verlauf eine Handlungsstruktur entwickelt wird, »die es ermöglicht, Praxisprobleme stellvertretend wissenschaftlich reflektiert zu bearbeiten« (Alisch, 1990, S. 55). Zur Erlangung eines solchen Professionsstatus ist die Kenntnis entsprechender Merkmale bzw. Erfolgsfaktoren beraterischen Handelns notwendig; ferner ist entscheidend, dass die bestimmbar relevanten Elemente, Einflussfaktoren und Methoden definiert, (weiter-)entwickelt und kritisch hinterfragt werden. Diese Form der wissenschaftlichen Reflexion stellt einerseits die Angemessenheit und Effizienz in der Beratung sicher, andererseits trägt sie dazu bei, dass Maßnahmen rational nachvollzogen und begründet werden können. Im Vergleich zu anderen Berufsgruppen lässt gerade in sozialberatenden Berufen die Nachvollzieh- und Begründbarkeit zu wünschen übrig (Nittel, 2000). Aus diesem Beratungsverständnis lassen sich drei Dimensionen zur Messung beraterischer Professionalität definieren:

- Ergebnisqualität: theoretisch begründete und auf definierte Leistungen bezogene Ziele und Ergebnisse gewährleisten einen zuverlässigen Praxistransfer.
- Prozess- und Strukturqualität: mess- und vergleichbare Prozesse über die gesamte Berufsausbildung und -ausübung beruhen auf einer theoretischen Fundierung von Handlungsstrukturen und deren Evaluation.
- Beraterqualität: erlernbare und persönliche Kompetenzen auf der Basis eines verantwortungsbewussten Berufsethos bilden die Grundlage für eine fachliche, methodische und persönliche Eignung des Beraters.

Die Professionalisierung von Beratung zielt auf die Ausbildung, Entwicklung und Festigung spezieller Handlungskompetenzen beim Berater, die von der Strukturlogik der jeweils spezifischen professionellen Handlung erfordert werden. Determinanten einer solchen Handlungsstruktur liegen in der Person des Beraters, des Klienten und im Verlauf der Beziehung zwischen Berater und Klient. Die erfolgreiche Bearbeitung des Klientenanliegens ist ein Indikator für den Erfolg und damit auch für die Professionalität der Beratung.

Quantitativ-empirische Beratungsforschung

Integratives Beratungsverständnis

Eine ganzheitliche, subjektorientierte Beratung mit dem Ziel der Herstellung bzw. Erhöhung der beruflichen Selbstwirksamkeit des Klienten verlangt auf der Basis eines psychosozial-systemischen Handlungsrahmens nach einem gemeinsamen Verständnis. Ein interdisziplinär angelegtes Fundament ist entscheidend, um die Theorien und Methoden in ihren Auswirkungen auf den Menschen zu erfassen und letztlich nachvollziehen zu können. Dabei werden schulenübergreifend u. a. organisationssoziologische, systemische, sozialpsychologische, rollen- und gruppenspezifische Orientierungen berücksichtigt, um einseitige bzw. unkritische Standpunkte zu verhindern und den Beratern das Feld realistischer Möglichkeiten für Interventionen zu öffnen (Straumann, 2001).

Berater denken und handeln häufig geprägt durch eine bestimmte Schule – gehen beispielsweise systemisch vor – und meist ist es so, dass für die Erklärung von Beratung eine »Theorie, die ursprünglich für die Psychotherapie entwickelt wurde«, herangezogen wird (Steffler und Grant, 1972, zit. nach Sander, 1999, S. 33). Im Fall der Beratung handelt es sich vordergründig unter Professionalisierungsgesichtspunkten um ein Analogon zur Therapie (Oevermann, 2001; Kühl, 2006).

Im Beratungsprozess werden die handelnden Personen in komplexen Beziehungsabhängigkeiten gesehen. Habermas (1995) hat trotz oder gerade wegen dieser rollentheoretisch geprägten Handlungsbezüge Dimensionen möglicher Freiheitsgrade des Denkens und Handelns entwickelt, in denen das Verhältnis der handelnden Subjekte (Klienten) zu ihren Rollen gefasst werden kann. Er unterscheidet soziale Rollen nach den Graden ihrer Repressivität (Unterdrückungsgehalt), ihrer Rigidität (Dichte der Verhaltensvorgaben, Spielräume und Interpretationen) und der Verhaltenskontrollen. Bezogen auf den Beratungsprozess bedeutet dies: Je höher diese Grade sind, umso stärker ist dann auch der direktive Charakter der Beratung. Umgekehrt lässt sich konstatieren, dass bei niedrigen Graden der non-direktive Charakter der Beratung zunimmt, so z. B. im Coaching und in der Supervision.

Eine eingängige Einteilung von Beratungsverfahren ist das zweidimensionale Ordnungsschema von Frey (1972) mit »Einsicht versus Verhalten« und »Kognition versus Emotion« als Ziel- und Prozesskategorien. Im Mittelpunkt von Beratung steht die zielgerichtete Veränderung von Einsicht und/oder Verhalten sowie Kognition und/oder Emotion mitHilfe der Aktivierung bestimmter Prozesse (Prozess- und Strukturqualität) durch wirksame Interventionen des Beraters (Beraterqualität), um dem Klienten ein bestimmtes Verhalten zu ermöglichen (Ergebnisqualität). Allen von Frey untersuchten Beratungsansätzen ist dabei eine lernpsychologische Sichtweise gemein, die sowohl die Aktivierung einer Lernbereitschaft und deren Begleitung seitens des Beraters, insbesondere jedoch die willentliche Umsetzung von Lernprozessen durch den Klienten, voraussetzt. Insofern kann man bei besagten Kategorien von lernpsychologischen Kategorien sprechen, die in der Folgezeit von einigen Autoren übernommen wurden (z. B. Hansen, Stevic u. Warner, 1979; Hansen u. L'Abate, 1982). Auch Heigl und Triebel (1977) stützen sich wie Frey (1972) auf das lerntheoretische Konstrukt – ausgehend von der Grundannahme, dass sich verschiedene psychologische und psychotherapeutische Ansätze zwar in ihren Prozessen, nicht jedoch in ihren Zielen grundlegend unterscheiden.

Über die Kategorisierung Freys hinaus nehmen wir bei Steyrer (1991) Anleihen zu den Elementen einer Theorie der Beratung. Neben den Spezifika, die sich jeweils aus der Berater- und Klientenrolle ergeben, sowie den Beratungsinhalten und -methoden beleuchtet der Interaktionshintergrund Determinanten, die auf das Umfeld der Beratung abzielen (z. B. Rolle des Klienten-Arbeitgebers in der Beratung). Auf dem Hintergrund der angestrebten Professionalisierung arbeiten wir schließlich die oben beschriebenen Qualitätsdimensionen in unser Modell ein und bieten mit Blick auf die Ziel-Prozess-Kategorien exemplarische Beratungsansätze an.

Strukturqualität in der Beratung zeichnet sich nicht nur durch Identifikation und Analyse (berufs- und ausbildungs-)biografischer sowie persönlichkeitsbezogener Merkmale von Berater und Klient aus, sondern besonders durch die prädispositive Lern- und Kooperationsbereitschaft des Klienten. Liegt diese vor, dann ist der Weg für den Beratungsprozess geebnet. Es ist ein schwieriges Unterfangen für den Berater, gegen Reaktanz des Klienten ankämpfen zu müssen – selbst wenn er die Handlungskompetenz dazu besitzt. Der erfolgreiche Start eines Beratungsprozesses hängt im Wesentlichen davon ab, welches Ziel erreicht werden soll und ob ein Vertrauensverhältnis zwischen Berater und Klient besteht. Für den Berater bedeutet dies, zunächst eine Meta- oder zumindest eine Multiperspektive der Zielfindung gemeinsam mit dem Klienten einzunehmen, auf ihn einzugehen und sich nicht sofort in Interventionen zu flüchten. Das von Straumann und Zimmermann-Lotz (2006) weiterentwickelte multidimensionale klientenzentrierte Konzept von Rogers basiert ebenso wie unser Modell auf interaktionstheoretischen Ansätzen und »will weder das Individuum an die Umwelt noch die Umwelt an das Individuum anpassen, sondern eine Übereinstimmung (Kongruenz) von individuellen, organisationalen und gesellschaftlichen Zielen ermöglichen« (Straumann u. Zimmermann-Lotz, 2006, S. 28).

Erst wenn klar ist, welche Ziele der Klient in seiner beruflichen Praxis erreichen will, ist die Richtung für die Beratung vorgegeben. Fortan begleitet der Berater beispielsweise einen Erkenntnisprozess (Ziel: Einsicht als Basis für eine Verhaltensänderung), der sich entweder selbst auf die emotionale Ebene des Klienten auswirkt und/oder Verständnis für die Emotionen anderer schafft, was sich dann im Klientenverhalten widerspiegeln sollte. Eine Möglichkeit dies zu erreichen, ist z. B. die soziologisch geprägte Beratungsmethode des Sozialen Interaktionismus und der dadurch entstehenden sozialen Identitätsbildung, die Mead (1998) durch Perspektivenwechsel analysiert hat. Bereits im Kindesalter bildet der Klient ein Selbstbild (Identität) aus, das sowohl individuell als auch sozial ist – sozial aufgrund der Entstehung in der Interaktion und individuell, weil sich Personen in der Interaktion wechselseitig aufeinander einstellen. Innerhalb des symbolisch vermittelten, zunächst rein kognitiven, Prozesses der Interaktion und Kommunikation kommt es in der Beratung demzufolge auf Emotionalisierungstechniken wie Empathie an.

Sollte der Beratungsauftrag nicht dem Kompetenzrahmen des Beraters entsprechen – so z. B., wenn eine Therapie erforderlich ist und der Berater keine adäquate Ausbildung hat –, wäre eine Weiterleitung an einen Experten der einzig richtige Weg. Um eine nachhaltig hohe Prozess- und Ergebnisqualität zu erreichen, ist eine Evaluation der Beratung hinsichtlich der Erfüllung der Erwartungen von Klient und Berater, Erfolg und Transfer in die Berufswelt des Klienten unverzichtbar – letztlich sollten alle Beteiligten von der Beratung profitieren, mithin aus ihr für ihre eigene (berufliche) Zukunft lernen, eigenverantwortlich zu handeln.

Die Erforschung von Beratungsstandards

Auf Grundlage der professionalisierungstheoretisch geforderten Qualitätsdimensionen und der daraus folgenden Konzeptualisierung von Beratung als einer Form interpersonal vermittelten Lernens stellt sich die Frage, was die Bedingungen solchen Lernens sind und woran diese gemessen werden können. Dies scheint insbesondere eine Herausforderung zu sein, als das herrschende Forschungsparadigma der Supervisionsforschung bewusst auf Erfolgsfaktorenforschung verzichtet, da die Notwendigkeit einer standardisierten Messung durch quantitative Verfahren im Verdacht steht, standardisierte Inhalte und Vorgehensweisen zu reproduzieren (Rappe-Giesecke, 1998).

Oevermann (2001) hat in seiner professionalisierungstheoretischen Interpretation darauf hingewiesen, dass die Supervision als professionalisierungsbedürftige Dienstleistung nicht standardisierbar ist, d. h., jede Supervision ist eine Einzelbehandlung, in der nur thematisiert werden sollte, was innerhalb der Behandlung verändert werden kann: Es ist »sinnlos […] Probleme zu bearbeiten, die nicht objektiv innerhalb der Beeinflussbarkeit und Kontrollierbarkeit des Klienten liegen« (Oevermann, 2001, S. 257). Somit existieren Supervision und verwandte Beratungsformen im Widerspruch zwischen der Notwendigkeit der Entwicklung empirisch reflektierter Handlungsstrukturen (Mikro-Professionalisierung), welchen eine Standardisierung inhärent ist, und der in der Praktikergemeinschaft vorherrschenden Meinung, die Qualität der Beratung werde durch eine solche Standardisierung reduziert.

An dieser offiziellen Lesart der Abwehr von Standardisierungsbemühungen findet sich allerdings auch machttheoretisch orientierte Kritik: »Den Beratern bleibt nur die Hoffnung, dass die Klienten nicht wissen, was sie wissen […] und in diesen Lücken genügend Raum für Beratung bleibt« (Willke, 1998, S. 161 f.). Die Vertreter dieser Position vermuten, dass die etablierten Berater eher an einer sekundären Professionalisierung interessiert sind und durch objektive Nachvollziehbarkeit ihres Handelns Marktmacht verlieren. Es lässt sich allerdings voraussehen, dass der ungebrochene Trend zur Ökonomisierung aller gesellschaftlichen Bereiche dazu führen wird, dass auch psychosoziale Beratung ihre Erfolgswirksamkeit in naher Zukunft nachweisen können muss, wie es z. B. für die Psychotherapie seit langem der Fall ist. Der in der Beratungspraxis momentan noch hoch gehandelte Wettbewerbsvorteil der Intransparenz dürfte sich spätestens dann in sein Gegenteil verkehren.

Die Etablierung messbar professioneller Handlungsstrukturen wird nicht nur durch die von Oevermann (2001) begründete Professionalisierungsbedürftigkeit, sondern auch durch die gesellschaftliche Entwicklung notwendig. Die Hypothese, dass die damit verbundene objektive Prüfbarkeit der erbrachten Dienstleistung die Individualität und dadurch die Qualität der Beratung reduziere, lässt sich so nicht halten; betrachtet man die Geschichte der Psychotherapieforschung, so wird deutlich, dass die Kenntnis von therapeutischen Wirkfaktoren trotz aller Bemühungen nicht zu einer einheitlichen integrativen Psychotherapie geführt hat, sondern das die angebotenen Beratungsformen ständig zunehmen (Grawe, Donati u. Bernauer, 2001). Es stellt sich nicht die Frage, ob Beratungsleistungen standardisiert messbar sind, sondern was gemessen und damit mittelfristig standardisiert werden soll. Wichtig ist, dass sich Professionalisierungsbemühungen nicht auf verbindliche Inhalte der Beratung oder gar allgemeingültige Ergebnisse richten, stattdessen müssen sich berufliche Standards für Prozesse und Strukturen der Beratung etablieren. Die Qualität dieser Faktoren ist maßgeblich für die Freiheitsgrade in der Beratung verantwortlich, welche den Raum für individuelle Beratung öffnen.

Lässt man sich also zunächst darauf ein, dass eine standardisierte Messung individueller Beratungsleistungen möglich ist, dann sind zumindest drei Forschungsansätze denkbar:

1. Auf Grundlage der im Abschnitt über das integrative Beratungsverständnis entwickelten (und noch weiter zu entwickelnden) Indikatoren ist eine vergleichende Erforschung verschiedener Beratungsansätze vorstellbar, welche Unterschiede und Gemeinsamkeiten verschiedener Schulen sichtbar macht. Ergebnis einer solchen Forschung wäre eine Charakterisierung und Klassifizierung existierender Beratungsansätze, welche sowohl eine mögliche Integration als auch Abgrenzung von Beratungsformen aufgrund ihrer Praxis ermöglichen würde. So hat sich im Fall der Psychotherapieforschung gezeigt, dass viele der für eine Beratungsform als spezifisch postulierten Elemente durchaus im selben Maße in anderen Therapieformen eingesetzt werden (z. B. zeigen Psychoanalytiker in vergleichenden Studien ähnlich viel emotionale Wärme wie Gesprächstherapeuten), während andere Elemente keinen signifikanten Beitrag zum Therapieerfolg leisten (Huf, 1992, S.149 ff.).

2. Eine professionalisierungstheoretisch motivierte Forschung befasst sich schulenübergreifend mit der Prozess- und Strukturqua-

lität von Beratung und leitet daraus allgemeine professionelle Standards für die Beratungsausbildung und Berufsausübung ab. In diesem Forschungszweig geht es darum, schlechtere von besserer Beratung anhand von subjektiven und objektiven Indikatoren des Beratungserfolgs zu unterscheiden und an diesen Unterschieden relevante Determinanten von Beratungsstrukturen und -prozessen zu identifizieren. Die so erkannten Einflussfaktoren guter Praxis können dann als Beratungsstandards in Ausbildung und Beratung berücksichtigt werden.

3. Eine Kombination der beiden vorgenannten Möglichkeiten könnte sich der Erforschung spezifischer Determinanten einzelner Beratungsschulen widmen. Ausgehend von einem integrativen, abstrahierenden Beratungsmodell könnten die theoretisch postulierten Elemente und Interventionen kategorisiert und ihr Einsatz in der Beratung anhand der professionellen Qualitätsdimensionen überprüft werden. So könnten für spezifische Beratungsformen ebenso spezifische Wirk- und Arbeitsmodelle entwickelt werden, die zur weiteren Theoriebildung nützlich wären.

Unser Forschungsinteresse richtet sich auf die zweite der drei skizzierten Möglichkeiten, da wir hier das größte Potential zur Professionalisierung der Supervision sehen. Die Etablierung wissenschaftlicher, schulenunabhängiger Beratungsstandards kann sowohl die notwendige Vergleichbarkeit für die vergleichende Forschung als auch ein allgemeines Fundament für spezifische Supervisionsformen bereitstellen.

Indikatoren professioneller Beratung

Ein System zur Operationalisierung quantitativ-empirischer Erforschung von Supervision lässt sich aus den Dimensionen professioneller Beratungsqualität und aus den Erkenntnissen der Psychotherapieforschung ableiten. Auf struktureller Ebene sind hier Klienten- und Beratervariablen zu nennen, auf prozessualer Ebene der Status der Arbeitsbeziehung und schließlich Determinanten der Ergebnisqualität als Erfolgsmaße.

Eigenschaften des Klienten und des Beraters bestimmen maßgeblich die Struktur des Beratungsprozesses. Die Persönlichkeiten und Erfahrungen der Beteiligten und die daraus resultierenden Handlungsfreiräume, Selbst- und Fremdeinschätzung und Verständigungsmöglichkeiten bilden die Grenzen möglicher Interaktion im Beratungsprozess und limitieren damit das Lern- und Wachstumspotenzial des Klienten. Allerdings lässt sich in der bestehenden Literatur zu diesen Variablen kein einheitliches Klassifikationsschema finden. Einigkeit besteht über die Relevanz demografischer (Alter, Geschlecht, sozioökonomischer Status) und biografischer (beruflicher Status, Ausbildung und Berufserfahrung) Variablen. Beratervariablen lassen sich nach ihrer Persistenz weiter in persönliche, stilistische und instrumentale Charakteristika einerseits, andererseits in den Grad der Klientenbezogenheit auffächern (Parloff, 1978; Tscheulin, 1982). Zusätzliche Klientenvariablen werden gemeinhin in Erwartungen, Handlungen und Handlungskompetenzen unterschieden. Diese Einteilung ist ein deutlicher Hinweis auf die zumindest implizit enthaltene lerntheoretische Fundierung von Beratung. Allerdings lassen sich Klientenvariablen per se nur schwer untersuchen, da diese sich zum Zeitpunkt der Erhebung nicht vollständig vom Einfluss des Beraters trennen lassen. Es stellt sich die Frage, ob die Klientenvariablen selbst oder nur deren Wahrnehmung durch den Therapeuten die Beratung beeinflussen (Clarkin u. Levy, 2004). Wir empfehlen daher, Klientenvariablen in Forschungsmodellen als intervenierende oder Kontrollvariablen zu operationalisieren und einzig die Beratervariablen (Beutler et al., 2004) als Indikatoren für die Beraterqualität zu verwenden.

Die Beratung selbst findet als ein interpersoneller Veränderungsprozess statt, von dem das Gelingen bzw. das Erreichen der Beratungsziele vor allem abhängt (Henry u. Strupp, 1994; Luborsky, 1994; Bordin, 1994). Bei der Messung der Veränderung muss zwischen verschiedenen Beziehungsdimensionen und kurz- und langfristiger Wirkung unterschieden werden. Die Messung der Wirkung einer einzelnen Beratungssitzung (z. B. anhand von emotionaler und psychosomatischer Entlastung, Sicherheits- und Veränderungserleben, Akzeptanz und Zuversicht) sollte nicht nur laufend erhoben, sondern ebenso von langfristigen Ergebnissen der Beratung unterschieden werden. Dies ermöglicht es nicht nur, den Erfolgsbeitrag einzelner Sitzungen zu dokumentieren (und besonders erfolgreiche oder frustrane Sitzungen für Fallanalysen heranzuziehen), sondern auch die Interdependenzen von Beziehungsqualität und Sitzungserfolg zu analysieren. Die Beratung lässt sich gewissermaßen in zwei Dimensionen unterteilen: zum einen auf der Sachebene die Einstellung des Klienten zur Arbeitsaufgabe und Zielen der Beratung (gemessen z. B. an Vertrauen in die Beratung, Veränderungswille, Durchhaltevermögen, Fähigkeit zur aktiven Mitarbeit usw.) und zum anderen in die persönliche Beziehung zum Berater (z. B. ähnliche Vorstellung über Ablauf und Ziele der Beratung, sich verstanden fühlen, Wahrnehmung der Beratung als gemeinsame Anstrengung). Diese Prozessvariablen fließen in die Dimension der Prozessqualität ein.

Zum entscheidenden Maßstab gelingender Beratung müssen aber die Ergebnisse und Erfolge der Beratungsbeziehung gemacht werden. Es ist dabei notwendig, sowohl subjektive (z. B. Klientenzufriedenheit, Zielerreichungsgrad) als auch objektive (z. B. messbare Änderungen der Persönlichkeit und Reaktionen des organisationalen Umfeldes) Kriterien zu erheben und diese nach ihrer Fristigkeit in Bezug auf die einzelne Sitzung oder die gesamte Beratung zu unterscheiden.

Bedeutung für die Supervisionsforschung

Mit Blick auf die interaktionstheoretischen Grundlagen von Supervision spielt der integrative Beratungsansatz in dieser Form der berufsbezogenen Beratung eine wichtige Rolle (Schneider, 2006). Die Supervision ist in unterschiedlichsten Konzepten (z. B. Psychoanalyse, Soziologie, Pädagogik, Psychologie) verwurzelt, was sich an der Herausbildung unterschiedlicher Sinnprovinzen in der supervisorischen Arbeit und Forschung zeigt. Die von uns in diesem Artikel propagierte Vorgehensweise geht einen Schritt zurück und versucht zunächst eine Metaebene der personenzentrierten Beratung zu definieren, die es möglich macht, die allgemeine Qualität von Beratung zu messen und in dieser allgemeine professionelle Standards zu etablieren. Erst auf einem solchen Fundament ist es möglich, differenzierte und vergleichende Erforschung spezifischer Beratungskonzepte zu betreiben, die ohne einen solchen gemeinsamen Bezugspunkt allzu oft der eigenen ideologischen Wirklichkeit, nicht aber einer professionellen Wirkung, verpflichtet bleibt.

Ein solcher, professionalisierungstheoretisch fundierter, Beratungsforschungsansatz kann (und soll) nicht alle Nuancen der Berater-Klient-Interaktion dokumentieren und analysieren, sondern auf Grundlage einer quantitativ-empirischen Evaluation allgemeine Indikatoren gelungener und misslungener Beratung zu unterscheiden helfen. Erst im zweiten Schritt sollten diese Erfolgsfaktoren dann qualitativ am Einzelfall differenziert werden. Der Weg zu Wirk- bzw. Erfolgsfaktoren in der Supervision führt zunächst einmal wie in der Psychotherapie über eine kritische Masse an standardisiert vergleichbaren Beobachtungen – erst daraus lassen sich dann mittels qualitativer Sublimierung differenzielle Beratungsmethoden ableiten.

Die von Oevermann (2001) stellvertretend für die Forschungs- und Praxisgemeinschaft geäußerte Befürchtung einer inhaltlichen Standardisierung der supervisorischen Beratung erscheint uns auch unter einem solchen neuen Forschungsparadigma unbegründet. Vielmehr sieht man am Analogon der Psychotherapie, dass sich die Anzahl therapeutischer Konzepte mit fortschreitender Forschung eher weiter differenziert, als sich auf einen einheitlichen Ansatz zu reduzieren.

Literatur

Alisch, L. M. (1990). Einleitung »Professionalisierung und Professionswissen«. In L. M. Alisch, J. Baumert, K. Beck (Hrsg.), Professionalisierung und Professionswissen (S. 9–79). Braunschweig: Seminar für Soziologie, TU Braunschweig.

Beutler, L. E., Malik, M., Alimohamed, S., Harwood, T. M., Talebi, H., Noble, S., Wong, E. (2004). Therapist Variables. In M. J. Lambert (Ed.), Bergin and Garfield's Handbook of Psychotherapy and Behaviour Change (5th ed.) (pp. 227–306). New York: John Wiley & Sons.

Bordin, E. S. (1994). Theory and Research on the Therapeutic Working Alliance: New Directions. In A. O. Horvath, L. S. Greenberg (Eds.), The Working Alliance. Theory, Research and Practice (pp. 13–37). New York: John Wiley & Sons.

Clarkin, J. F., Levy, K. N. (2004). The influence of client variables on psychotherapy. In M. J. Lambert (Ed.), Bergin and Garfield's handbook of psychotherapy and behaviour change (5th ed.) (pp. 194–226). New York: John Wiley & Sons.

Daheim, H.-J. (1992). Zum Stand der Professionssoziologie, Rekonstruktion machttheoretischer Modelle der Profession. In B. Dewe, W. Ferchhoff, F. O. Radtke (Hrsg.), Erziehen als Profession. Zur Logik professionellen Handelns in pädagogischen Feldern (S. 21–35). Opladen: Leske + Budrich.

Dellori, C. (2002). Was wissen Personalentwickler über das pädagogische Verfahren »Supervision«? In B. Dewe, G. Wiesner, J. Wittpoth (Hrsg.), Professionswissen und erwachsenenpädagogisches Handeln (S. 33–42). Bielefeld: Bertelsmann.

Dewe, B., Ferchhoff, W., Radtke, F. O. (1992). Das »Professionswissen« von Pädagogen. Eine wissenstheoretische Rekonstruktion. In B. Dewe, W. Ferchhoff, F. O. Radtke (Hrsg.), Erziehen als Profession. Zur Logik professionellen Handelns in pädagogischen Feldern (S. 70–91). Opladen: Leske + Budrich.

Frey, D. H. (1972). Conceptualizing counseling theories: A content analysis of process and goal statements. In: Counselor Education and Supervision, 11 (11), 243–250.

Grawe, K., Donati, R., Bernauer, F. (2001). Psychotherapie im Wandel. Von der Konfession zur Profession (5. Aufl.). Göttingen u. a.: Hogrefe.

Habermas, J. (1995). Vorstudien und Ergänzungen zur Theorie des kommunikativen Handelns. Frankfurt a. M.: Suhrkamp.

Hansen, J. C., L'Abate, L. (1982). Approaches to family therapy. New York: Macmillan.

Hansen, J. C., Stevic, R. R., Warner, R. W. (1979). Counseling. Theory and process. Boston: Allyn and Bacon.

Heigl, F. S., Triebel, A. (1977). Lernvorgänge in psychoanalytischer Therapie. Die Technik der Bestätigung – eine empirische Untersuchung. Bern: Huber.

Henry, W. P., Strupp, H. H. (1994). The therapeutic alliance as interpersonal process. In: A. O. Horvath, L. S. Greenberg (Eds.), The working alliance. Theory, research and practice (pp. 51–84). New York: John Wiley & Sons.

Huf, A. (1992). Psychotherapeutische Wirkfaktoren. Weinheim: Psychologie Verlags Union.

Jansen, A., Mäthner, E., Bachmann, T. (2003). Evaluation von Coaching. In: OSC Organisationsberatung, Supervision, Coaching, 10 (3), 245–254.

Kühl, S. (2006). Die Professionalisierung der Professionalisierer? Das Scharlatanerieproblem im Coaching und der Supervision und die Konflikte um die Professionsbildung. Working Paper 4/2006.

Luborsky, L. (1994). Therapeutic alliances as predictors of psychotherapy outcomes: Factors explaining the predictive success. In A. O. Horvath, L. S. Greenberg (Eds.), The working alliance. Theory, research and practice (pp. 38–50). New York: John Wiley & Sons.

Mead, G. H. (1998). Geist, Identität und Gesellschaft aus der Sicht des Sozialbehaviorismus (11. Aufl.). Frankfurt a. M.: Suhrkamp.

Nittel, D. (2000). Von der Mission zur Profession? Stand und Perspektiven der Verberuflichung in der Erwachsenenbildung. Bielefeld: Bertelsmann.

Oevermann, U. (2001). Strukturprobleme supervisorischer Praxis. Eine objektiv-hermeneutische Sequenzanalyse zur Überprüfung der Professionalisierungstheorie. Frankfurt a. M.: Humanities Online.

Parloff, M.B. (1978). Psychotherapy research evidence and reimbursement decisions. American Journal of Psychiatry, 139, 718–727.

Rappe-Giesecke, K. (1998). Kommunikative Supervisionsforschung. Ein praxisnahes Design. In P. Berker, F. Buer (Hrsg.), Praxisnahe Supervisionsforschung. Felder – Designs – Ergebnisse. Münster: Votum.

Sander, K. (1999). Personzentrierte Beratung. Ein Arbeitsbuch für Ausbildung und Praxis. Köln: GwG-Verlag.

Schlutz, E. (1988). Wissenschaft ohne Adressaten? Einleitende Überlegungen zum Zusammenhang von Professionalisierung und Wissensproduktion. In E. Schlutz, H. Siebert (Hrsg.), Ende der Professionalisierung? Die Arbeitssituation in der Erwachsenenbildung als Herausforderung für Studium, Fortbildung und Forschung (S. 7–24). Bremen: Zentraldruckerei der Universität Bremen.

Schmidt, T., Keil, J.-G. (2004). Erfolgsfaktoren im Einzel-Coaching. Ein Screening der Coachinglandschaft aus der Sicht von Coachingnehmern. OSC Organisationsberatung, Supervision, Coaching, 11 (3), 239–252.

Schneider, J. (2006). Interaktionstheoretische Grundlagen von Coaching und Supervision. In U. Straumann, C. Zimmermann-Lotz (Hrsg.), Personzentriertes Coaching und Supervision – ein interdisziplinärer Balanceakt (S. 60–68). Kröning: Asanger.

Steyrer, J. (1991). »Unternehmensberatung« – Stand der deutschsprachigen Theorienbildung und empirischen Forschung. In M. Hofmann (Hrsg.), Theorie und Praxis der Unternehmensberatung – Bestandsaufnahme und Entwicklungsperspektiven (S. 1–44). Heidelberg: Physica.

Straumann, U. (2001). Professionelle Beratung. Bausteine zur Qualitätsentwicklung und Qualitätssicherung. Heidelberg: Asanger.

Straumann, U., Zimmermann-Lotz, C. (2006). Personzentriertes Coaching und Supervision im Balancemodell: differenziell und multidimensional, interdisziplinär und integrativ. In U. Straumann, C. Zimmermann-Lotz (Hrsg.), Personzentriertes Coaching und Supervision – ein interdisziplinärer Balanceakt (S. 27–59). Kröning: Asanger.

Tscheulin, D. (1982). Therapeutenmerkmale in der Psychotherapie. In R. Bastine, P. A. Fiedler, K. Grawe, S. Schmidtchen, G. Sommer (Hrsg.): Grundbegriffe der Psychotherapie. Weinheim u. a.: edition psychologie.

Willke, H. (1998). Organisierte Wissensarbeit. Zeitschrift für Soziologie, 26 (3), 161–177.

Oliver Hechler

Sinn und Verstehen

Ansätze einer strukturalen psychoanalytischen Hermeneutik in der Supervisionsforschung

Vorbemerkung

Supervision hat sich fest etabliert und ist zum fachlichen Standard klientenbezogener nichtstandardisierbarer Dienstleistungen geworden. Als Beratungspraxeologie zur Unterstützung sozialer Hilfeleistungen und zur Förderung der Qualität professionellen Handelns hat sie nicht nur Eingang in den so genannten Non-Profit-Bereich gefunden. Es gelang ihr darüber hinaus auch die Expansion in andere berufsbezogene Bereiche. Dies ist zum einen dadurch möglich geworden, dass Supervision mit ihrer Ausrichtung auf den Bereich des professionellen Handelns über einen spezifisch abgegrenzten Arbeitsgegenstand verfügt, der sie von anderen Beratungsangeboten unterscheidet. Zum anderen aber war die Erweiterung des supervisorischen Fokus von einem eher rein fallbezogenen Blick hin zu einem Blick auf das gesamte Berufsfeld der potentiellen Supervisanden maßgeblich daran beteiligt, dass nun, so scheint es jedenfalls, fast jeder Berufstätige zum Gegenstand supervisorischer Bemühungen werden kann.

Über die fachliche Bedeutung hinaus, hat sich mit Supervision auch ein überaus ökonomisch lukrativer Markt herausgebildet. Nach vorsichtigen Modellrechnungen werden in Deutschland ca. 75 Millionen Euro jährlich für Supervision ausgegeben (vgl. Leitner, 2003).

Der hohen fachlichen und wirtschaftlichen Bedeutung von Supervision steht allerdings in nationaler und internationaler Perspektive eine nur unzureichend entwickelte Supervisionsforschung gegenüber. Es scheint bislang noch nicht hinreichend geklärt, was an Supervision wie, wann und warum wirkt und durch welche spezifischen Merkmale und Strukturen sich Supervision auszeichnet. Hier bedarf es systematischer und gegenstandsangemessener Forschung, die zum einen die Analyse supervisionsspezifischer Phänomene selbst zum Gegenstand hat und die zum anderen den Regeln sozialwissenschaftlicher Geltungsbegründung genügt.

Gegenstandbezogene Forschung meint, Supervision als ein konkretes, soziales Phänomen der sinnstrukturierten Welt zu begreifen und demzufolge auch ein rekonstruktives Forschungsparadigma zu Grunde zu legen. Das hieraus abgeleitete methodische Vorgehen unterscheidet sich dann auch kategorial von den hypothesenprüfenden Verfahren der experimentellen Naturforschung. Der immer wieder in diesem Zusammenhang verwendete Dualismus von quantitativer und qualitativer Sozialforschung greift allerdings zu kurz, denn er suggeriert, die Forschungsergebnisse der qualitativ verfahrenden Forscher könnten beliebig ausgelegt werden und seien nicht falsifizierbar. Insofern erscheint die Unterscheidung zwischen rekonstruktiven und hypothesenprüfenden Verfahren angemessener, denn diese impliziert, dass in den rekonstruktiv generierten Forschungsergebnissen, nur solche theoretischen Aussagen Anerkennung finden, die einer Nachprüfung durch die Erfahrung prinzipiell fähig sind (vgl. Bohnsack, 1999).

Es ist daher nicht so sehr relevant, welche Theorien und Konzepte bisweilen zum Gegenstand »Supervision« hervorgebracht wurden, um diese dann durch die Forschung zu bestätigen oder zu verwerfen. Vielmehr geht es darum, sich von der Praxis selbst zeigen zu lassen, was Supervision überhaupt sein könnte. Rekonstruktionslogische Forschung trägt damit dem Umstand Rechnung, dass im Bereich der sinnstrukturierten Welt die Praxis immer älter ist als die Theorie. Und forschungslogisch die Theorie der Praxis immer nachfolgt.

Strukturale psychoanalytische Hermeneutik

Die Methodologie und die methodische Verfahrensweise der strukturalen psychoanalytischen Hermeneutik gründen sich auf Hermann Argelander (1979, 1982, 1991) und seine Bemühungen um eine Konzeptualisierung psychoanalytischer Methodologie, die die *szenische Evidenz* als einziges Geltungskriterium psychoanalytischer Interpretation überwindet. Diese Forschungsarbeiten wurden von

Hechler (2005) in kritischer Auseinandersetzung mit der Tiefenhermeneutik Lorenzers (1986) und der objektiven Hermeneutik Oevermanns (1996) zu einer strukturalen psychoanalytischen Hermeneutik weiterentwickelt.

Die strukturale psychoanalytische Hermeneutik grenzt sich einerseits ab von der tiefenhermeneutischen Verfahrensweise, die Reiche (2001) kritisch als »Gegenübertragungshermeneutik« (S. 7) auffasst. Die Tiefenhermeneutik stellt im Grunde einen psychopathografischen Zugang zu den Texten und Protokollen dar (Oevermann, 1993). In diesem Sinne wird im tiefenhermeneutischen Regelfall der Text unter die Biografie seines Verfassers und diese unter das psychoanalytische Konzept subsumiert. Insofern liegt es auf der Hand, dass die tiefenhermeneutische Betrachtungsweise das Herstellen von Texten grundsätzlich als Kompensations- und Ausdrucksmittel der Neurose des Verfassers begreift und Lesen und Interpretieren als einen Vorgang auffasst, die im Text abgebildete, aber latente Intention des Verfassers zu entschlüsseln (vgl. Overbeck, 1999). Die strukturelle Eigenlogik des Textes wird damit systematisch verfehlt.

Andererseits aber grenzt sich die strukturale psychoanalytische Hermeneutik auch von der objektiven Hermeneutik ab. Und zwar deswegen, weil zum einen, aufgrund kritischer Lektüre der Arbeiten Oevermanns (1975, 1979, 1995, 1996), der Eindruck entsteht, als buchstabiere er die psychoanalytische Theorie und Praxis dergestalt aus, dass sich schlussendlich nur die Objektive Hermeneutik als Methodologie psychoanalytischer Praxis ausweisen lässt. Zum anderen muss auch die objektiv-hermeneutische Analyse, will sie die latenten Bedeutungsgehalte eines Protokolls erschließen, auf psychoanalytische Denkfiguren, die bei Oevermann allerdings soziologisch reformuliert sind, zurückgreifen.

Wendet man sich allerdings im Sinne Hermann Argelanders (1995) mit methodologischem Interesse intensiv Freuds Texten zu, dann findet man dort »Ansätze zu einer psychoanalytischen Methodologie« (S. 11), die sich von denen der Tiefenhermeneutik unterscheiden. Argelanders (1984) methodologische und methodische Konzeptualisierungen zielen zunächst und vordringlich auf die Untersuchung von Texten »nach formalen Kriterien, um Aufschlüsse über die Struktur der Texte zu gewinnen« (S. 385). Diese Fokussierung auf die Oberfläche und Struktur von Protokollen erfordert »das

Durchdringen des Textes nach streng formalen Gesichtspunkten« (S. 385). Hierin unterscheidet sich die struktural-psychoanalytische Verfahrensweise kategorial vom gegenübertragungszentrierten Vorgehen tiefenhermeneutischer Tradition.

Indem Argelander (1991) darüber hinaus die Ideen von Breuer und Freud (1895) vom Denkobjekt, als »ein mehrdimensionales Gebilde von mindestens dreifacher Schichtung« (S. 291), aufgreift, gelingt es ihm – in Gestalt der Textverknüpfungsmethode –, ein methodisch kontrolliertes und methodologisch abgesichertes Verfahren zu entwickeln, das, ausgehend von der genauen Explikation der (Text-)-Oberfläche, die »ganz unfehlbar (von) Lücken und Schäden« (S. 297) durchzogen ist, in der Lage ist, latenten Sinn und mögliche verborgene psychische Formationen zu entschlüsseln.

Methodologie und wissenschaftstheoretische Basis

Die Arbeiten Argelanders (vgl. Hechler, 2005) stellen also in methodologischer Differenz zur Tiefenhermeneutik und zur objektiven Hermeneutik Ansätze zu einer eigenständigen psychoanalytischen Methodologie bereit.

Zentral sind hierfür die Begriffspaare *Lücke* und *Sinn* und *Bruch* und *Bedeutung*, die Argelander (1984) mittels genauer Operationalisierung bestimmt und dadurch eine Signierung im Text ermöglicht hat. Eine Lücke bezieht sich immer auf eine Situationsschilderung und muss festgehalten werden, wenn der Sinn dieser aus dem Handeln der beteiligten Personen nicht klar ersichtlich wird. Ein Bruch hingegen bezieht sich auf eine Sachverhaltsfeststellung und muss immer dann festgestellt werden, wenn die Bedeutung dieser nicht deutlich nachvollziehbar ist. Insofern sind die den Begriffspaaren zugrunde liegenden maßgeblichen Texteinheiten die Situationsschilderung und die Sachverhaltsfeststellung.

Lücken und Brüche – und damit das Fehlen von Sinn und Bedeutung – entstehen durch die primärprozess- und sekundärprozesshafte Organisation menschlicher Lebensvollzüge. Argelander (1984) überträgt die Erkenntnisse Freuds (1900) auf sprachliche und verschriftete Interaktionstexte und geht von der zentralen Annahme aus, dass in einer Gesprächssituation zwei verschiedene Sprachebenen wirksam werden: zum einen die Ebene der umgangssprachlichen Verständigung, die in verschiedenen, absichtlich eingeführten Themen zum Ausdruck kommt und im Allgemeinen auch zu einer ungestörten Verständigung führt; zum anderen die Ebene der unbewussten Thematik, die sich scheinbar unauffällig und mühelos in die umgangssprachliche Ebene integriert. Dass diese Integration möglich ist, führt Argelander (1984) auf die Interferenzfunktion zurück. Erst wenn die Interferenzfunktion überlastet ist, also die unbewusste Thematik zu stark aktiviert ist, kommt es zu Interferenzen in Gestalt von Lücken und Brüchen. Die Anzahl der Lücken und Brüche in einem Text ist dann auch der Gradmesser für die aktive Dynamik unbewusster Themen und kann mit dem so genannten Interferenzindex gefasst werden.

Über die Signierung des Textes hinaus kommen den Textverknüpfungen besondere Bedeutung zu, da hierin auch abgelesen werden kann, ob es sich um uneindeutige und damit eine Deutungsnötigung enthaltene Verknüpfungen oder um eindeutige und damit invariante Verknüpfungsformen handelt. Zu unterscheiden sind zunächst Mikroverknüpfungen von Makroverknüpfungen. Die Mikroverknüpfungen lassen sich unterteilen in erstens *Ausführung der nachfolgenden Begründung* und zweitens *Ausführung der verständlichen Folge.* Beide Verknüpfungen sind eindeutig. Die Verknüpfungsformen drei, die der *nachgestellten widersprüchlichen Ausführungen* und vier, die der *Ausführung der unerwarteten Folge als Ausführung des Aber im Sinne des Trotzdem*, sind uneindeutige Verknüpfungen und verlangen nach Klärung. Bei den Makroverknüpfungen unterscheidet Argelander (1991) die *Brücke*, bei der ein Sachverhalt ausgeführt wird und die Ausführungen einen neuen Sachverhalt ergibt, der weiter ausgeführt wird, von der *Klammer*, bei der alle Verknüpfungen zusammengefasst werden und als Ausgangspunkt für weitere Verknüpfungen dienen, und vom *Knoten*, der eine im Text zurückliegende Verknüpfung mit einer weiteren Ausführung verbindet.

Phänomenologische Grundlagen

Es waren aber erst die phänomenologisch-psychologischen Forschungen Gurwitschs (1974) über die Organisation der Wahrnehmung, die es Argelander ermöglichten, seine Ideen zu systematisieren und in die psychoanalytische Gedankenwelt zu übertragen.

Hauptforschungsschwerpunkt von Gurwitsch war die Konzeptualisierung eines Bewusstseinsfeldes, das aus drei Bereichen besteht. Den ersten Bereich bezeichnete er als das *Thema.* Das Thema impliziert und repräsentiert das, worauf sich ein Mensch in einem gegebenen Augenblick konzentriert, womit er sich beschäftigt, was sich im Brennpunkt seiner Aufmerksamkeit befindet. Der zweite Bereich ist das *thematische Feld* als die Gesamtheit der mit dem Thema kopräsenten Gegebenheiten, die als sachlich mit dem Thema zusammenhängend erfahren werden und den Hintergrund oder Horizont bilden, von dem sich das Thema als Zentrum abhebt. Das thematische Feld markiert einen Relevanzbereich und steht mit dem Thema in einer Relevanzbeziehung. Da das thematische Feld als Relevanzbereich nicht mit dem Gesamtfeld, also mit der Gesamtheit all dessen, was mit dem Thema zugleich gegeben ist, zusammen fällt, wird als dritter Bereich der *Rand* eingeführt. Dieser bezeichnet die marginalen Gegebenheiten, die durch ihre Irrelevanz sowohl für das Thema als auch für das thematische Feld, mit dem sie kopräsent gegeben sind, charakterisiert sind. Aus dieser Betrachtungsweise ergeben sich drei Arten von Verbindungen: erstens die Verbindung zwischen den Konstituentien des Themas; zweitens die Verbindung zwischen dem Thema und dem thematischen Feld sowie die zwischen den Beständen des thematischen Feldes; drittens schließlich die Verbindung zwischen dem thematischen Feld einschließlich des in seinem Zentrum stehenden Themas und dem Rand. Diese streng formale Theorie der Wahrnehmungsorganisation auf der theoretischen Grundlage eines Gesamt-Bewusstseinsfeldes, die die Analyse von relevanten Zusammenhangsbildungen zwischen Thema, thematischem Feld und Rand zum Gegenstand hat, war für Argelander der gesuchte Verknüpfungspunkt für die Konzeptualisierung einer Theorie der kognitiven Organisation psychischen Geschehens (1979), für deren Weiterentwicklung zu einem psychoanalytischen Signierungsschema (1982) und weiter dann zu einer Textverknüpfungsmethode (1991). Zentral ist die Erkenntnis, dass Sinn und Bedeutung nicht durch einen Gegenstand an sich konstituiert werden, also keine gegebenen Eigenschaften von ihm sind, sondern dass sie durch die relevanten Zusammenhangsbildungen hervorgebracht werden, in dem der Gegenstand erscheint.

Methodologische Eckpunkte

Vor dem Hintergrund der ausgeführten Überlegungen, lassen sich für die strukturale psychoanalytische Hermeneutik fünf methodologische Eckpunkte ausweisen.

Erstens: Das von Freud und Breuer (1895) konzeptualisierte »höchst komplizierte und noch niemals dargestellte Denkobjekt« (S. 295) von »mindestens dreifacher Schichtung« (S. 291), in dem sich um einen Kern erstens »linear chronologisches« (S. 292), zweitens »konzentrisches« (S. 293) und drittens durch »Gedankeninhalte« (S. 293) charakterisiertes Material anordnet, gibt für die struktural-psychoanalytische Textinterpretationsmethode eine psychoanalytisch fundierte methodologische Basis ab. Argelander (1995) beschreibt die erste Anordnung als eine Schicht, auf der sich ein Thema in verschiedenen Beispielen oder Situationen, für die dieses Thema den gemeinsamen Nenner darstellt, wiederholt. Die Struktur und der prozessuale Verlauf der zweiten Anordnung als konzentrische Schichtung werden hingegen bestimmt durch die Bewusstseinsveränderung, die im Zuge der jeweiligen schichtweisen, thematischen Aufarbeitung erfolgt. Diese ersten beiden Anordnungen sind vor dem Hintergrund einer psychoanalytischen Methodologie deshalb von Belang, weil sie »noch an der Struktur der geäußerten Sprache gebunden sind« (S. 25) und deren Auslegung grundsätzlich über Thematisierungen und Zusammenhangsbildungen auf der »Meta-Ebene der Sprache« (S. 25) zu erfolgen hat. Die Rekonstruktion und Explikation dieser beiden an die Sprache gebundenen Anordnungen »bestimmen den Auftakt des methodischen Vorgehens« (S. 26), denn erst in der dritten Anordnung findet »eine Lösung aus der unmittelbar vorgegebenen Mitteilungsstruktur statt« (S. 26). Es ist dann diese dritte Textebene, auf die traditionellerweise die Tiefenhermeneutik mit dem szenischen Verstehen und der Übertragungs-/Gegenübertragungsanalyse unter Vernachlässigung der ersten beiden Schichten zielt. Nach Argelander (1995) ist dies auch nicht weiter verwunderlich, da diese Schicht dem Psychoanalytiker am vertrautesten ist. Gleichwohl wird dabei aber in Kauf genommen, dass dieses Vorgehen »als alleiniger Zugang […] mit allen Unsicherheiten einer Mutmaßung behaftet ist« (S. 26).

Eine psychoanalytische Hermeneutik auf der Grundlage einer psychoanalytischen Methodologie unterscheidet damit drei verschiedene Textebenen: Erstens die Ebene der objektiven Textbedeutung, zweitens die Ebene des manifesten Sinns und drittens die Ebene des dem Bewusstsein verborgenen Bedeutungsgehaltes.

Zweitens: Lücken und Brüche im Text werden als Interferenz- und Sequenzstellen aufgefasst. Sie sind die »Labilisierungspunkte der eindeutigen umgangssprachlichen Verständigung« (Argelander, 1984, S. 393) und weisen sich damit als die Orte aus, an denen in eine offene Zukunft hinein zum einen grundlegende Möglichkeiten eröffnet oder geschlossen werden und die zum anderen die nachweisbaren Textstellen markieren, von denen aus »von den objektiven Sinn- und Bedeutungsstrukturen auf die Bewußtseinsrealität oder innere psychische Realität der an der protokollierten Lebenspraxis beteiligten Subjekte« (Oevermann, 1996, S. 4) geschlossen werden kann.

Drittens: Markieren die Lücken und Brüche im Text die Stellen, an denen routinemäßiges Handeln nicht mehr möglich ist und eine Transformation der Lebenspraxis nötig wird, so sorgt die Interferenzfunktion dafür, dass sich eine Lebenspraxis oder eine Textstruktur reproduzieren kann. Die Interferenzfunktion konzeptualisiert damit die sich bewährende Lebenspraxis.

Viertens: Um in der Textanalyse eine familialistische Engführung verborgener Bedeutungsgehalte zu vermeiden, erscheint die Analyse der sozialen Erwartungsfelder, die auf die »Struktur des latenten sozialen Handelns« (Burrow, 1928/1998, S. 104) hinweisen, als hilfreich. Verhaltens- und Erlebensoptionen werden nicht nur durch individuelle Psychodynamik und Verdrängung aus der bewussten Verfügbarkeit ausgeschlossen, sondern auch durch »eine soziale Form der Verdrängung« (S. 111), die aufgrund des latenten Einflusses des sozialen Bildes notwendig wird.

Fünftens: Die Strukturdeutungen, die die struktural-analytische Textinterpretation hervorbringt, zeichnen sich erstens durch die unbedingte Nähe zum Text, zweitens durch ihre Fähigkeit, Lücken und Brüche aufzuheben, drittens durch den Einbezug der Explikationen der unterschiedlichen Textebenen, viertens durch die Kontrastierung und Variation unterschiedlichster Deutungsoptionen, fünftens durch die Überwindung der ausschließlichen szenischen Evidenz und sechstens durch das Prinzip der Falsifikation aus.

Methode und Verfahrensweise

Auf der Basis der skizzierten psychoanalytischen Methodologie lassen sich vier methodische Interpretationsprinzipien der strukturalen psychoanalytischen Hermeneutik ableiten. Diese Prinzipien schlagen eine Brücke zwischen Methodologie und Methode, da sie einerseits in den methodologischen Begründungen des Verfahrens verankert sind und andererseits aber auch in methodentechnischer Perspektive Verfahrensregeln für die Interpretationspraxis vorgeben.

Das Vorgehen der strukturalen psychoanalytischen Hermeneutik ist wesentlich durch eine kontextfreie Bedeutungsexplikation charakterisiert. Dieses erste Interpretationsprinzip weist auf die Notwendigkeit der Explikation der Bedeutung einer Äußerung als solche hin. Das heißt, die Bedeutungsexplikation erfolgt unabhängig vom Kontext durch gedankenexperimentelle Konstruktionen von Kontexten, in denen die Äußerung als sinnlogisch eingebettet gesehen werden kann. Durch dieses Prinzip wird systematisch und methodisch kontrolliert darauf hingewirkt, die Bedeutung einer Äußerung oder eines Textes nicht anhand des Kontextes zu explizieren. Dies käme einer Kontextanalyse gleich, die Gefahr laufen würde, den Text als eigenständiges Wirklichkeitsgebilde zu unterlaufen und zu missachten. In methodischer Hinsicht geht es einerseits darum, eine Haltung zum Text zu entwickeln, die Vorwissen ausklammert und eine Art künstliche Naivität realisiert, und andererseits – in forschungslogischer Perspektive – um die Vermeidung von Zirkularität.

Das Prinzip der Wörtlichkeit und des strikten Textbezugs als zweites Interpretationsprinzip verpflichtet die Interpretation grundlegend auf den Text. Die Bedeutungsexplikation muss sich ausschließlich auf den tatsächlich protokollierten Text beziehen; insbesondere dann, wenn innertextliche Widersprüche auftreten. Grundlegend und Vorbild für dieses Interpretationsprinzip sind die Arbeiten Freuds (1916/17) zu den Fehlleistungen. Wenn zum Beispiel ein Mitarbeiter die anderen auffordert, »auf das Wohl unseres Chefs aufzustoßen« (S. 36) oder ein Professor in seiner Antrittsrede darauf hinweist, dass er »nicht geneigt (geeignet) (ist), die Verdienste (seines) sehr geschätzten Vorgängers zu würdigen« (S. 34), dann geben diese Texte Auskunft darüber, dass sie etwas gesagt haben, was sie nicht sagen wollten. Das Spannungsverhältnis zwischen dem Gesagt-Haben und dem Nicht-Wollen findet im Text seine Entsprechung in den Interferenzstellen, die sich durch Lücken und Brüche Ausdruck verschaffen. Durch die Wörtlichkeit und den strikten Textbezug fokussiert die Interpretation auf die innertextlichen Verweisungszusammenhänge und Textverknüpfungen und gibt dem Text damit die Möglichkeit, ohne Hinzuziehen eines Vorwissens, eine Differenz aus sich heraus zu markieren. Es geht hierbei also nicht um außertextliche Unterstellungen. Vielmehr legt der Text aus sich heraus, im Sinne einer textimmanten Gestalt, die Intention des artikulierten Textes frei. Das Interpretationsprinzip zielt auf die Analyse der Differenz zwischen Textintention und Textrealisation. Ziel dieses Prinzips ist es, den Text aus sich heraus zum Sprechen zu bringen. Was in methodischer Konsequenz bedeutet, strikt auf die Analyse von Lücken und Brüchen und die Zusammenhangsbildungen zu achten.

Bedeutsam für das dritte Interpretationsprinzip ist die Forderung, den Text interferentiell und sequentiell zu interpretieren. Das heißt, die Interpretation folgt dem Ablauf des protokollierten Textes sequentiell von Interferenz zu Interferenz. Da der Text als Protokoll sozialer Realität angesehen wird, erscheint ein Vorgehen, das den Text »als Steinbruch der Information oder als Jahrmarkt der Bedeutungsangebote« (Wernet, 2000, S. 27) versteht, als nicht angemessen. Erst durch das sequentielle Interpretieren entlang den Interferenzstellen – ohne Abkürzung – gelingt es, die Strukturlogik eines Textes und die Dynamik einer Interaktion zu explizieren. Durch die interferentiell verfahrende Analyse der Lücken, Brüche und Zusammenhangsbildungen bringt der Interpret den Text aus sich heraus zum Sprechen, und die Struktur und Gestalt des Textes kann sich abbilden. Gelingt die sequentiell-interferentielle ausführliche Explikation einer Textstelle, ergibt sich für den folgenden Text, dass dieser nun in die explizierte Textbedeutung eingebettet ist. Durch dieses Vorgehen wird sequentiell von Interferenz zu Interferenz ein innerer Kontext geschaffen, in dem die folgende Handlungssequenz eingebunden ist.

Das vierte Prinzip, das der Extensivität, verpflichtet den Interpreten auf die Analyse kleinster Textstellen und Mikroszenen. Es geht um die sorgfältige und ausgiebige Analyse von Textstellen nach dem

Prinzip der Lücken, Brüche und Zusammenhangsbildungen, um auf dieser Basis möglichst viele kontrastierende Deutungen und Kontexte gedankenexperimentell zu entwickeln. Dem Prinzip der Extensivität liegt die Annahme zugrunde, dass sich aus Szenen und Textstellen, die die soziale Realität nur in Ausschnitten protokollieren, prinzipiell eine allgemeine Struktur rekonstruieren lässt. Insofern postuliert das Interpretationsprinzip der Extensivität die Dialektik vom Allgemeinen und Besonderem, die darauf hinweist, dass sich das Besondere nur auf der Folie des Allgemeinen bildet, und verweist damit gleichermaßen auf die Dialektik von Routine und Krise. Denn nur durch die krisenhafte Durchbrechung der Routinisierung entsteht potentiell etwas Neues bzw. etwas Besonderes.

Einblick in die Forschungspraxis

Das struktural-psychoanalytische Vorgehen ist durch einen steigenden Abstraktionsgrad der Interpretation gekennzeichnet. Zunächst bezieht sich die Analyse direkt auf das empirische Material, schmiegt sich an den Text und rekonstruiert so die spezifische Dynamik und Struktur. Dann werden aus der Rekonstruktion fundierte Hypothesen gebildet, die in einem abschließenden Schritt in den Kontext einer theoretischen Diskussion gestellt werden.

Das folgende Beispiel ist einer Untersuchung (Hechler, 2005) entnommen, in der der Frage nach Merkmalen und Strukturproblemen psychoanalytischer Supervision sozialpädagogischer Praxis nachgegangen wurde. Datenmaterial waren verschriftete Interaktionsprotokolle von Supervisionssitzungen. Es handelte sich um ein naturalistisches Forschungsdesign. Der Auszug stammt aus dem Anfang der fünften Supervisionssitzung, bezieht sich auf die ersten beiden Abstraktionsebenen der Interpretation, die auch das Kernstück der strukturalen psychoanalytischen Hermeneutik ausmachen, und spart aus Platzgründen die theoretische Diskussion aus. Zu berücksichtigen ist, dass der hier dargestellte Auszug aus seinem interaktionellen Zusammenhang genommen wurde.

> »Und dann (') kam noch dazu (,) , dass er mit dem Burhan .. drüber gesprochen hat (-) und auch mit anderen Jungs in seiner Klasse, dass, ..

> fünf oder sechs Jungs in seiner Klasse das nämliche Problem hätten (,) , .. und selbst der Burhan hätte das jetzt .. . (–)«.

Das einleitende »Und dann« der weiteren Ausführung des Sachverhaltes, welches durch eine aufsteigende Stimme akustisch gekennzeichnet ist, bringt die Ambivalenz von Person 3 nochmals deutlich zum Ausdruck. So, als kämen zu den ganzen Schwierigkeiten mit der Brustentwicklung nun noch weitere Probleme hinzu. Dies wäre aufgrund des stimmlich ansteigenden »Und dann« zu erwarten. In gewisser Weise entsteht hier ein Spannungsbogen, der sich in der Einführung eines neuen Sachverhaltes ausdrückt: »Und dann kam noch etwas dazu«. Was noch dazu kam, bleibt offen. Insofern bleibt der Sachverhalt damit auch zunächst unbestimmt, wird aber dann folgend weiter ausgeführt. Denn was noch hinzu kam, war »dass er mit dem Burhan .. drüber gesprochen hat (–) und auch mit anderen Jungs in seiner Klasse«. Der Sachverhalt wird damit zwar näher ausgeführt, der Gegenstand bleibt aber weiterhin unbestimmt. Denn es ist immer noch unklar, um was es in diesem Gespräch eigentlich gegangen ist. Nach dem einführenden »Und dann« könnte eigentlich erwartet werden, dass aus dem Gespräch nun noch weitere Probleme aufgrund der Brustentwicklung thematisch werden. Aber das Gegenteil ist der Fall. Marco hat mit Burhan und auch mit weiteren Jungs aus der Klasse gesprochen und es stellte sich heraus, »dass, .. fünf oder sechs Jungs in seiner Klasse das nämliche Problem hätten«. Konnte die Sprecherintention dahingehend expliziert werden, dass Person 3 irgendwie doch Vorbehalte gegen die scheinbare Verharmlosung der Brustentwicklung hat und diese durch Interferenzen im Text zum Ausdruck kommen, so scheint auch an dieser Stelle wieder eine Differenz zwischen Textintention und Textrealisierung zu entstehen. Deutete das dramatisch einleitende »Und dann« auf eine Zuspitzung hin, so findet sich in der Textrealisation eher einer Entschärfung. Denn wenn andere Jungs »das nämliche Problem hätten«, dann kann es ja nicht so schlimm sein. In semantischer Sicht ist die betonte Verwendung des Pronomens »das nämliche« bedeutsam. Es ist verwunderlich, dass Person 3 das veraltete Pronomen anstelle der Bezeichnung »dasselbe« oder »derselbe« verwendet. Denn zum Ausdruck gebracht werden sollte doch, dass die Jungs »und selbst der Burhan« dasselbe Problem wie Marco haben.

> »Und dann .. konnten wir in dem Gespräch, äh, (–) da hab ich dann so spontan gesagt, na ja, .. klar ('), dass der Burhan das jetzt erst hat, der is ja auch ein Jahr jünger (,) .. «.

Es scheint nun so, als werde der Sachverhalt »Brustentwicklung« seit Einführung durch die folgenden Ausführungen weiter und in unterschiedlichen thematischen Feldern variiert thematisiert. Wurde von Person 3 ein Gespräch von Marco mit Jungs aus seiner Klasse und mit Burhan vorgestellt, so berichtet sie nun in Form einer Situationsschilderung, die der weiteren Ausführung des Sachverhaltes und der näheren Bestimmung des Gegenstandes dient, von einer Gesprächssituation mit ihr und Marco. Auch diese Ausführung führt sie mit einem »Und dann« ein. Es entsteht hier der Eindruck als benutze Person 3 mehr die grammatikalische Form der Aufzählung, um einen Gegenstand näher zu bestimmen und weiter auszuführen, als eindeutige Verknüpfungsformen, die damit auch weitere Bedeutung hervor bringen würden.

Die eingeführte Situationsschilderung »Und dann .. konnten wir in dem Gespräch, äh« bleibt der charakterisierten Sprachsymbolorganisation verhaftet, da auch hier eine nähere Bestimmung nicht stattfindet. Vielmehr findet eine »Ausführung der unerwarteten Folge«, »(–) da hab ich dann so spontan gesagt«, statt, die als uneindeutige Verknüpfungsform zu analysieren ist und damit eine erklärungsbedürftige Stelle hervorbringt. Wie nun die Situationsschilderung näher bestimmt ist, wird also nicht weiter ausgeführt, sondern es ist zu erfahren, dass Person 3 Marco mitgeteilt hat, und dies »so spontan«, »dass der Burhan das jetzt erst hat, der ist ja auch ein Jahr jünger(,) .. «

In sachlogisch-paraphrasierender Perspektive kann die Intention von Person 3 ungefähr wie folgt expliziert werden: Im Gespräch mit Marco wollte sie ihm völlig ungezwungen und spontan mitteilen, dass der Burhan das nämliche Problem, also die Brustentwicklung, jetzt erst hat, weil er ein Jahr jünger ist als Marco. Über die eigentliche Gesprächssituation und deren interaktionellen Verlauf ist hier nichts zu erfahren. Vielmehr hat es den Anschein, als sei es ein Anliegen von

Person 3 gewesen, das »nämliche Problem« »spontan« im Gespräch zu thematisieren.

Hierfür spricht wieder die auftretende Differenz zwischen Intention und Realisierung. Diesmal in Form der kontrastierenden Verwendung des altertümlichen Pronomens »das nämliche« und des ungezwungen und »leicht« wirkenden Adverbs »spontan«.

Insgesamt entsteht weiterhin eine Differenz und eine Erklärungsbedürftigkeit der Rede deswegen, weil immer noch die Situationsschilderung »das Gespräch mit Marco« und dessen interaktioneller Verlauf unbestimmt bleibt und, anstatt der weiteren Ausführung, eine Sachverhaltsfeststellung »Burhan ist ein Jahr jünger« eingeführt wird, die nicht die Situationsschilderung näher bestimmt, sondern vielmehr zum Ziel haben kann, ein neues Thema einzuführen.

Über die völlig uneindeutigen Verknüpfungen und Ausführungen hinaus, kommt der Aussage, »dass der Burhan das [nämliche Problem, O.H.] jetzt erst hat, der ist ja auch ein Jahr jünger« besondere Bedeutung zu, da hier ein logischer Bruch vorliegt. Der logische Bruch kommt dadurch zustande, dass aufgrund der sachlogischen Paraphrase davon auszugehen ist, dass die Brustentwicklung eines Jungen mit dem Eintritt in die Pubertät zu tun hat. Die Aussage, dass es völlig klar sei, dass Burhan das jetzt erst hat, weil er ja auch ein Jahr jünger sei, bedeutet einen logischen Bruch. Ein ein Jahr jüngerer Junge kann das nicht jetzt *erst* haben, sondern, wenn überhaupt, kann er dies jetzt *schon* haben.

Hypothesen

Zunächst erscheint es bemerkenswert, dass die Einführung des Themas durchzogen ist von Lücken, Brüchen und uneindeutigen Verknüpfungsformen, so dass von einem in höchstem Maße inkonsistenten Text und damit weiter von einer deutungsbedürftigen Rede zu sprechen ist. Das Hervorbringen eines solchen Textes im Kontext psychoanalytischer Supervision sozialpädagogischer Praxis kann zwei Gründe haben.

Erstens ist möglicherweise davon auszugehen, dass es Sozialpädagogen aufgrund struktureller Probleme nur schwer gelingt, einen konsistenten Text in die Supervision einzubringen, innerhalb dessen sich dann ein bestimmtes Thema durch weiterführende Thematisierung entfaltet. Hier ist insbesondere das Professionalisierungsdefizit der Sozialpädagogik zu nennen, welches eine konsistente Darstellung verhindert. So kann die »diffuse Allzuständigkeit« sozialpädagogischer Praxis dazu führen, dass der Sozialpädagoge eben nicht weiß, was »der Fall« ist und wie dieser, sowohl in der Supervision als auch in der Praxis, bearbeitet werden kann.

Hierauf zielt die psychoanalytisch-supervisorische Deutung. Sie bricht krisenhaft die Routinisierungen, indem sie neuen Sinn und neue Bedeutung einführt, die im manifesten Material nicht enthalten waren, und hält gleichsam allerdings auch routinisierte Praxis aufrecht, so dass weiteres Arbeiten möglich ist.

Hier scheint ein kategorialer Unterschied zu Supervision psychotherapeutischen Handelns zu bestehen, in der sich die Supervisanden/Psychotherapeuten aufgrund ihrer professionalisierten Berufspraxis auf die Logik ihres Handels beziehen können. Die Logik sozialpädagogischer Praxis muss in der Supervision gewissermaßen erst herausgearbeitet werden.

Zweitens kann eine unbewusst wirksame latente Thematik für die Inkonsistenz eines Textes sorgen. Die Höhe des Interferenzindex, der sich aus der Anzahl der Lücken und Brüche errechnet, lässt Aussagen über eine latent wirksame Thematik zu. Je mehr Lücken, Brüche und uneindeutige Verknüpfungen festgestellt werden konnten, umso mehr kann von einer aktuell wirksamen latenten Thematik ausgegangen werden. Diese ist dafür verantwortlich, dass die Interferenzfunktion überfordert ist, die grundlegend dafür zuständig ist, einen konsistenten Text hervorzubringen. Ist die latente Thematik aktuell wirksam, kann die Interferenzfunktion nicht mehr ausreichend ihrer Aufgabe nachkommen: Ein Text mit Interferenzen entsteht.

Mit Bezug auf die rekonstruierte Interaktionssequenz kann von einer hochwirksamen latenten Thematik ausgegangen werden, die der Supervisor möglicherweise verstanden, aber aus guten Gründen nicht gedeutet hat.

Die Frage nämlich, die sich zwingend aus dem logischen Bruch ergibt: Mit was kann der Junge vor seinem ein Jahr älteren Freund vor dem Hintergrund pubertärer Entwicklung prahlen?, bleibt über die psychoanalytisch-supervisorische Deutung hinaus bestehen.

Kann aufgrund der bisherigen Rekonstruktion und Analyse des Textes von einer sexuell gefärbten und mit Scham besetzten Thematik ausgegangen werden, so weist der logische Bruch unbestreitbar in dieselbe Richtung. Die Thematik rankt sich um jugendliche Sexualität und die damit verbundenen Schamgefühle auf Seiten des Teams wie auch auf Seiten der Jugendlichen. Nur geht es bei den biologischen Reifungsprozessen aufgrund hormoneller Veränderung nicht um die Brustentwicklung von Jungen, sondern um deren erste Ejakulation. Nur diese Strukturdeutung vermag bezogen auf die rekonstruierte Interaktionssequenz, die uneindeutigen Zusammenhangsbildungen, die Lücken und Brüche und den logischen Bruch zu schließen: Ein Junge kann vor seinem ein Jahr älteren Freund mit seiner ersten Ejakulation prahlen.

Vor dem Hintergrund dieser Deutung wird auch das kommunikative Verhalten von Person 3 und des gesamten Teams erklärbar. Ist Sexualität schon schwer genug zu thematisieren, so erscheint die Thematisierung erster Samenergüsse pubertierender Jungen durch ein von Frauen dominiertes Sozialpädagogenteam als besonders heikel, wenn nicht gar unmöglich – sowohl in der Praxis als auch in der Supervision.

Gleichsam scheint aber Person 3 und das Team ein implizites Wissen darüber zu haben, dass die sexuelle Entwicklung für Pubertierende in höchstem Maße für diese und für die sozialpädagogische Arbeit relevant ist. Insofern lässt sich die kommunikative Gestalt der Rede als Kompromissbildung vor dem Hintergrund des Wunsches nach Thematisierung bei gleichzeitiger notwendiger Abwehr verstehen.

Dass diese Thematik aus der bewussten Kommunikation ausgeschlossen wird, mag nun unter Umständen ebenfalls auch mit der mangelnden Professionalisierung zu tun haben, und zwar in dem Sinne, dass sowohl die kognitive allgemeingültige wissenschaftliche Basis als auch die Fähigkeit zum methodengeleiteten Fallverstehen ungenügend ausgeprägt ist. Strukturiertes sinn- und bedeutungserschließendes Verstehen des Falls erscheint als nicht möglich. Möglicherweise ist die inkonsistente und von Interferenzen durchzogene Rede überhaupt die einzige Möglichkeit, einen Fall zur Sprache zu bringen.

In der oben genannten Untersuchung (Hechler, 2005) konnten mit dem Verfahren der strukturalen psychoanalytischen Hermeneutik begründete Aussagen zum supervisorischen Arbeitsbündnis, zur supervisorischen Beziehung und zum supervisorischen Verstehen und Intervenieren hervorgebracht werden.

Fazit

Es erscheint zunächst unzweifelhaft, dass rekonstruktive Verfahren in ausgewiesener Weise den Forschungsgegenständen aus der sinnstrukturierten Welt gerecht werden.

Die strukturale psychoanalytische Hermeneutik nimmt im Konzert der rekonstruktiven Verfahren deswegen eine besondere Stellung ein, weil sie zum einen eine Alternative zur Tiefenhermeneutik bietet, gleichsam aber psychoanalytischen Wissensbeständen verpflichtet bleibt. Zum anderen vergewissert sich die strukturale psychoanalytische Hermeneutik wieder ihrer einheimischen Begriffe, indem sie die Essentials psychoanalytischer Denktradition aus der soziologisch fundierten objektiven Hermeneutik sichtbar macht, herauslöst und wieder psychoanalytisch formuliert. Insofern bietet die strukturale psychoanalytische Hermeneutik nicht nur eine Alternative zur Tiefenhermeneutik, sondern auch zur objektiven Hermeneutik.

Die methodologisch fundierte Verbindung von genauester Textanalyse, im Sinne einer Eigenlogik des Textes, vom Feststellen von Lücken und Brüchen und von der hieraus ausgehenden Ausdeutung latenter Inhalte macht die strukturale psychoanalytische Hermeneutik für die Forschungspraxis sehr attraktiv. Sie erweist sich als potentes Instrument, um fundierte und nachvollziehbare Aussagen über die Struktur, die manifeste Bedeutung und den latenten Sinn von Protokollen hervorzubringen.

Literatur

Argelander, H. (1979). Die kognitive Organisation psychischen Geschehens. Stuttgart: Klett-Cotta.

Argelander, H. (1982). Der psychoanalytische Beratungsdialog. Göttingen: Vandenhoeck & Ruprecht.

Argelander, H. (1984). Eine vergleichende Textstudie von Verbatim- und Gedächtnisprotokollen. Psyche –Z. Psychoanal., 38, 385–419.

Argelander, H. (1991). Der Text und seine Verknüpfungen. Berlin u. a.: Springer.

Argelander, H. (1995). Sinn und Verstehen – Ansätze zu einer psychoanalytischen Methodologie. Zeitschrift für psychoanalytische Theorie und Praxis, 10, 653–646.

Bohnsack, R. (1999). Rekonstruktive Sozialforschung. Wiesbaden: Leske + Budrich.

Breuer, J., Freud, S. (1895/1999). Studien über Hysterie. In S. Freud, GW I (S. 75–312). Frankfurt a. M.: Fischer.

Burrow, T. (1928/1998). Das Fundament der Gruppenanalyse oder die Analyse der Reaktionen von normalen und neurotischen Menschen. Luzifer-Amor, 21, 103–112.

Freud, S. (1900/1999). Die Traumdeutung. GW II/III. Frankfurt a. M.: Fischer.

Freud, S. (1916–1917/1999). Vorlesungen zur Einführung in die Psychoanalyse. GW XI. Frankfurt a. M.: Fischer.

Gurwitsch, A. (1974). Das Bewusstseinsfeld. Berlin u. a.: de Gruyter.

Hechler, O. (2005). Psychoanalytische Supervision sozialpädagogischer Praxis. Eine empirische Untersuchung über die Arbeitsweise fallzentrierter Teamsupervision. Frankfurt a. M.: Brandes & Apsel.

Leitner, A. (2003). Zum Geleit. In H. Petzold et al. (Hrsg.), Supervision auf dem Prüfstand. Wiesbaden: Leske + Budrich.

Lorenzer, A. (1986). Tiefenhermeneutische Kulturanalyse. In: H.-D. König et al. (Hrsg.), Kultur-Analysen (S. 11–98). Frankfurt a. M.: Fischer.

Oevermann, U. (1975): Zur Integration der Freudschen Psychoanalyse in die Programmatik einer Theorie der Bildungsprozesse. Unveröffentlichtes Manuskript. Berlin.

Oevermann, U. (1993). Die Objektive Hermeneutik als unverzichtbare Grundlage für die Analyse von Subjektivität. Zugleich eine Kritik der Tiefenhermeneutik. In T. Jung, S. Müller-Doohm (Hrsg.), Wirklichkeit im Deutungsprozess (S. 106–189). Frankfurt a. M.: stw.

Oevermann, U. (1995). Ein Modell der Struktur von Religiosität. Zugleich ein Strukturmodell von Lebenspraxis und von sozialer Zeit. In Wohlrab-Sahr (Hrsg.), Biographie und Religion (S. 27–102). Frankfurt a. M.: Campus.

Oevermann, U. (1996). Konzeptualisierung von Anwendungsmöglichkeiten und praktischen Arbeitsfeldern der objektiven Hermeneutik. Manifest der objektiv hermeneutischen Sozialforschung. Unveröffentlichtes Manuskript. Frankfurt a. M.

Oevermann, U., Allert, T., Kronau, E. (1979). Die Methodologie einer »objektiven Hermeneutik« und ihre allgemeine forschungslogische Bedeutung in den Sozialwissenschaften. In H.-G. Soeffner (Hrsg.), Interpretative Verfahren in den Sozial- und Textwissenschaften (S. 352–434). Stuttgart: Metzler.

Overbeck, A. (1999). Schrift – Mündlichkeit – Bebilderung. Zur Popularisierung von Textverstehen zwischen Hermeneutik, Pädagogik und Psychoanalyse. In H. Drerup, E. Keiner (Hrsg.) Popularisierung wissenschaftlichen Wissens in pädagogischen Feldern (S. 105–124). Weinheim: Beltz.

Reiche, R. (2001). Mutterseelenallein – Kunst, Form und Psychoanalyse. Frankfurt a. M.: Stroemfeld / Nexus.

Wernet, A. (2000). Einführung in die Interpretationstechnik der Objektiven Hermeneutik. Wiesbaden: Leske + Budrich.

Jutta Müller

Aktualsprachliche Interaktion und biografische Formierung am Beispiel einer professionellen Beratungssituation

Zu den Ergebnissen einer qualitativ-rekonstruktiven Studie zum Coach in Ausbildung

Der vorliegende Beitrag ist entstanden auf der Grundlage der Dissertation der Verfasserin an der Universität Kassel (Müller, 2006). Sie entwickelte sich aus dem Vorhaben, die Vertiefungsrichtung Coaching, die die Verfasserin als federführende Dozentin im Studiengang Wirtschaftspsychologie an der Hochschule Harz in Wernigerode konzipiert hat und die sie dort durchführt, wissenschaftlich zu evaluieren. Daraus wurde im Laufe der Untersuchung ein Schwerpunkt eingegrenzt: Der Fokus der Betrachtung liegt auf den Studierenden, die Coachingkompetenzen erlernen.

Im Folgenden wird zunächst der qualitativ-rekonstrukive Forschungszugang dargestellt, der in der Kombination von Biografieanalyse und Interaktionsanalyse ein neuer Ansatz ist. Dabei geht es um Antworten auf die Fragen:

Ist Biografie zu aktueller Interaktion in Beziehung zu setzen und wie? Lässt sich also eine Konvergenz von aktualsprachlicher Interaktion und biografischer Formierung empirisch belegen? Dabei werden auch Möglichkeiten und Grenzen des Verfahrens kurz beleuchtet.

Wie spiegeln sich Ressourcen und Lernfelder für Coaching als Beratungsform in den jeweiligen biografischen Voraussetzungen? Wie zeigen sich diese Voraussetzungen und die korrespondierenden Ressourcen und Lernfelder in der konkreten Interaktion? Diese Fragen werden auszugsweise an einem der rekonstruierten Fälle beleuchtet.

Welche Anwendungsmöglichkeiten des Verfahrens über Forschungskontexte hinaus sind vorstellbar? – einige Gedanken zur Bedeutung für die Beratungspraxis runden die Ausführungen ab.

Welche Stichprobe wurde untersucht?

Bei der untersuchten Gruppe handelt es sich um Studenten und Studentinnen des Studiengangs Wirtschaftspsychologie im 7. Semester. Die Untersuchung bezieht sich also auf eine Lernsituation.

Der Studienschwerpunkt Coaching wird im Hauptstudium angeboten und geht über zwei Semester. Die Gruppengröße liegt in der Regel bei 15–20 Teilnehmern und Teilnehmerinnen. Die Stichprobe der empirischen Studie ist durch die Anzahl der Studierenden des untersuchten Semesters festgelegt; insgesamt stehen bei 14 teilnehmenden Studenten maximal 28 Coachingprozesse zur Verfügung. Die Auswahl der Fälle orientiert sich am von Glaser und Strauss (1973) entwickelten theoretischen Sampling. Es steuert die Auswahl nach inhaltlichen, nicht nach abstrakt-methologischen Gesichtspunkten. In der Praxis allerdings gilt, dass die Auswahl auch von der Zugänglichkeit abhängig ist. Im gegebenen Fall heißt das: Zugänglich war eine nach Anzahl und Person klar definierte und vorgegebene Stichprobe, innerhalb der ein Sample gefunden wurde.

Das Lebensalter der Teilnehmer an der Vertiefungsrichtung Coaching zum Zeitpunkt der Untersuchung liegt zwischen 22 und 40 Jahren (im Durchschnitt bei 28 Jahren). In der Mehrzahl verfügen die Studierenden bereits über eine Berufsausbildung, häufig im kaufmännischen Bereich. Eine Minderzahl ist direkt im Anschluss an das Abitur zum Studium gekommen. Frauen sind stärker vertreten als Männer, etwa im Verhältnis zwei Drittel zu einem Drittel. Im hier vorgestellten Fall handelt es sich um eine 1966 geborene, in der DDR aufgewachsene Studentin mit Berufserfahrung im Hotelfach; sie war zum Zeitpunkt der Untersuchung bereits Ehefrau und Mutter.

Welcher Forschungszugang wurde gewählt?

Der im Folgenden zu skizzierende Forschungszugang ordnet sich ein in die qualitativ-rekonstruktiven Verfahren; Grundlage der Untersuchung bilden interpretative Methoden der Soziologie, und zwar hermeneutisch-rekonstruktive Verfahren. Theoretisch und methodisch sind dabei verschiedene Richtungen zu nennen, aus denen sich das konkrete Vorgehen ableitet: die Wissenssoziologie (Berger u.

Luckmann, 1969), die Grounded Theory (Glaser u. Strauss, 1973), die Konversationsanalyse (Bergmann, 1988), die objektive Hermeneutik (Oevermann, 1988, 2000), die Biografieforschung (Fischer-Rosenthal, 1995) und die Interaktionsanalyse (Fischer, 2004; Heath, 1997; Heritage, 1997).

Die Untersuchung gliedert sich in zwei Bestandteile: ein bereits gut etablierter Zugang über Biografieanalyse auf der Grundlage narrativer Interviews und ein noch relativ neuer Zugang, die Video-Interaktionsanalyse.

Zunächst werden beide Verfahren kurz umrissen und an einer Fallrekonstruktion auszugsweise dargestellt, um dann sowohl auf ihre wissenschaftliche Relevanz als auch ihre potentielle Bedeutung für die Praxis in Beratungskontexten hinzuweisen.

Wie wurden die Daten für die Biografieanalyse erhoben?

Die Datenerhebung des biografischen Zugangs erfolgte mittels narrativer Interviews (Schütze, 1983; Fischer-Rosenthal u. Rosenthal, 2000). Diese Interviewform realisiert das Prinzip der Offenheit, ein wesentliches Prinzip qualitativer Interviews, in radikaler Art und Weise, indem es sich inhaltlich darauf beschränkt, die Interviewpartner anzuregen, Ereignisse und Erinnerungen zu erzählen und diese Präsentation selbst zu strukturieren. Jede unmittelbare Themenansteuerung, etwa durch direktes Nachfragen, wird hier vermieden. Die maximale inhaltlich-thematische Offenheit wird gerahmt durch eine klare Form, vor allem durch eine Erzählungen generierende Ausgangsfrage, die in das Interview einführt und die Eingangserzählung einleitet. Eine solche offen formulierte Ausgangsfrage kann sich auf die Bitte um das Erzählen der Familien- und Lebensgeschichte beschränken oder in der Formulierung bereits das Erkenntnisinteresse ansteuern.

Die Verfasserin hat – mit situativen Varianten – folgende Ausgangsfrage gestellt:

Ich interessiere mich für den lebensgeschichtlichen und familiären Hintergrund von Studierenden, die Erfahrung mit Coaching gemacht haben. Bitte erzählen Sie aus Ihrem Leben, und beginnen Sie mit ihrer Erzählung einfach an einem

Punkt in Ihrem Leben, der Ihnen als erstes einfällt. Dabei interessiert mich auch Ihr breiterer Lebenszusammenhang, nicht nur Themen im direkten Zusammenhang mit dem Coaching.

In der so gewählten Form der Ausgangsfrage wird also bereits – sehr offen – auf den Forschungsgegenstand Bezug genommen.

Eine zurückhaltende, aber zuhörend-teilnehmende Haltung des Interviewers dient dazu, die Gesprächspartner zu motivieren, die Präsentation von selbst erlebten Ereignissen und Situationen entsprechend eigener Muster erzählend zu einem Ganzen zu verweben. Dieser Methode liegt die Annahme zugrunde, dass die Erzählenden die Gestalt ihrer Selbstdarstellung so konturieren, wie es ihren – biografisch gewachsenen – Strukturierungen entspricht. Die Art, wie die Erzählenden ihre Selbstpräsentation gestalten, gibt Aufschluss über die Struktur ihrer Selbstwahrnehmung und die Positionierung und Bedeutungszuweisung ihrer Lebenserfahrungen in dieser Struktur. Mit Fischer-Rosenthal (1996) werden dabei zwei Setzungen gemacht:

> »**Erstens:** Menschen erzählen sich Erfahrungen, um anderen, die nicht dabei waren mitzuteilen, was sie erlebten und um sich **selber** darüber klar zu werden, was sie erlebt haben. Menschen können also erzählen und sie müssen es auch, um sich gegenseitig aneinander zu orientieren und um zu wissen, wer sie sind. **Zweitens:** Auch außerhalb der Interviewsituation erzählen sich Menschen Teile oder große Stücke ihrer Lebensgeschichte. Nur weil letzteres andauernd geschieht, ist eine solche Forschungsoption [die strukturale Analyse biografischer Texte] überhaupt angebracht.«

Nach einem Hinweis darauf, dass die Interviewpartner jetzt ohne Unterbrechung die Gelegenheit haben zu erzählen, was ihnen einfällt, und dass Nachfragen erst im Anschluss erfolgen, nimmt sich die Interviewerin völlig zurück. Die Eingangserzählung endet, wenn der Erzählstrom versiegt, was die Interviewerin durch das Aushalten einer Pause und eine Nachfrage absichern kann. Diese Form gewährleistet, dass die Daten auf eine Weise erhoben werden, die die angesprochenen Orientierungs- und Handlungsstrukturen der Interviewpartner der Rekonstruktion zugänglich macht.

Wie werden die so erhobenen Daten ausgewertet?

Der Interviewauswertung liegt die hermeneutische Fallrekonstruktion zugrunde. Dabei verbinden sich Prinzipien der strukturalen Hermeneutik nach Oevermann (2000) mit einer Erzähl- und Textanalyse nach Fritz Schütze (1983) sowie Verfahren der thematischen Feldanalyse nach Fischer-Rosenthal (Fischer-Rosenthal u. Rosenthal, 2000).

In die durch den Interviewer und seinen Eingangsstimulus angeregte Textproduktion gehen Vergangenheit, Gegenwart und Zukunft in mehrfacher Weise ein; im realen Moment des Interviews als Gegenwart verbinden sich im Text Vergangenheit und Zukunft. Orientierungsmuster im Denken und Handeln, die sich im Laufe des Lebens und im Wechselprozess mit ihm ausgebildet haben, manifestieren sich in ihrer aktuellen Ausformung.

Die Analyse erfolgt getrennt nach drei Schritten, in der Auswertung des *gelebten, erzählten* und *erlebten Lebens,* um anschließend einer vergleichend-kontrastiven Synthese der Gesamtgestalt gerecht werden zu können. Damit werden die verschiedenen Zeit- und Erlebensebenen hypothetisch nachvollzogen.

Der erste Analyseschritt ist die Analyse des gelebten Lebens mittels der sequentiellen *Analyse der biografischen Daten.* Diese geht der Frage nach:

Wie ist die Chronologie der objektiven Lebensdaten der Biografin und wie könnte das Leben der Biografin auf dieser Grundlage verlaufen sein?

Hierfür werden die lebensgeschichtlichen Daten chronologisch zusammengestellt und unabhängig von ihrer Präsentation und Interpretation durch die Interviewten und auch möglichst unabhängig vom Kontextwissen des Forschers betrachtet. Jedes Vorwissen der Forscherin über die Biografin musste also vorläufig »vergessen« werden. Kontextfreie Hypothesenbildung fördert vor allem eine heterogene Zusammensetzung der Forschungsgruppen. Zu den Daten werden nach dem Vorgehen der rekonstruktiven Analyse Hypothesen gebildet, entlang der Frage: Wie könnte dieses Datum gelesen beziehungsweise interpretiert werden?

Um einen Einblick in die Forschungswerkstatt zu geben, wird hier die Hypothesenbildung zum ersten Datum der Fallrekonstruktion Inge Schulte (B) dargestellt:

Nr.	Jahr	Ereignis
1	1975	B wird als Einzelkind in einer mitteldeutschen Großstadt geboren, der Vater ist Bauingenieur, die Mutter Diplom-Ökonomin

1. 1.1 B bleibt Einzelkind
   1.1.1 B wird besonders behütet und verwöhnt, sie wird eine Sonderrolle beanspruchen, eventuell rebellieren
   1.1.2 B richtet sich stärker nach Eltern und erwachsenen Vorbildern
   1.2 B wächst in einem sozialistischen Regime auf und wird in diesem Rahmen sozialisiert
   1.3 die Familie lebt in einer östlichen Großstadt, möglicherweise werden die Eltern betrieblich gefördert und stehen parteipolitisch dem Staat nah
   1.4 die Eltern sind normale studierte DDR-Bürger (Staatsnähe war in der Regel gefragt für Studium, bedeutete politische Mitgliedschaften, Armeedienst)
   1.5 Eltern haben sich in der DDR arrangiert, angepasst, gut eingerichtet, B ist ideologisch eher angepasst und staatskonform
   1.6 der Vater musste möglicherweise als Bauleiter mit auf Baustellen reisen, war zeitweise nicht zuhause, B wächst dann teilweise »vaterlos« auf
   1.7 die Eltern und auch die Großeltern sind beide berufstätig, für B wird Beruf neben Mutterschaft eine Selbstverständlichkeit sein
2. 1.8 B wird außerhalb des Elternhauses betreut (Ganztagskrippe), das wirkt sich auf Bindungsfähigkeit aus:
   1.8.1 B wird emotional instabil
   1.8.2 B lernt vielfältige Bindungen kennen und wird kontaktfreudig

2.2 Eltern gehören eventuell zu einer gesellschaftlichen Randgruppe, möglicherweise kirchlich geprägt: Eltern gehen auf Distanz zum Regime, B erlebt die DDR kritisch

In dieser Art werden alle bekannten Lebensdaten interpretiert. An ihrer chronologischen Abfolge orientiert, ohne Vorwegnahme des weiteren Verlaufs, aber unter Einbeziehung der bereits interpretierten Daten, wird die Biografie mit jedem Datum neu in ihren Möglichkeiten in die Zukunft hin entworfen.

Ziel der Analyse der biografischen Daten ist es, aus ihrer Abfolge in der historischen Zeit die Gestalt der Lebensgeschichte des Biografen, wie sie die objektiven Lebensdaten nahe legen, hypothetisch zu konstruieren. Die Daten des Lebens, Ereignisse und Wendepunkte werden dabei in ihrer Dynamik im Kontext der sozialen und historischen Gegebenheiten und noch nicht gefiltert durch Präsentation und Erleben der Person betrachtet. Die Analyse der biografischen Daten dient dazu, eine mehrperspektivische Sichtweise biografischer Möglichkeiten und Wahrscheinlichkeiten hypothetisch zu einem Lebensmuster zu fügen, als Hintergrund und auch als Korrektiv für die folgende Fallanalyse.

Der zweite Analyseschritt, die *Text- und thematische Feldanalyse,* geht der Frage nach:

Wie präsentiert sich die interviewte Person selbst?

Bei der beschriebenen Interviewform ist die Interviewte allein für die Entwicklung der Gestalt des Textes, wie sie sich im Erzählen formt, zuständig. Diese Selbstpräsentation ist von der Gegenwartsperspektive bestimmt, das heißt eine Evaluation der dargestellten Ereignisse findet aus der heutigen Sicht der Interviewten heraus statt. Solche Bewertungen sind im Text direkt in Form von Argumentationen beziehungsweise Evaluationen auffindbar und auch mittelbar durch die Art, wie die interviewte Person ihre Themen auswählt und anspricht und in welcher Länge und Art und Weise sie zur Darstellung kommen, zu erkennen.

Am Beispiel zeigt sich in den ersten Worten des Interviews bereits ein zentrales Motto:

> »äm (kurzes Schnalzen) also was mir als letztes.. oder als erstes einfällt ist halt .. dass.. ja:: so Kommunikatio::n und, Zusammensein mit Menschen, und vielleicht auch mit Menschen so, äm die n=Problem haben .. die Probleme haben 'oder', irgendwas, das ist eigentlich schon immer ne- .. doch ne größere Rolle in meinem Leben gespielt hat«

An dieser Stelle wurden – auszugsweise zitiert – folgende Lesarten entwickelt:

3.1 B präsentiert Kommunikation als wichtig in ihrem Leben
3.2 B präsentiert sich als interessiert an Menschen mit Problemen
3.3 B zeigt sich als gruppenbezogener Mensch, der im Zusammensein mit Menschen auflebt
3.4 es gibt etwas, was eine noch größere Rolle für ihr Leben spielt
3.5 B zeigt sich als jemand, den auch schwierige Themen interessieren
3.6 B präsentiert sich stark in Bezug auf Probleme anderer
3.7 B präsentiert sich reflektiert und distanziert (Argumentation als Textform)
3.8 B lenkt von sich selbst ab
3.9 B bringt eine Rechtfertigung für Kommendes, setzt einen Rahmen für Selbstpräsentation

Die Text- und thematische Feldanalyse erfolgt sequentiell, beginnend mit der Eingangsfrage. In der Themenaufschichtung wird die Verdichtung zu zentralen thematischen Feldern sichtbar. Anschließend werden Lesarten zu den Themen und ihrer Abfolge in Beziehung zu den verwendeten Textsorten entwickelt; diese Koppelung erlaubt Rückschlüsse auf die Bedeutung der dargestellten Themen im biografischen Gesamtkontext.

Der Analyseschritt stellt Antworten auf die Frage zur Verfügung, wie eine Person in ihrer Geschichte gesehen werden möchte und inwieweit der im Interview produzierte Text damit harmoniert beziehungsweise inwieweit die Analyse abweichende Darstellungsweisen offen legt.

Auf der Grundlage der beiden vorherigen Analyseschritte sowie in Bezug zur Forschungsfrage werden relevante biografische Ereignisse bestimmt, die die Basis für die *Rekonstruktion der Fallgeschichte, das erlebte Leben* bilden, mit der Ausgangsfrage:

Wie hat die Biografin Ereignisse ihres Lebens erlebt?

Dabei wird mit dem Interviewtext direkt gearbeitet, indem zu ausgewählten Themenbereichen Textstellen gesucht werden. Auch das Fehlen solcher Textstellen, entsprechend oder auch entgegengesetzt zu den Erwartungen aus den vorherigen Analyseschritten, wird festgestellt und interpretiert. Im angeführten Fall sind auf der Grundlage der Analyse des gelebten und erzählten Lebens und unter Berücksichtigung der Forschungsfrage drei Bereiche herausgefiltert worden, die die Analyse des gelebten Lebens steuern:

- Anders sein als Quelle des Engagements
- Andere Menschen als Motivatoren der eigenen Entwicklung – auswählen und auserwählt werden
- Die Suche nach Verbindung von Mutterrolle und Karriere, von Gefühl und Leistung

Im Anschluss folgt eine vergleichende Gegenüberstellung, die die Fallinterpretation abrundet. Zur Ergebnissicherung wird eine *Feinanalyse* ausgewählter Textstellen vorgeschaltet. Diese Analyse, die ganz der struktural-hermeneutischen Methode nach Oevermann folgt, arbeitet kleinteilig an Elementen wie Satzteilen, einzelnen Worten, auch im Transkript festgehaltenen nichtverbalen Reaktionen, Pausen, Lachen etc., um aufzudecken, was in der expliziten Darstellung bisher als möglicherweise verborgener Subtext mitgelaufen ist und sich im Text »zwischen den Zeilen« manifestiert.

Am Ende tritt dann die Fallstruktur als Folge aller Analyseresultate in dynamischer Verbindung miteinander hervor. Die aktuelle Gegenwart, in der sich die Biografin auf ihre spezifische Art und Weise zeigt, verbindet sich mit ihrer – erlebten und präsentierten – Vergangenheit und den Möglichkeiten der Zukunft, unabhängig davon, ob sie ihrer gewahr ist oder nicht. Der in dieser Weise entschlüsselte Text offenbart Orientierungsmuster des Textproduzenten, die in den

Facetten seiner Selbstdarstellung, seiner Sicht- und Erlebensweisen, der Auswahl und Darstellung der Ereignisse des Lebens aufscheinen und so Antworten anbieten auf die Fragen: Wie kam es zur aktuellen Selbstpräsentation und welche Funktion hat sie? Welche strukturbildenden Muster der Person erschließen sich?

Wie geht die Video-Interaktionsanalyse vor?

Der synchrone Zugang analysiert Interaktionen in der Jetztzeit und eröffnet damit einen weiteren Auswertungshorizont (Knobloch, 2004). Hier geht es um Strukturierungen der aktuellen Gesprächssituation, die auf der Oberfläche der Sprechereignisse, der Turns und der aktuellen nonverbalen Verhaltenselemente im Rahmen einer definierten Situation sichtbar und wirksam sind.

Das Verfahren der Video-Interaktionsanalyse in der hier geschilderten und angewandten Form ist im Rahmen eines Online-Moduls einer forschenden Lehrveranstaltung unter Leitung von Prof. Dr. Wolfram Fischer und gefördert durch das BMBF zur Entwicklung von hermeneutischen Analysestrategien entstanden. Konkret wurde das zur Analyse vorliegende Videomaterial sequenziert auf CD gebracht, so dass die Sequenzen von ca. 10 Sekunden immer wieder exakt für die Bearbeitung abrufbar sind. Dann erfolgte eine thematische Segmentierung der zur Analyse ausgewählten Videoaufzeichnungen. Aus den ca. 45-minütigen Aufzeichnungen der vollständigen Sitzungen wurden jeweils die Anfangssequenzen sowie weitere thematisch oder interaktiv für die Analyse interessante Passagen intensiv bearbeitet. Die gleichzeitige Verschriftlichung der zusätzlich auf Audiokassette aufgezeichneten Dialoge stellt sicher, dass der Text in der gleichen Genauigkeit der Transkription wie die durchgeführten narrativen Interviews zur Verfügung steht. Der Interpretationsprozess entsprechend der Vorgehensweise der rekonstruktiven Hermeneutik trennt nach Analyse des Standbildes, der nonverbalen Sequenzen und des Textes, das heißt der verschriftlichten Interaktion. Zu den einzelnen Analyseteilen wurden in Forschungsgruppen Lesarten entwickelt, wobei ein nur geringes Vorwissen über den Kontext eine frische und von Voranahmen unbelastete Arbeit gewährleistete.

Um den Gegenstand der Analyse anschaulich zu machen, wird hier zunächst ein Standbild der Ausgangssituation der Videoaufzeichnung eingefügt. Das Bild wurde verfremdet, um die Anonymität der beiden dargestellten Personen zu gewährleisten.

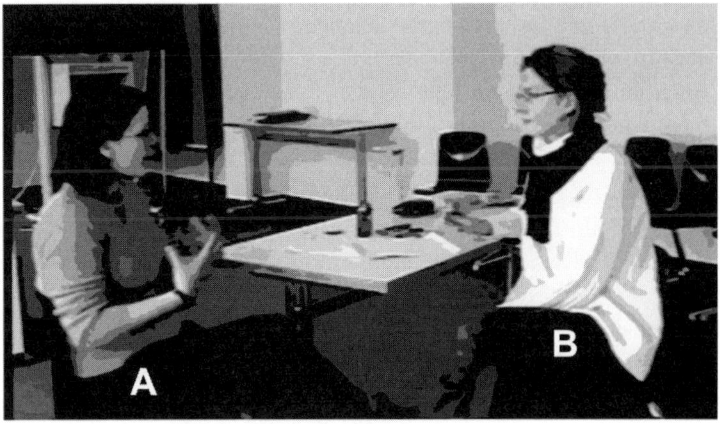

Abbildung 1: Standbild verfremdet

Exemplarisch für das Verfahren werden hier wieder die ersten Hypothesen wiedergegeben, die zur nonverbalen Interaktion entwickelt worden sind. Die beiden Akteure sind der Einfachheit halber mit A und B benannt worden, wobei B identisch mit der Biografin, hier Inge Schulte genannt, ist.

1. Standbild
1.1 Es handelt sich um ein Verkaufs- oder Beratungsgespräch
1.2 B (rechts im Bild) berät A
1.3 B sieht freundlich aus, lächelt
1.4 B erläutert eine Vorlage
1.5 B ist leger gekleidet, locker
1.6 A wirkt eher verschlossen
1.7 B wirkt zielstrebig, organisiert
1.8 B wirkt sicher und professionell
1.9 B ist auch unsicher (hält sich fest an Schriftlichem)
1.10 A wirkt unsicher (Handhaltung)

1.11 B hat eine Unterlage zur Gesprächsstrukturierung
1.12 Dinge auf dem Tisch verteilt wirken zwanglos bis unordentlich
1.13 B ist gut vorbereitet, locker, aber organisiert
1.14 Es herrscht eine Seminaratmosphäre

Auf solche Weise wurden Lesarten in einem Interpretationsprozess zum Standbild und entlang der Sequenzen entwickelt, und zwar zur Bedeutung von Raum, Möbeln und sonstigen Gegenständen, Licht, Sitzordnung und natürlich zu den Personen und ihren äußeren Merkmalen wie Kleidung, Frisur, Geschlecht und Alter, ihrer Beziehung zueinander, verbalen und nonverbalen Merkmalen des Interaktionsprozesses und Art und Umfeld der Interaktion.

Dabei gilt, dass es neben der natürlichen Sequenzialität der Interaktion auch eine simultane und multidimensionale Wahrnehmung gibt, die nur sequentiell, also im zeitlichen Nacheinander, versprachlicht werden kann. Die Entwicklung einer Gestalt ist dabei offen, wie es notwendig mit dem interpretativen Verfahren einhergeht, jedoch nicht beliebig (Breckner, 2003). Die gefundenen Lesarten werden im Weiteren auf Verdichtung zu Strukturen (durch Wiederholung) untersucht und in einem Ergebnistext zusammengefasst.

Die Interaktionsanalyse der ausgewählten Videosequenzen, die als synchrone Analyse einen gegebenen Moment, hier Sequenzen aus Coachingsitzungen, sozusagen einfriert, als real vergangene Realität immer neu abrufbar macht und untersucht, soll der biografischen als diachroner Analyse, wie sie bereits dargestellt wurde, gegenübergestellt werden.

Finden sich Elemente wieder, spiegeln sich Strukturen aus der Fallrekonstruktion in der Videoanalyse? Gibt es also einen Bezug zwischen synchroner und diachroner Analyse und was für einen?

Welche gemeinsamen Strukturen tauchen im Vergleich von Interaktionsanalyse und Selbstpräsentation im Interview auf?

Ihr Interesse an Menschen stellt Inge Schulte als Lebensmotto dem Interview voran und verbindet im Coaching beide Facetten, die das Thema für sie hat: Sie ist an Kommunikation mit Menschen interessiert und an Menschen, die Probleme haben. In der Videosequenz stellt sie dieses Interesse immer wieder durch verbale und nonverbale Zugewandtheit unter Beweis. Sie wirkt unermüdlich in ihren Bemühungen um den Prozess, erklärt immer neu, zeigt sich aufrichtig interessiert.

Der äußere Rahmen scheint ihr als hilfreiches Gerüst der Selbstpräsentation wichtig zu sein. Im Interview erfüllt die strukturierte, klare, meistens sachlich-argumentative Darstellung diese Funktion. In der Coachingsitzung zeigt sie sich schon äußerlich, in Kleidung und Frisur korrekt, dem Anlass und der Umgebung angepasst. Sie zieht ihre Notizen heran, wirkt vorbereitet und gut organisiert, gestaltet die räumliche Umgebung. In ihrem Auftreten versteht sie es, sich ein fast geschäftsmäßiges Image zu geben.

Der überwiegend argumentativ-beschreibende Stil des Interviews, der von nur spärlichen und unausgebauten Erzählanteilen durchsetzt ist, entspricht ihrem sachlichen Auftreten als Beraterin; Emotionales tritt zurück. Inge Schulte präsentiert sich klar, argumentativ und distanziert, sowohl im Interview als auch in den Coachingsitzungen. Das fördert einen professionellen Eindruck, der im Coaching durchaus am Platz ist.

Brüche werden im Interview argumentativ überbaut, um immer wieder zum Positiven zu kommen. Dieses Muster zeigt sich auch in den Sitzungen. Zum einen führt es zu einem Beziehungsaufbau, der dem Coachee Angst nimmt und die Grundlage eines ressourcenorientierten Coaching darstellt, zum anderen kann es, wie im Feedback, dazu führen, kritische Punkte nicht ansprechbar zu machen, indem sie einfach keinen Raum bekommen. Argumentationen werden im Dienste des Positiven immer neu aufgebaut, wie um sich selbst davon zu überzeugen. Dies taucht als zur Struktur verdichtete Lesart in der Biografie- und in der Videoanalyse auf.

Die Selbstpräsentation von Inge Schulte im Interview entspricht im Wesentlichen der in den Coachingsitzungen. Geringe Abweichungen sind möglicherweise der dialogischen Form geschuldet, hier ist die Rolle der Gesprächspartnerin in Betracht zu ziehen. So taucht die Struktur der Einzelkämpferin nicht auf. Inge Schulte zeigt sich hier fähig zum Dialog. Das Miteinander scheint eine lockere, eher heitere, leichte Seite von ihr stärker zu befördern, während im Interview die Ernsthaftigkeit weniger durchbrochen ist. Sie stellt sich in beiden Situationen auf ihr Gegenüber ein und verhält sich adäquat sowohl dem studentischen Coachee als auch der Interviewerin und Dozentin gegenüber. Damit zeigt sie eine Kompetenz für rollen- und situationsgemäßes Auftreten.

Welche Gemeinsamkeiten gibt es zwischen Interaktionsanalyse und Rekonstruktion der Fallgeschichte?

Autoritäten spielen eine große Rolle als Mentoren und Motivatoren, so zeigt es eine wesentliche Strukturverdichtung des erlebten Lebens. Auch die synchrone Analyse legt nahe, dass die Ausrichtung auf und Orientierung an Autoritäten, in diesem Fall Dozenten, verhaltenssteuernde Funktion hat. Der Wunsch, alles richtig zu machen, ist dem geschuldet.

Im Erleben gibt es ein Gefühl der Minderwertigkeit, einen Glauben, nicht zu genügen, dem in der Videoanalyse eine Unsicherheit entspricht. Eine Vorsicht, ein Schwanken zwischen Selbstsicherheit und Unsicherheit, kennzeichnet ihre Haltung. Eine Ambivalenz in Bezug auf Karriere führt zu kontrolliertem Verhalten. Die Korrektheit des eigenen Äußeren und die genaue Gestaltung des Settings könnten dazu passen. Präsentiert sie etwas, was sie nicht zu sein glaubt? Muss sie daher die Rolle überkorrekt erfüllen? Gibt es eine Überanpassung, die sie eigentlich nicht nötig hätte? Ihre realen Kompetenzen und Fähigkeiten, soweit sie in den Coachingsitzungen und auch im Interview zum Ausdruck kommen, scheinen keinen Anlass dazu zu geben. Sie fürchtet Abwertung, wünscht Würdigung. Sie fühlt sich als kleiner, unbedeutender Lehrling, gleichzeitig aber auch in herausgehobener, besonderer Funktion. Sie bremst ihre Kompetenz und ihr

Können aus, was sie manchmal zurückwirft. In Bezug auf Coaching liegt darin jedoch auch eine der Rolle angemessene Bescheidenheit.

Die Rolle gibt Halt, lässt aber wenig Raum. Im Erleben taucht die Kleidung als wichtig auf, eine äußere Hülle, die Sicherheit gibt, chic, angemessen und korrekt ist. In der Videoanalyse fällt die korrekte, modisch-dezente, dem Umfeld und Anlass angepasste Kleidung ins Auge.

Eine Tendenz, in allem das Positive zu sehen, führt zu dem Versuch, Negatives durch die Macht der Rolle zu überwinden oder nicht wahrzunehmen, wegzudrängen. In der Videoanalyse ist das beim Thema Feedback sehr deutlich, als sie ganz korrekt das Thema einführt und die angemessenen Fragen stellt, aber keinen Raum für deren Beantwortung zur Verfügung stellt, indem sie sich ständig neu erklärt. Sie vermeidet die wirkliche Aussprache, kann den Raum für möglicherweise Negatives nicht zur Verfügung stellen.

Der Kontakt zu Menschen war und ist wichtiger als die Inhalte und Themen, auch das spiegelt sich im Coaching. Das Zweiersystem, die Dyade, bietet Sicherheit, die im Erleben bereits so bedeutsam war. Das Angewiesensein auf Zustimmung kann den wirklichen Kontakt, die Auseinandersetzung, erschweren.

Was zeigt sich im Vergleich von Interaktionsanalyse und biografischer Datenanalyse?

Welches Verständnis der bisherigen Analysen ergibt sich nun aus dem gelebten Leben, dem So-Gewordensein der Person, hypothetisch rekonstruiert aus den biografischen Daten?

Schon von früher Kindheit an ist für Inge Schulte die Selbstverständlichkeit des Kontaktes, besonders des Körperkontaktes, durch ihre Krankheit Neurodermitis in Frage gestellt. Später setzt sie dieses Empfinden, nicht der Norm zu entsprechen, in ein Engagement, zunächst für behinderte Menschen, dann in ein allgemeines öffentliches Engagement um. Heute findet sich dieses Engagement im Coaching wieder. Sie kann hier Verständnis für alles entwickeln, was sich der Norm sperrt.

Hohe Sensibilität verbindet sich mit Unruhe, sie ist Stress ausgesetzt, den sie auch selbst produziert, dann aber immer neu positiv in Aktivitäten für ihre Ziele umsetzt.

Selbstverständliche Bestätigung, die Kinder in der Regel durch Körperkontakt wie Streicheln und Umarmungen erhalten und die auch beruhigt und tröstet, war ihr nur begrenzt zugänglich, da Berührung zugleich mehr Unruhe, Unwohlsein heißen konnte. So musste sie wohl früh andere Formen entwickeln, um Bestätigung und Trost zu bekommen. Daraus resultieren wahrscheinlich ihr Ehrgeiz und ihre Leistungsbereitschaft, die ihr Leben bestimmen, ihr Erfolge bescheren und auch wieder neu Stress produzieren. Diese Struktur des gelebten Lebens findet ihren Ausdruck in der Interaktion der Coachingsitzungen: Sie wirkt, als stelle sie hohe Anforderungen an sich selbst, damit das Coaching gelingt, scheint unermüdlich in ihren Bemühungen, gleichzeitig wirkt sie sehr zielstrebig.

Sie entwickelt eine eigene Mischung aus Anpassung und Heraustreten aus der Norm, beides im Zusammentreffen mit Menschen, die Autoritäten für sie sind. Entsprechend gewinnen in ihrem Leben Förderer und Mentoren immer wieder Bedeutung als Impulsgeber, die ihr als Vorbild dienen und denen sie es recht machen möchte.

In der Biografieanalyse bildet sich dies als Struktur heraus und korrespondiert mit der Struktur der Videoanalyse, alles korrekt und gegenüber der Autorität richtig machen zu wollen. Das Thema Orientierung an Autorität und Leistung findet seinen Niederschlag: im gelebten Leben eher darin, Vorbilder zu suchen und zu brauchen, in der Coachrolle darin, selbst Vorbild zu sein.

Der körpersprachliche Ausdruck schwankt zwischen Lockerheit und einer kontrollierten Haltung. Dem entspricht auch das Spannungsfeld zwischen »Gefallen wollen« und einen »eigenen Raum schaffen«. Sie erhält Bestätigung durch Anpassung, andererseits will und muss sie sich Raum schaffen, einen ihr notwendigen Abstand herstellen, auch das verdichtete sich früh zur lebensgeschichtlichen Struktur. Diese ihr biografisch zugewachsene Möglichkeit zur Distanz macht es ihr eher leicht, eine der Coachrolle angemessene professionelle Distanz zu finden.

Ganz konkret schafft sie ihren Raum für die Beratung, sie gestaltet ihn und verändert etwa die Sitzordnung, bis sie sowohl ihren eigenen Vorstellungen als auch den professionellen Vorgaben entspricht.

Kontrolle über den eigenen Raum kann möglicherweise mit einer dominanten Haltung korrespondieren, wie sie in der vergleichenden Analyse der Videosequenzen auftaucht. Zum einen entspricht sie den rollengemäßen Vorgaben als Coach, die Moderation und Steuerung beinhalten. Zum anderen ist die Tendenz zur Dominanz eventuell der Angst vor Kontrollverlust geschuldet sowie dem oben erwähnten Engagement, dem Willen, etwas zu erreichen, durchaus nicht nur für sich, sondern auch für andere. Damit klingt die Affinität Inge Schultes zu verwandten Rollen an: Vorbild, Lehrerin, Mutter, deren Verwechslung beziehungsweise Vermischung mit der Coachrolle nahe liegt, die andererseits aber zugleich Elemente dieser Rolle sein können.

Sensible Grenze und gleichzeitig ein Übungsfeld für Coaching liegt dann dort, wo der Raum des Gegenübers ohne im Prozess begründbare Notwendigkeit eingegrenzt wird.

Lässt sich eine Konvergenz von aktueller Interaktion und Biografieanalyse schlussfolgern?

Wie es dem gewählten qualitativen Ansatz gemäß ist, wurde die Forschungsfrage bis zum vorletzten Schritt »vergessen«, genauso wie die Frage nach dem Vergleich der diachronen und synchronen Untersuchungen und damit auch nach der Parallelität der Analyseverfahren. Die Biografieanalyse und die Videoanalyse erfolgten unabhängig voneinander. Erst in der konkreten Gegenüberstellung wurden Ergebnisse verglichen. Ausgangspunkt des Vergleichs bildete die Biografieanalyse, ihre Ergebnisse wurden in Beziehung zu den Ergebnissen der Interaktionsanalyse gesetzt, es wurde also gefragt, ob und wie sich Ergebnisse der Biografieanalyse in denen der Videoanalyse der aktuellen Interaktion wiederfinden.

Durch diese Art der Fragestellung ergibt sich naturgemäß zunächst eine Suche nach Verbindendem, eine Konzentration auf Gemeinsamkeiten. Erst im zweiten Schritt fällt der forschende Blick auf die Unterschiede, soweit sie manifest werden. Auch wenn daher eine gewisse Fokussierung schon durch die Fragestellung zu berücksichtigen ist, sind die Ergebnisse des Vergleichs signifikant und zeigen deutliche Parallelen zwischen den Strukturen auf, die durch die beiden

Analyseverfahren getrennt nachgewiesen wurden, wie die folgende Abbildung nochmals schematisch zeigt:

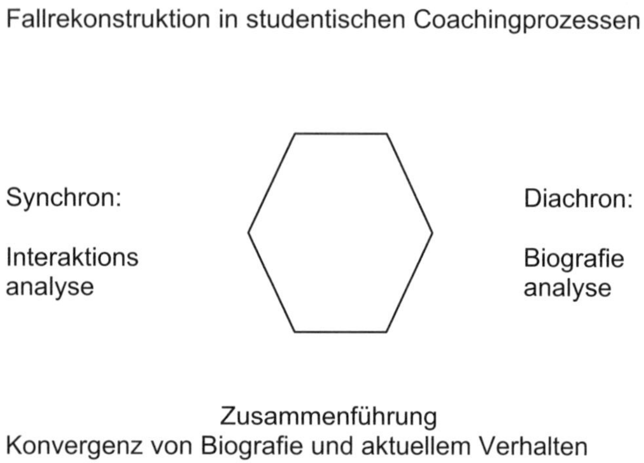

Abbildung 2: Fallrekonstruktion in studentischen Coachingprozessen

Nun lässt sich bereits vermuten, dass unser aktuelles Verhalten von lebensgeschichtlichen Faktoren geprägt ist; der methodische Nachweis ist jedoch anzutreten. Die durchgeführten Analysen lassen den Schluss zu, dass die Biografie in das aktuelle Verhalten in einer gegebenen Interaktionssituation einfließt und diese mit bestimmt.

In dieser Untersuchung wird die rekonstruktive Analyse genutzt, um zukünftige Coaches in ihrer Beratungsinteraktion zu betrachten. Welche Ressourcen bringen sie mit, wie bringen sie sie ein und wie wirkt sich das auf den Beratungsprozess aus? Welche persönlichen Voraussetzungen werden zu Ressourcen für die Beratung und bilden sich sichtbar und förderlich ab?

Unter diesem Aspekt lassen sich sowohl Biografieanalyse als auch Video-Interaktionsanalyse als Instrumente verstehen, um Potentiale der Person in diesem Bereich aufzuzeigen. Dies wird dadurch möglich, dass das Analyseverfahren hier nicht festlegend, einengend auf vorgezeichnete Wege verstanden wird, sondern vielmehr offen ist für vielfältige Entwicklungen, die sich aus den biografisch angelegten Strukturierungen ergeben können. Auf diese Weise wird die Reflexion der Vergangenheit nutzbar und zugänglich gemacht. Dies beinhaltet die Möglichkeit der Veränderung von Strukturen, die den Anforderungen der aktuellen Realität sowie den Wünschen und Zielen des Biografen nicht mehr entsprechen. Hierin liegen realistische Entwicklungsmöglichkeiten: Nicht alles ist machbar, aber auf der Grundlage biografischer Strukturierungen gibt es eine Fülle von realistischen, der Person und ihren Strukturen entsprechenden Möglichkeiten, die zur zukünftigen Realität werden können. Für die Biografieanalyse ist dies schon verschiedentlich aufgezeigt worden.

Mit der Methode der hermeneutischen Fallrekonstruktion hält ein Coach ein Mittel in der Hand, um diesen Prozess zu analysieren und zu begleiten. Die rekonstruktive Analyse bietet darüber hinaus die Chance, solche Entwicklungen im Coachingprozess zu entdecken und nachzuzeichnen, die ansonsten dem Coach möglicherweise entgangen oder im Prozess nicht thematisiert worden wären. Der Blick auf Strukturen der Problemlösung vermag in der Vergangenheit bewährte Strategien zu bestätigen und gleichzeitig für neue Lösungswege in der Zukunft öffnen. Das Wissen um biografische Prägungen kann zu einer Steigerung der Problemlösungskapazität und -kompetenz führen.

Die Videoaufzeichnung zu Zwecken der Interaktionsanalyse hat verschiedene Vorteile: Die Video-Interaktionsanalyse kann direkt an der Beratungsinteraktion ansetzen. Für den Berater kann sie ein Instrument zur Selbstkontrolle darstellen und ihm helfen, über Hypothesenbildung entlang dem Material seine Diagnose und Intervention zu stützen oder auch zu modifizieren. Für den Coach in der Ausbildung kann die Analyse einer Videosequenz wertvolle Aufschlüsse über eigene Strukturierungen geben, insoweit sie sich in der jeweiligen Interaktion manifestieren.

Die Auseinandersetzung mit eigenen lebensgeschichtlichen Prägungen und ihr Niederschlag in einer aktuellen Kommunikationssituation, wie sie das Coaching darstellt, können zu Erkenntnissen und in der Folge zur Erweiterung und Modifikation des eigenen Beratungs-Know-how führen. Wesentlich ist, dass die Methode der Hypothesenbildung in beiden Verfahren korrekt und präzise am Material entlang verwendet wird, so aufwendig und unpraktisch es erscheinen mag. Nur so kann der Gefahr begegnet werden, in der Analyse nicht begründbare Zuschreibungen aufzustellen. Die implizite Zukunftsoffenheit akzentuiert eine Betrachtungsweise, die die Rekonstruktionen in den Möglichkeiten im Sinne von Ressourcen, die in ihnen angelegt sind, in den Blick nimmt. Damit werden biografische Strukturen dann ganz konkret zu Ressourcen oder Lernfeldern für zukünftige Beratungsinteraktionen.

Literatur

Berger, P. L., Luckmann, T. (1969). Die gesellschaftliche Konstruktion der Wirklichkeit. Eine Theorie der Wissenssoziologie. Frankfurt a. M.: Fischer.

Bergmann, J. (1988). Ethnomethodologie und Konversationsanalyse. Hagen: Fernuniversität.

Breckner, R. (2003). Körper im Bild. Eine methodische Analyse am Beispiel einer Fotografie von Helmut Newton. ZBBS , 1, 33–60.

Fischer-Rosenthal, W. (1996). Strukturale Analyse biographischer Texte. In E. Brähler, C. Adler (Hrsg.), Quantitative Einzelfallanalysen und qualitative Verfahren (S. 147–208). Gießen: Psychosozial Verlag.

Fischer-Rosenthal, W. (1995). Biographische Methoden in der Soziologie. In U. Flick, E. v. Kardorff, H. Keupp, L. v. Rosenstiel, S. Wolff (Hrsg.), Handbuch qualitative Sozialforschung (S. 253–256). Weinheim: Beltz.

Fischer-Rosenthal, W., Rosenthal, G. (2000). Analyse narrativ-biographischer Interviews. In U. Flick, E. v. Kardorf, I. Steinke (Hrsg.), Qualitative Sozialforschung (S. 456–468). Reinbek: Rowohlt.

Fischer, W. (2004). Fallrekonstruktion im professionellen Kontext: Biographische Diagnostik, Interaktionsanalyse und Intervention. In H. G. Homfeldt, R. Merten, J. Schulze-Krüdener (Hrsg.), Grundlagen der Sozialen Arbeit (S. 62–85). Baltmannsweiler: Schneider Verlag Hohengehren.

Glaser, B., Strauss, A. (1973). The Discovery of Grounded Theory: strategies for qualitative research (5. Aufl.). Chicago: Aldine.

Heath, C. (1997). The Analysis of Activities in Face to Face Interaction Using Video. In D. Silverman (Hrsg.), Qualitative Research (S. 188–200). London: Sage.

Heritage, J. (1997). Conversational Analysis and Institutional Talk. In D. Silverman (Hrsg.), Qualitative Research (S. 161–181). London: Sage.

Knobloch, H. (2004). Die Video-Interaktions-Analyse. Sozialer Sinn, 1, 123–128.

Müller, J. (2006). Coaching, Biografie und Interaktion. Opladen: Verlag Barbara Budrich.

Oevermann, U. (1988). Eine exemplarische Fallrekonstruktion zum Typus versozialwissenschaftlichter Identitätsformation. In H.-G. Brose, B. Hildenbrandt (Hrsg.), Vom Ende des Individuums zur Individualität ohne Ende (S. 243–286). Opladen: Beltz.

Oevermann, U. (2000). Die Methode der Fallrekonstruktion in der Grundlagenforschung sowie der klinischen und pädagogischen Praxis. In K. Kraimer (Hrsg.), Die Fallrekonstruktion (S. 58–153). Frankfurt a. M.: Suhrkamp.

Schütze, F. (1983). Biographieforschung und narratives Interview. Neue Praxis, 3, 283–294.

Andreas Bergknapp

Die gelähmte Abteilung – Analyse einer Supervisionsgeschichte

Der primäre Fokus der Supervisionsforschung liegt auf dem System der Supervision. Da sich die Methode der Supervision immer mehr im Kontext von Profit-Organisationen zu etablieren beginnt (Buchinger, 1997; Fellermann, 2002), ist eine stärkere Berücksichtigung der Differenz zwischen den Systemen Supervision und Organisation erforderlich. Denn die Logik von Supervisionen in Organisationen (z. B. Teamsupervisionen, Supervisionen im Rahmen von Führungskräfteentwicklungsprogrammen) kann immer nur in Differenz zur organisationalen Umwelt verstanden werden (Bergknapp, 2006).

Methodologie

Das Forschungsprogramm zur Analyse von Beratungssystemen (Supervision) basiert auf der konstruktivistischen Annahme, dass Geschichten über Supervisionsprozesse (erzählte Praxis) den Gegenstandsbereich Supervision (konkrete Praxis) (mit)konstituieren. Die Geschichten von Supervisoren wurden im Rahmen von episodischen Interviews erhoben und in einem mehrstufigen Verfahren ausgewertet. Vor dem Hintergrund der Leitstrategie der Grounded Theory erfolgt eine Verschränkung von induktiver Datenanalyse und systemtheoretischer Rahmenkonzeption (theoretische Sensibilität). Ausgehend von einer zusammenfassenden und einer strukturierenden Inhaltsanalyse erfolgt eine extensive Sinnauslegung durch offenes Kodieren und eine hermeneutisch inspirierte Mikroanalyse. Das offene Kodieren ist die Voraussetzung für das axiale Kodieren. Während im offenen Kodieren die Daten aufgebrochen werden, werden sie beim axialen Kodieren auf neue Weise zusammengefügt, »indem *Verbindungen zwischen einer Kategorie und ihren Subkategorien ermittelt werden«* (Strauss u. Corbin, 1996, S. 93). Es wird ein Beziehungsnetz für eine Kategorie, die im Mittelpunkt steht, erarbeitet. Diese Kategorie bildet die »Achse«, um die sich die Analyse dreht (Strauss, 1994, S. 63). Durch das axiale Kodieren wird die Strukturlogik der Geschichten expliziert, welche die Basis für theoretische Reflexionen darstellt.

Im Folgenden wird der Auswertungsprozess einer Supervisionsgeschichte verkürzt dargestellt. Da der Schwerpunkt der Analyse auf der theoretischen Reflexion liegt, wird von den primär induktiven Auswertungsphasen nur auf das axiale Kodierparadigma Bezug genommen. Damit wird zwar die Tiefendimension der Interpretation der Geschichte ausgeblendet, für eine theoretische Reflexion aus systemtheoretischer und mikropolitischer Perspektive sind aber die wichtigsten Grundlagen geschaffen.

Axiales Kodierparadigma

Das axiale Kodierparadigma macht nur allgemeine Beziehungsaussagen. Es enthält keine spezifischen Hypothesen, sondern fungiert als heuristischer Rahmen für die Suche nach Bedingungen, Ursachen, Strategien und Folgen in Relation zum *Phänomen,* der zentralen Idee oder dem Ereignis, der Geschichte. Das Kodierparadigma ermöglicht ein systematisches Nachdenken über die empirischen Daten und unterstützt wirkungsvoll die notwendige Komplexitätsreduktion.
Das zentrale *Phänomen* der Geschichte liegt in der Lähmung eines Leitungsteams. Das Erleben dieser Lähmung in einer Supervision dieses Teams hat entscheidende Bedeutung für den Ereignisstrom der Geschichte. Bezüglich der Kontextfaktoren muss zwischen zwei Zeitpunkten unterschieden werden. Der *Kontext* t_1 bezeichnet die organisationalen Kontextbedingungen *vor* der Leitungssupervision: Der Geschäftsführer (GF) entscheidet, das Konzept der lernenden Organisation zu etablieren, womit Veränderungen in der Kultur und Struktur einhergehen. Aktuell ist die Kultur der Organisation durch ein Bereichsdenken geprägt, was dem Ziel von GF entgegensteht. Als weitere *intervenierende Bedingungen* werden insbesondere Persön-

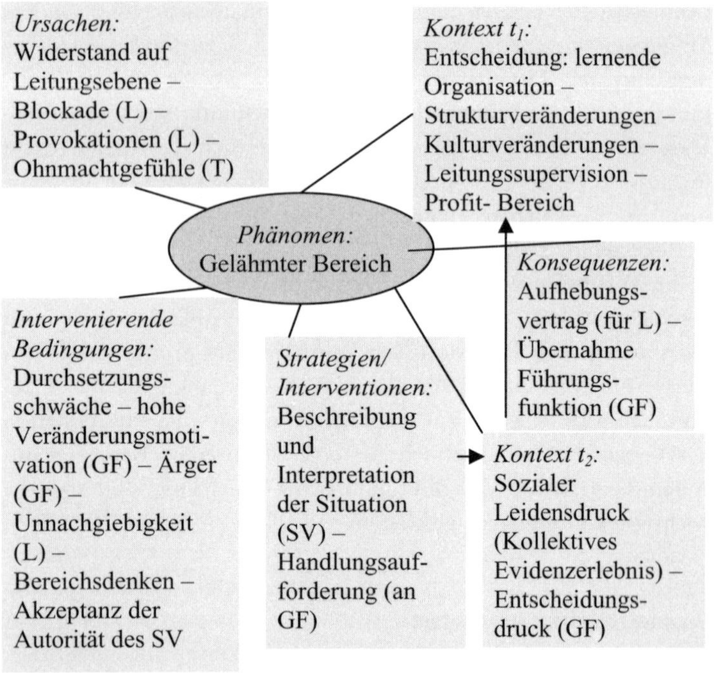

Abbildung 1: Kodierparadigma (Es werden folgende Abkürzungen verwendet: GF = Geschäftsführer, L = Leiterin, T = Team und SV = Supervisor)

lichkeitsmerkmale thematisiert: GF weist bei einer hohen Veränderungsmotivation eine geringe Durchsetzungsstärke auf und ist mit einer unnachgiebigen Leiterin konfrontiert. Dies löst bei GF negative emotionale Zustände (Ärger) aus. Die *Ursachen* für die Lähmung bestehen in dem allgemeinen Widerstand auf der Leitungsebene, wobei im weiteren Verlauf der Geschichte nur noch eine Leiterin (L) als Gegenpart zu GF eine Rolle spielt. L blockiert im Beratungssystem die Veränderungsbemühungen von GF und provoziert diesen. Dies führt zu Ohnmachtgefühlen der beiden Kontrahenten und der anderen Teilnehmer der Supervision. Daraus resultiert das Phänomen der Lähmung, das in der *Intervention* des Supervisors beschrieben und interpretiert wird. Gegenstand der Intervention ist auch eine Handlungsaufforderung an GF. Das kollektive Evidenzerlebnis, das einen Leidensdruck des sozialen Systems ausgelöst hat, zusammen mit dem Erwartungsdruck, der durch die öffentliche Handlungsaufforderung des Supervisors entstanden ist, führen zu veränderten Kontext-bedingungen (*Kontext* t_2) für das Phänomen. Diese Faktoren moderieren den Übergang vom Phänomen zu den *Konsequenzen:* GF entscheidet sich für einen Aufhebungsvertrag und übernimmt damit seine Führungsverantwortung.

Theoretische Reflexionen

Folgen einer organisationalen Entscheidung

Die Organisation reagiert auf die Hyperkomplexität der Umwelt mit einer Struktur- und Kulturveränderung. Ziel ist die Etablierung einer lernenden Organisation. Diese Zielsetzung geht auf eine organisationale Entscheidung zurück, die der Entscheidungsprämisse der Zweckprogrammierung folgt: Die lernende Organisation als Mittel für bestimmte Zwecke. Die konkreten Zwecke bleiben hier unspezifiziert. Auch das Mittel ist hier sehr allgemein formuliert: Unter einer lernenden Organisation lässt sich vieles subsumieren. Deutlich wird hier die in Entscheidungsprämissen eingebaute Unbestimmtheit (Luhmann, 2000, S. 261 ff.). Eine weitere Entscheidungsprämisse liegt in der Hierarchie begründet: Die Entscheidung wird an der Spitze von GF getroffen. Die Entscheidung basiert auf einer kontingenten Beobachtung, welche mit der spezifischen Unterscheidung von lernenden und (nicht-)lernenden Organisationen des (damaligen) Managementdiskurses beobachtet.

Zur organisationalen Operation wird diese Entscheidung durch Kommunikation. Da in der Kommunikation von Entscheidungen immer auch die abgelehnten Alternativen mitkommuniziert werden (Luhmann, 2000, S. 64), wird auf der sachlichen und sozialen Sinndimension signalisiert: Es wird nicht so weitergehen wie bisher. Die Kommunikation der Entscheidung inklusive des Ausgeschlossenen wird von den Mitgliedern beobachtet. Und: Die mitgeteilte Information wird verstanden, d. h., es finden Anschlusskommunikationen statt. Auf psychischer Ebene der Mitglieder wird durch den hohen Allgemeinheitsgrad ein relativ offener Interpretationshorizont geschaffen. Diese Perspektiven werden auf der sozialen Sinndimension virtualisiert – die kommunizierte Entscheidung aktualisiert nur die Ego(-Vorgesetzten)-Perspektive. Dies gilt jedoch nur für den Moment der Kommunikation der Entscheidung.

Die Entscheidung von GF markiert mit der Differenz zwischen Vergangenheit und Zukunft die Differenz zwischen der Struktur der Vergangenheit und der der Zukunft. Die Ausprägungen dieser Strukturen im Zeitablauf sind widersprüchlich. Präziser: Es wird erwartet, dass Widersprüchliches erwartet wird. Die Kommunikation dieser Entscheidung bedeutet auch, dass eine Reduzierung der Komplexität bei gleichzeitiger Erhöhung der Komplexität angekündigt wird. Diese Transformation der Komplexität ist in der Literatur durch die Diskussion widersprüchlicher Regeln bekannt (Neuberger, 2004, 2006). Alte Kommunikationsmuster sollen abgeschafft und neue Relationierungen etabliert werden. Alte Regeln gelten noch, während schon neue Regeln eingeführt werden. Widersprüche sind hier wahrscheinlich. Beispielsweise: »Vertusche Fehler!« versus »Aus Fehlern lernt man!«. »Führe die Anweisungen des Vorgesetzten aus!« versus »Denke wie ein Unternehmer im Unternehmen!« (Argyris u. Schön, 1978).

Dieser Prozess erzeugt Verunsicherungen und Emotionen wie Ärger, Angst und vielleicht Trauer. Dies stellt für Organisationen kein Problem dar, solange diese Emotionen Zustände des psychischen Systems sind. Häufig bleibt es auch dabei. Soziale Systeme ignorieren das meiste, was psychisch passiert. Sie müssen dies tun, um die autopoietische Reproduktion von Kommunikation zu gewährleisten. Organisationen als soziale Systeme haben permanent mit dem Problem der Komplexitätsbewältigung in ihrer inneren Umwelt zu tun. Psychische Systeme haben immer mehr zu bieten als eine Organisation verkraften kann. Deshalb versuchen Organisationen, sich durch die Institutionalisierung von Unpersönlichkeit von den Bedürfnissen und Motiven ihrer Mitglieder zu entkoppeln. Diese Entkopplungsversuche stoßen aber an ihre Grenzen, wenn Identifikation und Commitment gefordert sind. Oder anders formuliert: Organisationen sind von den subjektiven Zutaten ihrer Mitglieder abhängig. In den Blick rückt hier die Einheit der Differenz von psychischem und sozialem System. Es geht hier um das fundamentale Transformationsproblem, das die wissenschaftliche Disziplin des Personalwesens begründet und in die Frage mündet: Wie kann abstraktes Arbeitsvermögen in konkret verwertbare Leistung unter der Bedingung der Mehrwerterzeugung transformiert werden?

Komplexitätsreduktion im Problemsystem

Die Organisation bekommt es – durch die Beobachtung der kommunizierten Entscheidung – mit einer hohen Komplexität in der inneren Umwelt zu tun. Es hat den Anschein, dass die organisationalen Erwartungs*strukturen* nicht ausreichen, um die Kommunikations*prozesse* einzuschränken. Die konkrete Ausgestaltung der Kommunikation orientiert sich nicht an den strukturellen Einschränkungen. Denn erwartbar wäre, dass die Leiter die Entscheidung des Geschäftsführers mittragen oder dies wenigstens vortäuschen. Dies ist aber nicht der Fall. Die ablaufenden Kommunikationsprozesse konstituieren eine neue Struktur innerhalb der organisationalen Struktur. Es konstituiert sich ein Problemsystem (Goolishian u. Anderson, 1997; Ludewig, 2000). Ein Merkmal von Problemsystemen ist ihre klare, rigide Struktur. Die Kommunikationsereignisse sind in hohem Maße erwartbar. Kommunikationen erzeugen Kommunikationen mit ähnlichen Informationen. Alles dreht sich um das Problem. Aufgrund dieser geringen Komplexität sind die Problemsysteme geeignet, die Komplexität in der Umwelt (hier: der psychischen Systeme) zu reduzieren. Aus einer systemtheoretischen Perspektive erscheint das Muster der Lähmung als ein Mechanismus der Komplexitätreduktion. Die erhöhte Komplexität der psychischen Systeme, die dadurch entstanden ist, dass eine Komplexitätszunahme in der organisationalen Umwelt antizipiert wurde (d. h., die zukünftige Relationierung der Kommunikationsereignisse wird als unklarer erwartet als die der Gegenwart), wird durch das Problemsystem kanalisiert. Das Problemsystem ermöglicht die Fortsetzung der Autopoiesis der Organisation zunächst durch eine Paradoxie: Es wurde entschieden und zugleich nicht entschieden. Positiver formuliert: Es besteht Konsens über einen Dissens. Hier bieten sich Anschlussentscheidungen an. Es könnte entschieden werden, einen Berater zu beauftragen. Dies ist im Fall schon vorher geschehen, denn der Berater hatte den Auftrag zu kontinuierlichen Teamsupervisionen. Es kann aber auch die Entscheidung kommuniziert werden, über das Entscheidungsproblem im Beratungssystem zu kommunizieren. Ob diese Entscheidung im vorliegenden Fall kommuniziert wurde, kann durch das Material aber nicht belegt werden. Theoretisch ist diese Frage auch zweitrangig. Interessanter ist vielmehr: Durch die Thematisierung des Entscheidungsproblems im Beratungssystem wird das Problemsystem in Differenz zu einer neuen Umwelt gesetzt: Es kommt zur strukturellen Kopplung mit dem Beratungssystem. Generell ist dies mit der Erwartung verbunden, dass die neue strukturelle Kopplung für das Problemsystem einen Unterschied macht, der einen Unterschied darstellt. Ansonsten könnte man sich Beratung auch sparen. In der Geschichte scheint es zu einer Eskalation – sofern bei Lähmung von Eskalation gesprochen werden kann – der Prozesse zu kommen. Ob dies dadurch erklärt werden kann, dass die hierarchische Struktur durch das Beratungssystem noch mehr an Bedeutung verliert oder – durch die physische Präsenz und Unmittelbarkeit des Geschäftsführers im Interaktionssystem Beratung – an Bedeutung gewinnt, muss offen bleiben. Deutlich wird jedoch, dass sich das Problemsystem quasi in Reinform im Beratungssystem etabliert und von den Mitgliedern beobachtbar und erlebbar (emotionales Evidenzerlebnis) wird. Beobachtet wird das Oszillieren zwischen Veränderung und Nicht-Veränderung, wobei das Oszillieren selbst als Nicht-Veränderung interpretiert werden kann. Die Einheit der Differenz von Veränderung und Nicht-Veränderung ist Nicht-Veränderung. Hier kommt wieder die Zeit ins Spiel: Die *erwartete* zukünftige Widersprüchlichkeit auf der Ebene der Organisation zeigt sich *aktuell* im Beratungssystem: Der Geschäftsführer erwartet, dass die Abteilungsleiterin die Entscheidung akzeptiert, während die Abteilungsleiterin erwartet, dass ihre Bedenken ernst genommen werden. Man könnte sogar davon sprechen, dass hier organisationale Zukunft (widersprüchliche Erwartungen) im gegenwärtigen Interaktionssystem vorweggenommen werden.

Etwas weniger systemtheoretisch formuliert: Die widersprüchliche Organisationsstruktur schlägt sich in der Interaktionsstruktur nieder. Der Geschäftsführer ist die personifizierte Veränderung, während die Abteilungsleiterin der personifizierte Widerstand ist. Diese beiden Personen werden zu den bestimmenden Themen der Kommunikation. Systemtheoretisch sind beide Positionen (Veränderung und Nicht-Veränderung) sinnvoll und notwendig: Es kommt auf die

Ausbalancierung an. Interessanterweise agiert die Abteilungsleiterin so, wie es von Akteuren in lernenden Organisationen gefordert wird: Sie ist alles andere als eine passive Befehlsempfängerin, sondern vertritt ihre Abteilung wie eine Unternehmerin im Unternehmen. Anscheinend ist dies jedoch nicht gefragt: *Wer wie* lernt, bestimmt der Chef. Die Unbestimmtheit der Zweck-Mittel-Programmierung (s. o.) fordert ihren Tribut.

Das Dilemma zwischen Veränderung und Nicht-Veränderung wird aufgelöst durch die Einführung eines dritten Beobachters: des Beraters. Dieser beobachtet mit der Unterscheidung Veränderung und Nicht-Veränderung und bezeichnet die Seite der Veränderung. Für das Beratungssystem relevant wird diese Beobachtung durch die Kommunikation der Entscheidungsaufforderung. Damit wird auf der sozialen Sinndimension die Information aktualisiert: Der Geschäftsführer hat, in seiner Rolle als Vorgesetzter, Entscheidungen zu treffen und diese durchzusetzen. Mithin werden hier die Erwartungen der Organisation an die Rolle eines Vorgesetzten kommuniziert. Abgesehen von den Informationen, die das psychische System des Geschäftsführers durch diese Irritationen autopoietisch produziert und über die hier keine Aussagen gemacht werden können, gerät der Geschäftsführer als Adresse der Kommunikation unter Druck. Organisationale Erwartungen, die sich meist im Zustand der Ex-Kommunikation befinden, wurden kommuniziert. Die Erwartungen lautet: Triff eine Entscheidung, die weitere Entscheidungen ermöglicht! Es geht um die Aufrechterhaltung der Autopoiesis der Organisation. Das Beratungssystem, das als Parasit der Entscheidungsreproduktion bzw. des Entscheidungsproblems bezeichnet werden könnte, wird zur Entscheidungsprämisse, indem es als Kommunikationsweg fungiert. Das Scheitern des (üblichen) Kommunikationsweges Hierarchie wird ersetzt durch die Kommunikationsform Beratung.

Etwas pointiert ausgedrückt: Das Versagen der Hierarchie wird durch die Beratung kompensiert. Oder: Der Supervisor wird zum Aushilfsmanager. Dass dies in der Praxis keine Seltenheit ist, verdeutlichen Retzer et al. (1997) anhand der Diskussion der latenten Funktionen von Supervision. Dieser systemtheoretische Befund überrascht aber dennoch in Differenz zu den Ansprüchen, mit denen Supervisoren oder systemische Berater antreten. So lauten die beraterischen Maximen – insbesondere für Teamsupervisionen: Erhöhung der organisationalen Selbstreflexion durch das Medium der Supervision und Erkennen des organisationalen Problems, das sich auf der (inter-)personalen Ebene niederschlägt (Buchinger, 1997).

Die Analyse der Geschichte zeigt, dass beide Anforderungen unterlaufen wurden: Systemtheoretisch sind diese strukturellen Widersprüche widersprüchliche Erwartungen. Es gibt unterschiedliche Erwartungen, die durch die Kommunikationen enttäuscht werden. Denn Strukturen sind nichts anderes als Erwartungen und Erwartungserwartungen. Dass die verstrickten Akteure die Ursachen des Konflikts in der widersprüchlichen Struktur sehen, kann nicht erwartet werden – für den Berater wäre diese »kühle« Perspektive jedoch sinnvoll gewesen. Denn dies ist ein Muster, das in Organisationen häufig zu beobachten ist: Strukturelle Widersprüche verlagern sich auf die personale Ebene und verschwinden im Nebel der Emotionen: Schuld ist der andere! (Bergknapp, 2002).

Dieser Strukturschutz wird durch das Beratungssystem perfektioniert: Der Konflikt eskaliert hier und niemand kommt mehr auf die Idee, die Organisationsstruktur in Frage zu stellen. Die Spirale der Schuldvorwürfe dreht sich immer schneller. Es kommt zu einer Invisibilisierung der Struktur. Die Komplexität der psychischen Systeme wird zu hoch. Dem Interaktionssystem gelingt es nicht, diese Komplexität der Emotionalität zu bewältigen. Es bleibt nur der Ausweg, in der gewohnten (Problem-)Struktur zu verharren, was letztendlich zur Lähmung führt, d. h., die Komplexität ist auf ein Mindestmaß reduziert.

Das Beratungssystem weist hier ein hohes Maß an Selbstreferenz auf. Die organisationale Selbstreflexion misslingt. Die Teamsupervision fungiert hier nicht als Beobachter zweiter Ordnung, der die Beobachtungen erster Ordnung beobachtet. Ein reflexives Nachdenken über das, was die Akteure tagtäglich tun, findet nicht statt. Es wird mit denselben beobachtungsleitenden Unterscheidungen gearbeitet. Der Berater schafft es nicht, neue Beobachtungen zu etablieren (wobei nicht klar ist, ob er es versucht hat). Schließlich wird klar: Schuld ist die Leiterin. So kann es nicht weitergehen.

Sozialpsychologisch kann hier vom fundamentalen Attributionsfehler (Ross, 1977) gesprochen werden. Systemtheoretisch ist die Leiterin Symptomträgerin – sie steht stellvertretend für organisationale Problem. Sie wird als Sündenbock in die Wüste geschickt – verbunden mit der magischen Hoffnung, dass sie alle Probleme mitnimmt. Nur: Das tun Sündenböcke meist nicht – die Erfahrung zeigt und die Systemtheorie sagt voraus, dass neue Akteure an deren Stelle treten, wenn das dahinter liegende Problem nicht bearbeitet wurde. Das Problemsystem ist nur temporär verschwunden.

Das Beratungssystem im Spannungsfeld unterschiedlicher Organisationslogiken

Da strukturelle Widersprüche eine zentrale Bedeutung in dieser Geschichte einnehmen, soll abschließend mit der Perspektive der drei Organisationslogiken nach Türk (1989) ein Erklärungsmodell für das Zustandekommen der Widersprüchlichkeiten eingeführt werden. Der Begriff *Logik* steht hier für Funktionsprinzip, Wirkungsmechanismus oder innere Gesetzmäßigkeit (Schettgen, 1996, S. 21). Türk (S. 143 ff.) unterscheidet Verwertungs-, Kooperations- und Herrschaftslogik (zu einer Differenzierung dieser Logiken siehe Wimmer u. Neuberger, 1998). Aus der Perspektive der *Verwertungslogik* ist die Organisation ein Instrument zur (Mehr-)Wertproduktion. Personal wird sie als Produktionsfaktor gesehen. Die Verwertungslogik funktioniert aber nur, wenn es den Akteuren gelingt, im Arbeitsprozess ihr Handeln aufeinander abzustimmen, zu koordinieren und bei Problemen Lösungen zu finden. Dies ist die Perspektive der *Kooperationslogik*, in der die ganz konkrete Arbeit der Leistungserstellung im Mittelpunkt steht. Die Produktivkräfte müssen so kombiniert werden, dass ein möglichst hoher Synergieeffekt erzielt werden kann (Schettgen, 1996, S. 24). Diese Abstimmungsarbeit auf der Ebene der Kooperation erfolgt aber nicht »unter Gleichen«, weil Organisationen Orte sind, in denen soziale Differenzierungen reproduziert werden, ja reproduziert werden müssen, weil ansonsten die Verwertungs- und Kooperationslogik darunter leiden würden. Die Trennungslinien verlaufen an mehreren Fronten: Status, Qualifikation, Alter, Nationalität, Einkommen. Die dominante Differenzierung ist die von »oben« und »unten«: beispielsweise Manager – Arbeiter, Denken – Tun, Planen – Ausführen. Diese Differenzen werden täglich reproduziert und durch Techniken wie Einstufungen, Abhebungen und

Auszeichnungen bekräftigt. Es geht in der *Herrschaftslogik* nicht darum, wer etwas besser kann (Kooperationslogik), sondern wer dazu befugt ist. Befugnis und Fügsamkeit zählen zu wichtigen Kategorien, an denen sich Handeln in Organisationen orientiert (Neuberger, 1995, S. 46). Die Hierarchie ist auch eine Erfindung, um die Komplexität, die auf der Ebene der Kooperation unweigerlich entstehen würde, zu reduzieren: Die Kommunikationswege sind eindeutig festgelegt, es ist klar, wer was darf und wer nicht. Da es um personenunabhängige Handlungszwänge geht, ist das Konzept der unterschiedlichen Logiken, die Widersprüchlichkeiten aufweisen, weil sie nebeneinander und übereinander wirken, geeignet, das Konzept der Erwartungsstrukturen zu spezifizieren. Bezüglich der Geschichte lässt sich folgendes Zusammenspiel der Logiken annehmen:

Das in der Organisation vorherrschende Bereichsdenken ist eine Störung der *Kooperationslogik:* Defizite in der Koordination und Abstimmung der Arbeitsprozesse gefährden wiederum die *Verwertungslogik.* Wenn das zentrale Ziel von Organisationen, die Erzeugung von Mehrwert, in Gefahr gerät, dann ist das Management gefordert zu reagieren und die dritte Logik kommt ins Spiel: die soziale *Reproduktions-* bzw. *Herrschaftslogik.* Diese Logik wird dadurch reproduziert, dass in Organisationen diejenigen entscheiden, die dazu befugt sind. GF entscheidet hier im Dienste der Verwertungslogik über eine Veränderung der Kooperationslogik (Etablierung einer lernenden Organisation). Die Kooperationslogik erweist sich jedoch als veränderungsresistent. Hierarchische Befugnisse genügen zunächst nicht zur Durchsetzung der Interessen des Geschäftsführers. Die Supervision sorgt letztendlich dafür, dass sich die Herrschaftslogik, deren zentrale Elemente Befugnis und Fügsamkeit sind, durchsetzt. Wer nicht fügsam ist, wird vom Befugten entlassen.

Aus einer Akteursperspektive geht es um die machtvolle Durchsetzung von Interessen der Akteure. L vergrößert durch Koalitionsbildung mit anderen Leitern ihre Machtressourcen. Es wird ein Widerstandsspiel der aggressiven Variante (nach der Typologie von Mintzberg) gespielt. Die Spieler des Routinespiels versuchen, sich gegen Einwirkungen des Innovationsspiels, das der Geschäftsführer spielt, zu schützen (Ortmann et al., 1990). Die Logiken dieser beiden Spiele widersprechen einander: Das Innovationsspiel ist auf die Zerstörung der Strukturen des Routinespiels ausgerichtet. Dies erzeugt Widerstände, da alte Sicherheiten, Beziehungen und Besitzstände in Gefahr geraten. Mit dem Supervisor taucht ein neuer Mitspieler auf, präziser: er wird vom Geschäftsführer beauftragt. Im Supervisionsspiel prallen die beiden Logiken, die im Alltag vermutlich nur locker gekoppelt sind, aufeinander und sorgen für eine Lähmung. Da ein Supervisor gewöhnlich dann gute Arbeit geleistet hat, wenn es ihm gelingt, erstarrte Strukturen aufzulösen, wird er – ob intendiert oder nicht – zum Mitspieler im Innovationsspiel. Er nimmt die Rolle des Erfüllungsgehilfen an und befindet sich in einer – vermutlich invisibilisierten – Koalition mit dem Geschäftsführer. Hier wird die generelle Schwierigkeit deutlich, dass es auch externen Supervisoren nicht immer gelingt, sich dem Sog der Hierarchie zu entziehen und den zahlreichen Angeboten zur Übernahme einer hierarchischen Funktion zu widerstehen. Der Supervisor tritt aber nicht direkt als machtvoller Akteur auf, sondern quasi als Katalysator der Teamdynamik (Kooperationslogik). Deren Versagen ruft die Hierarchie auf den Plan. Der Geschäftsführer hat nun eine Legitimation für die machtvolle Durchsetzung seiner Interessen, die hier in der Freisetzung der Leiterin besteht. Über den Umweg des Beratungssystems wird die Hierarchie wieder ihrem eigentlichen Zweck einer »Diskussions-Beendigungs-Institution« (Neuberger, 2006, S. 186) zugeführt.

Fazit: Personalentscheidung als Lösung

Die Entscheidung zur Einführung einer lernenden Organisation ist eine *Veränderungsentscheidung*, die Unsicherheiten erzeugt und die Komplexität in der inneren Umwelt der Organisation erhöht. Es gibt Widerstände auf der Ebene der Leiter (zunächst ist nicht nur von der Leiterin die Rede, auf die sich letztendlich die gesamte Aufmerksamkeit konzentriert) und es etabliert sich ein *virtualisiertes Problemsystem* (gestrichelte Linie). Durch das Beratungssystem wird das Problemsystem in Differenz zu einer neuen Umwelt gesetzt. Es kommt zur *Aktualisierung* und schließlich zur *Eskalation* des Problemsystems (durchgezogene Linie). Die Eskalation besteht in einem Erstarren der Strukturen und wird in Ohnmachtgefühlen (sozialer Leidensdruck) erlebbar. Interessanterweise korrespondiert die abstrakte *organisatio-nale Erwartung* an den Geschäftsführer (»Triff eine Entscheidung!«) mit dem *sozialen Leidensdruck* im Beratungssystem. Dies erklärt auch die *Anschlussfähigkeit* der Intervention der Entscheidungsaufforderung. Denn diese ist nicht nur in einer mehr oder weniger sozialen Qualität im Beratungssystem, sondern auch strukturell im Organisationssystem verankert. GF wird an die organisationalen Erwartungen erinnert und zugleich erfährt die Entscheidung durch den erlebten Leidensdruck des Teams eine emotional basierte *Legitimation.* Die *Personalentscheidung* wird zum Befreiungsschlag. Die grundsätzliche Problematik zwischen Veränderung und Nicht-Veränderung wird im Beratungsprozess zu einem Personenproblem transformiert. Dies hat den Vorteil, dass Probleme mit Personen über Personalentscheidungen, die die Mitgliedschaft regeln, leichter zu lösen sind, als strukturelle Probleme, die mit der Unbestimmtheit von Zweck-Mittel-Programmen konfrontiert sind.

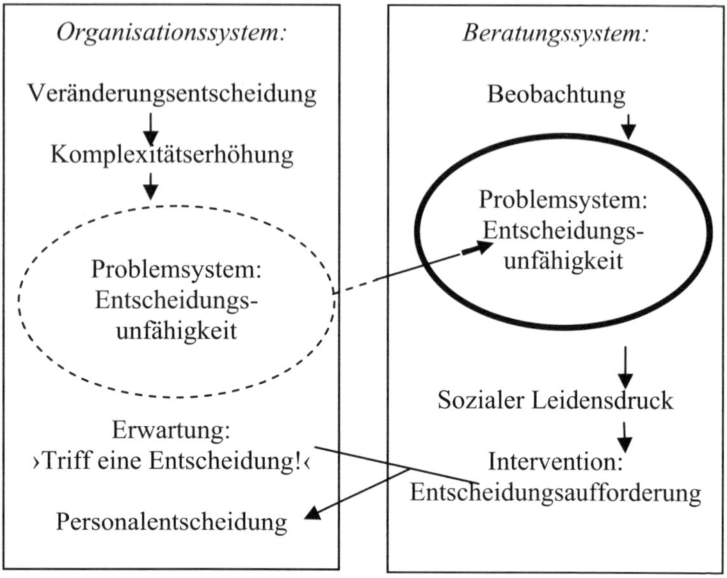

Abbildung 2: Kernkategorien

Damit muss die obige These, die das Beratungssystem als eine Art Entscheidungsprämisse bezeichnet, präzisiert werden. Das Beratungssystem fungiert nicht als Prämisse für eine Veränderungs-, sondern für eine *Personalentscheidung.* Dies ist ein wichtiger Unterschied. Denn die Strukturen des sozialen Systems »Leitungsteam« bleiben davon unberührt. Es entfällt lediglich eine strukturelle Kopplung zum psychischen System eines Mitglieds. Auch wenn über diese strukturelle Kopplung Irritationen zu problematischen Informationen (Widerstand) für das soziale System wurden, wird die Bedeutung des Entfallens dieser strukturellen Kopplung gemeinhin überschätzt, weil nicht von der operationalen Geschlossenheit sozialer Systeme ausgegangen wird. Die Systemtheorie sensibilisiert für diesen wichtigen blinden Fleck. Dies ist deshalb so wichtig, weil Beobachter soziale Systeme aus Menschen bestehend imaginieren. Für den, der so beobachtet, macht das Fehlen eines Menschen einen wichtigen Unterschied. Nur: Soziale Systeme beobachten anders.

Literatur

Argyris, C., Schön, D. A. (1978). Organizational Learning: A theory of action perspective. Reading/Mass: Addison-Wesley.

Bergknapp, A. (2002). Ärger in Organisationen. Eine systemische Strukturanalyse. Wiesbaden: Westdeutscher Verlag.

Bergknapp, A. (2006). Supervision und Organisation. Zur Logik von Beratungssytemen. Augsburg: unveröffentlichte Habilitationsschrift.

Buchinger, K. (1997). Supervision in Organisationen. Den Wandel begleiten. Heidelberg: Carl-Auer.

Fellermann, J. (2002). Supervision: Einblicke aus der Distanz. management & training. Magazin für Human Resources Development, 10, 10–11.

Goolishian, H. A., Anderson, H. (1997). Menschliche Systeme. In L. Reiter, E. J. Brunner, S. Reiter-Theil (Hrsg.), Von der Familientherapie zur systemischen Perspektive (2. vollst. überarb. Aufl.) (S. 253–288). Berlin: Springer.

Ludewig, K. (2000). Systemische Therapie mit Familien. Probleme, Lösungen, Reflexionen, Praxis. Familiendynamik, 25 (4), 450–484.

Luhmann, N. (2000). Organisation und Entscheidung. Wiesbaden: Westdeutscher Verlag.

Neuberger, O. (1995). Mikropolitik. Der alltägliche Ausbau und Einsatz von Macht in Organisationen. Stuttgart: Enke.

Neuberger, O. (2004). »Ihr Gradlinien, habt acht auf die Kurven«. Über Regeln und Regelverletzung in Organisationen. Augsburger Beiträge zu Organisationspsychologie und Personalwesen, 20, 1–69.

Neuberger, O. (2006). Mikropolitik und Moral in Organisationen. Stuttgart: Lucius & Lucius.

Ortmann, G., Windeler, A., Becker, A., Schulz, H.-J. (1990). Computer und Macht in Organisationen. Mikropolitische Analysen. Opladen: Westdeutscher Verlag.

Retzer, A., Schumacher, B., Weber, G., Fischer, H.-R. (1997). Zur Form systemischer Supervision. Familiendynamik, 22 (3), 240–263.

Ross, L. (1977). The intuitive psychologist and his shortcomings: Distortions in the attribution process. In L. Berkowitz (Ed.), Advances in Experimental Social Psychology (Vol.10) (pp. 173–200). New York u. a.: Academic Press.

Schettgen, P. (1996). Arbeit, Leistung, Lohn. Analyse- und Bewertungsmethoden aus sozioökonomischer Perspektive. Stuttgart: Enke.

Strauss, A., Corbin, J. (1990/1996). Grounded Theory. Grundlagen qualitativer Sozialforschung. Weinheim: Psychologie-Verlags-Union.

Strauss, A. (1994). Grundlagen qualitativer Sozialforschung. München: Fink.

Türk, K. (1989). Neuere Entwicklungen in der Organisationsforschung: ein Trend Report. Stuttgart: Enke.

Wimmer, P., Neuberger, O. (1998). Personalwesen 2. Personalplanung, Beschäftigungssysteme, Personalkosten, Personalcontrolling. Stuttgart: Enke.

Rolf Haubl

Unter welchen Bedingungen nützt die Supervisionsforschung der Professionalisierung supervisorischen Handelns?[1]

Supervision als Dienstleistung, die auf eine Sicherung oder Steigerung beruflicher Qualifikationen zielt, ist auf wirksames Wissen darüber angewiesen, wie sich arbeitsbezogene Probleme verhindern oder bestehende Probleme verringern oder sogar lösen lassen. Die Erzeugung solchen Wissens erfolgt in zwei verschiedenen »communities«. Zwar gibt es Doppelmitgliedschaften, die Rollen, die solche Mitglieder in jeder von beiden einnehmen, sind jedoch klar unterschieden. Zum einen wird das benötigte Wissen in einer »community of practice« erzeugt, deren Ziel die Professionalisierung supervisorischen Handelns ist, zum anderen in einer »scientific community«, in der Supervisionsforscher die Verwissenschaftlichung der Supervision vorantreiben. Beide »communities« beziehen sich aufeinander, wobei moderne Gesellschaften auf eine Verwissenschaftlichung professionellen Handelns bzw. auf eine Professionalisierung durch Verwissenschaftlichung setzen, weil sie wissenschaftliches Wissen als bestmögliches Wissen erachten.

---

[1] Der Aufsatz ist eine überarbeitete und stark erweiterte Fassung eines Vortrages, den ich im September 2006 auf der Tagung »Supervisionsforschung – Morgen beginnt heute« gehalten habe. Die Überlegungen zu einem mehrdimensionalen Nutzenkonzept sind schon einmal unter dem Titel: »Nutzen – ein mehrdimensionales Evaluationskriterium« in: Supervision 1, 2007, S. 13–19, publiziert worden. Überschneidungen gibt es weiterhin mit meinem Aufsatz: »Gruppenpsychotherapie zwischen Professionalisierung und Verwissenschaftlichung«, der in »Gruppenpsychotherapie«, hg. v. V. Tschuschke, Stuttgart: Thieme, erscheint.

Wissenschaftlich ist ein Wissen dann, wenn es aus Aussagen besteht, die einem methodischen Zweifel an ihrem Anspruch auf Gültigkeit unterzogen worden sind und ihm bislang standgehalten haben. Inhaltlich interessieren Aussagen der Art:

> »Bei Supervisanden mit bestimmten arbeitsbezogenen Problemen können Supervisoren mit einer bestimmten (zertifizierten) Kompetenz in einem bestimmten organisatorischen Rahmen (Setting) mit bestimmten Mitteln (Interventionen) bestimmte angestrebte (die Entstehung dieser Probleme verhindernde oder bestehende Probleme verringernde oder lösende) Wirkungen erzielen und das mit einer bestimmten (überzufälligen) Erfolgswahrscheinlichkeit.«

Aussagen dieser Art sind auch das Leistungsversprechen, über das sich supervisorisches Handeln gegenüber Auftraggebern / Supervisanden sowie gesellschaftlich legitimiert. Es bedarf der Legitimation, weil es Kosten verursacht, die nicht nur monetäre Kosten sind, sondern alle knappen Ressourcen einschließen, die (privat oder öffentlich) verausgabt werden. Wer Supervision nachfragt, muss erwarten dürfen, dass er eine Leistung erhält, deren Nutzen die eingesetzten knappen Ressourcen lohnt.

Idealtypisch besteht jedes Konzept supervisorischen Handelns aus (mindestens) drei Bestandteilen:

- Die *Praxeologie* bestimmt die arbeitsbezogenen Probleme sowie die Kompetenzen, den Rahmen und die Mittel, mit denen eine Verhinderung oder Verringerung oder Lösung dieser Probleme angestrebt werden soll.
- Die *Theorie* erklärt, warum die Praxeologie ein Erfolg versprechender Beitrag zur Verhinderung oder Verringerung oder Lösung dieser Probleme ist, wobei sie auch Ursachen für deren Entstehung und Aufrechterhaltung nennt.
- Die *Evaluation* zeigt, ob und inwieweit die Praxeologie die Verhinderung oder Verringerung oder Lösung dieser Probleme tatsächlich voranbringt und zwar genau so, wie es die Theorie erklärt.

Praxeologie, Theorie und Evaluation implizieren Fragen, auf die sowohl die Mitglieder der »community of practice« als auch die Mitglieder der »scientific community« nach Antworten suchen. Beide unterscheiden sich aber darin, wie explizit und systematisch sie dies tun. Letztlich geht es aber beiden um den Nutzen, den supervisorisches Handeln hat.

Nutzenaspekte supervisorischen Handelns

Die Bilanzierung des Nutzens supervisorischen Handelns (nach einem bestimmten Konzept) verlangt dessen Evaluation. Was die Messlatte für eine solche Evaluation betrifft, so wird immer häufiger die Forderung laut, sich an einer Psychotherapieforschung zu orientieren, die sich ihrerseits an der »evidence based medicine« orientiert, die Wirkungsnachweise unter Laborbedingungen verlangt. Ihr method(olog)ischer »Goldstandard« ist das Paradigma des randomisierten Kontrollgruppenvergleichs (RCT = »randomized controlled trial«: vgl. Buchkremer u. Klingberg, 2001). Diese Forderung besteht, obwohl der »Sachverständigenrat für die Konzertierte Aktion im Gesundheitswesen (SVR)« in seinen Gutachten klar stellt, eine »Inventur des Evidenz-Bestands« habe zu einer Ernüchterung geführt, da »die Bereiche gesicherten Wissens in der Medizin« – trotz »Goldstandard« – »sehr viel kleiner und die Grauzonen sehr viel größer sind als erwartet« (SVR, 2001, S. 79); Untersuchungen nach dem RCT-Paradigma »werden in vielen Fällen überbewertet« (SVR, 2003, S. 87). So verwundert es dann auch nicht, wenn z. B. Internisten ihrer persönlichen klinischen Erfahrung und der klinischen Erfahrung von persönlich bekannten und geschätzten Kollegen mehr vertrauen als den Vorschriften einer »evidence based medicine« (vgl. McAlister et al., 1999). Dennoch: Im Folgenden diskutiere ich die Evaluation von Supervision mit Blick auf die hoch gehängte Messlatte, allerdings mit der Frage, welche Konsequenzen es hat, die Messlatte so hoch zu hängen.

Wenn Evaluation den Nutzen von Supervision zu ermessen sucht, dann gilt es zunächst einmal, darauf hinzuweisen, dass Nutzen ein mehrdimensionales Evaluationskriterium ist. Zu unterscheiden sind mindestens sechs Nutzenaspekte, denen die Bestimmung eines Supervisionszieles vorgelagert sein muss. Denn der Nutzen supervisorischen Handelns ist nur von einem bestimmten Handlungsziel her zu beurteilen. Sind die Ziele strittig, lassen sich verschiedene Konzepte supervisorischen Handelns nicht vergleichen.

Wirksamkeit (»efficacy«): Generell ist supervisorisches Handeln dann wirksam, wenn es die Verhinderung oder Verringerung oder sogar Lösung der arbeitbezogenen Probleme, die es zu leisten beansprucht, zuverlässig und das heißt: in vergleichbaren Fällen wiederholbar leistet. Die theoretische Erklärung dieser Wirkung liegt auf einer anderen Ebene. So kann supervisorisches Handeln hoch wirksam sein, obwohl die Erklärung dieser Wirkung falsch ist.

Nach Maßgabe der geforderten Verwissenschaftlichung supervisorischen Handelns zählt ein Wirkungsnachweis unter Laborbedingungen am meisten. Als wirksam gilt es dann, wenn es sich unter sonst gleichen Bedingungen einer Kontrollgruppe nicht supervidierter Praktiker gegenüber als überlegen erweist; oder es hat mindestens dieselbe Wirkung wie bei einer Kontrollgruppe, die nach einem Konzept supervidiert worden ist, dessen Wirksamkeit außer Zweifel steht. Desgleichen können konkurrierende Konzepte supervisorischen Handelns gegeneinander antreten.

Nun wird der »Goldstandard« aber keineswegs allgemein akzeptiert. Und das aus gutem Grund: So zeigt sich, dass Wirksamkeitsnachweise nach dem RCT-Paradigma oft zu Ergebnissen führen, die nur wenig praxisrelevant sind. Zum Beispiel sagen gruppenstatistische Wirkungsvergleiche für sich genommen nichts über die Wirkung im Einzelfall aus. So kann sich eine Gruppe von Supervisanden, die nach einem bestimmten supervisorischen Konzept supervidiert worden sind, einer Kontrollgruppe nicht supervidierter Praktiker als überlegen erweisen, ohne dass es auch nur einen Supervisanden gibt, dessen Probleme verhindert oder verringert oder gelöst worden sind.

Die Chance, die Wirksamkeit supervisorischen Handelns nachzuweisen, wächst mit der Reduzierung der lebensweltlichen Komplexität der Probleme. Es kann sein, dass sich ein Handeln, das sich im Labor als wirksam erweist, praktisch nicht bewährt, weil die entsprechenden Fälle in der Praxis gar nicht vorkommen; oder es ist nicht möglich, die Randbedingungen supervisorischen Handelns so zu kontrollieren wie im Labor.

Praktische Bewährung (»effectiveness«): Die Kritik am »Goldstandard« berechtigt freilich nicht, auf Untersuchungen zu verzichten. Aber sie verlangt, über die Angemessenheit von Supervisionsforschung zu diskutieren und deren verschiedene Zugänge zu respektieren, da Vorstellungen von einer Einheitswissenschaft wissenschaftstheoretisch längst obsolet geworden sind. Die Kritik zielt nicht auf Kontrollgruppenvergleiche per se, sondern begründet ein Plädoyer für den Vorrang von »naturalistischen« (einschließlich »multizentrischen«) Untersuchungen der Wirkung supervisorischen Handelns, da die Verhinderung oder Verringerung und sogar Lösung von arbeitsbezogenen Problemen ein lebenspraktisches und kein akademisches Problem ist. Insofern hat die Bewährung eines Supervisionskonzeptes in der Supervisionspraxis (ethisch) eine Vorrangstellung, der gegenüber mögliche praxisferne Eigeninteressen von Supervisionsforschern zurückstehen müssen. Schließlich kann man supervisorisches Handeln nicht solange einstellen, bis seine Wirkung im Labor nachgewiesen ist. Stattdessen verdient eine Einsicht dem immer wieder neu drohenden Vergessen entrissen zu werden, wie sie vor bald dreißig Jahren H. Kornadt (1985, S. 9 f.) als scheidender Vorsitzender der »Deutschen Gesellschaft für Psychologie (DGP)« ausgesprochen hat: »Angewandte Forschung müsste von vornherein von der Komplexität des Problemfelds ausgehen, wie sie der vorwissenschaftlichen Erfahrung entspricht.« Bezogen auf die »evidence based medicine« kommt dies ihrer notwendigen Relativierung durch eine »narrative based medicine« (Greenhalgh, 1999) gleich.

Nachhaltigkeit: Der Fokus dieses Nutzenaspekts liegt auf der Wirksamkeit / praktischen Bewährung supervisorischen Handelns über das Ende der Supervision hinaus. Favorisiert werden Supervisionen mit einer katamnestischen Langzeitwirkung, wobei es das Optimum zwischen Dauer der Supervision und Wirkungsdauer zu finden gilt.

Wertbindung: Dieser Nutzenaspekt erscheint auf den ersten Blick ungewöhnlich. Wenn Auftraggeber / Supervisanden die Wahl haben, zwischen zwei gleich wirksamen / praktisch bewährten Supervisionskonzepten zu entscheiden, dann ist zu vermuten, dass sie dasjenige Konzept wählen, das mit ihren Werten übereinstimmt bzw. mehr noch: ihre Werte bestätigt. Denn keine Supervision ist nur zweckrational, sondern immer auch wertrational. Es ist sogar denkbar, dass Wirksamkeit / praktische Bewährung und Wertbindung positiv korrelieren: Dann würde ein Konzept supervisorischen Handelns nur dann oder umso besser wirken, wenn es an die Werte der Auftraggeber / Supervisanden anschließt.

Wirtschaftlichkeit: Dieser Nutzenaspekt rechnet die Wirksamkeit / praktische Bewährung gegen die knappen Ressourcen auf, die verausgabt werden müssen, um den angestrebten Erfolg zu erreichen. Angestrebt werden »preiswerte« Verhinderungen oder Verringerungen oder Lösungen von Problemen, wobei es darauf ankommt, was als Kosten verbucht wird. So kann sich ein Supervisionskonzept, das auf den ersten Blick wirtschaftlicher ist als ein gleich wirksames / praktisch bewährtes anderes Konzept, als sehr viel »teurer« herausstellen, wenn seine Wirkungen weniger nachhaltig sind.

Unbedenklichkeit: Fokussiert werden die nicht intendierten Nebenfolgen supervisorischen Handelns. Davon gibt es positive und negative. Nicht intendierte positive Wirkungen sollten zu Überlegungen führen, wie sie intendiert erreicht werden können. Nicht intendierte negative Wirkungen gilt es dagegen zu vermeiden. Favorisiert werden Supervisionskonzepte, die wirksam / praktisch bewährt und arm an unerwünschten Nebenfolgen sind. Womöglich nimmt sogar der Wirkungsgrad ab, wenn unerwünschte Nebenfolgen zunehmen.

Wenn Konzepte supervisorischen Handelns mit anderen Formen der Einflussnahme (z. B. Trainings) sowie untereinander hinsichtlich ihres Nutzens konkurrieren, dann tun sie das – liegen gleiche Supervisionsziele vor – hinsichtlich mehrerer Nutzenaspekte, die konfligieren können. Dass Wirksamkeit und mehr noch: praktische Bewährung die Leitaspekte sind, dürfte plausibel sein. Indessen ist empirisch z. B. denkbar, dass Abstriche an der Wirksamkeit / praktischen Bewährung in Kauf genommen werden, wenn die Supervision dafür wirtschaftlich ist und bestimmte Werte bestätigt. Denn die Beurteilung eines Nutzens hat immer etwas mit Präferenzen zu tun. Und da sich der Nutzen supervisorischen Handelns nur im Hinblick auf bestimmte Supervisionsziele beurteilen lässt, kommt es sehr darauf an, wer die Ziele setzt. Als Profession muss Supervision zum einen darauf achten, dass Zielsetzungen nicht den Auftraggebern / Supervisanden überlassen bleiben, zum anderen, dass Kontroversen über die Wirksamkeit / praktische Bewährung verschiedener Supervisionskonzepte nicht auf der Ebene »technischer« Divergenzen ausgetragen werden, wenn es tatsächlich um divergierende Ziele geht.

Erzeugung wissenschaftlichen Wissens

Für die Supervisionsforschung in der »scientific community« lassen sich vier Schritte unterscheiden, die wiederholt durchlaufen werden: Basis ist das *wissenschaftlich forschende Handeln* einzelner Supervisionsforscher oder Forschergruppen. Deren Ergebnisse werden in einem zweiten Schritt theoretisch und method(olog)isch reflektiert, wozu die *kollegiale wissenschaftliche Kritik* in Workshops, auf Tagungen und Kongressen sowie Kontroversen in Fachzeitschriften dienen. Metaanalysen (für die Psychotherapieforschung: Reinecker et al., 1989) sichten dann periodisch das verfügbare Wissen, bewerten es und führen es – das ist der dritte Schritt – zu einem *Wissensbestand* zusammen, der bis auf weiteres als *wissenschaftlich gesichert* gelten darf. Allerdings stellt dieser »stock of knowledge« (für die Supervisionsforschung: Petzold et al., 2003) laufende Auseinandersetzungen nicht still, da Metaanalytiker in der Regel nicht interessenneutral sind, sondern – wie auf dem Feld der Psychotherapieforschung das bekannte Beispiel der Metaanalyse von K. Grawe und seinen Mitarbeitern (1994) gezeigt hat – einen »bias« haben, der unausgesprochen bleibt, aber forschungspolitisch durchgesetzt werden soll. Zur Korrektur solcher Tendenzen ist – in einem vierten Schritt – die *Wissenschaftstheorie* aufgerufen, die in ihrer nicht szientistisch voreingenommenen Entwicklung deutlich macht, dass es keine interessenunabhängige Forschung geben kann. Auch wenn einzelne Supervisionsforscher oder Forschergruppen nicht alles aufgreifen (wollen und können), was ihnen der zweite bis vierte der beschriebenen Schritte liefert, bildet es dennoch den Hintergrund ihrer Forschungsprojekte, zu dem sie sich verhalten müssen, wollen sie, dass ihre eigenen Ergebnisse in der »scientific community« wahrgenommen und diskutiert werden.

Wie immer einzelne Forscher oder Forschergruppen eingestellt sein mögen, insgesamt bezieht die »scientific community«, indem sie supervisorisches Handeln wissenschaftlich evaluiert, die Position einer externen Kontrollinstanz. Als solche verfügt sie über Macht, Supervisionskonzepte gegenüber Auftraggebern / Supervisanden und der Gesellschaft zu legitimieren oder zu delegitimieren. Als Evaluationsforschung hat die Supervisionsforschung aber auch ein Interesse, sich selbst zu erhalten. Deshalb treten Evaluatoren als »strong poets« (Schwandt, 2002, Kap. 7) auf, die Geschichten über die Unzulänglichkeit der evaluierten Praxis supervisorischen Handelns in Umlauf bringen und deren Verbesserung in Aussicht stellen, wenn sie mit den nötigen Ressourcen ausgestattet werden.

Mythos »Angewandte Wissenschaft«

Das Wissen, das die »scientific community« erzeugt, ist explizites Wissen. Um explizit zu sein, muss es in sprachlicher, tradierbarer, archivierbarer, reproduzierbarer, kausalanalytischer Form vorliegen. In praxeologischer Hinsicht gipfelt ein solches Wissen in Manualen supervisorischen Handelns, die eine »best practice« fixieren und Supervisoren zu verpflichten suchen, ihr Handeln entsprechend auszurichten. Auch wenn dies nicht gleich Standardisierung bedeuten muss, so ist die standardisierte Supervision doch ihr Fluchtpunkt. Und Standardisierung heißt immer: Entsubjektivierung. Einer solchen Zielvorstellung wird in der »community of practice« entschieden widersprochen, weil es, wie die Psychotherapieforschung zeigt, ein szientistisches »Vorurteil« ist, man könne eine entsprechende Arbeit »tatsächlich als unpersönliche Prozesse auffassen« (Orlinsky u. Ronnestad, 2005, S. 5). Supervisoren, auch gut ausgebildete, sind aber ebenso wenig wie Psychotherapeuten (vgl. auch Aveline, 2005) austauschbar.

In der Perspektive einer Verwissenschaftlichung wird gefordert, supervisorisches Handeln als »Angewandte Wissenschaft« zu betreiben. Folglich muss von Supervisoren verlangt werden, sich auf den »Stand der Forschung« zu bringen und dort zu halten. Abgesehen davon, dass die meisten Forschungsergebnisse strittig bleiben, sind Supervisoren, die dies versuchen, meiner Erfahrung nach eher die

Ausnahme: Die meisten von ihnen ignorieren, wie dies auch für Psychotherapeuten zutrifft (vgl. Schachter u. Luborsky, 1998), Forschungsergebnisse oder nehmen nur die Ergebnisse zur Kenntnis, die ihre eigene Praxis bestätigen. Sie schützen sich damit vor Verunsicherungen, die ihr supervisorisches Handeln erschweren, zumal ihnen oftmals die praktischen Konsequenzen von Forschungsergebnissen nicht klar sind. Auf diese Weise entsteht eine Kluft zwischen Supervisionsforschung und Supervisionspraxis, zumal dann, wenn supervisorisches Handeln auf die »Anwendung« wissenschaftlichen Wissens, den Idealtypus expliziten Wissens, reduziert werden soll.

Supervisoren greifen auf verschiedene Wissensbestände zurück, von denen nur ein Teil wissenschaftlich fundiert ist. Und sie müssen dies tun, weil sich ihnen keine Wahrheitsfragen stellen, sondern praktische Probleme der Verhinderung, Verringerung und Lösung von arbeitsbezogenen Problemen. Insofern hat jede Verwissenschaftlichung ihre Grenzen. Die Professionalisierung supervisorischen Handelns kann durch Wissenschaft nur begrenzt gesteigert werden. Denn praktische Probleme sind nicht durch Deduktion aus wissenschaftlichem Wissen zu verhindern, zu verringern und zu lösen, was der Begriff der Anwendung allerdings suggeriert. Denn praktische Probleme sind fallspezifische Probleme, also Probleme, deren Spezifität keine Subsumtion unter verfügbares Regel- oder Gesetzeswissen erlaubt, es sei denn um den Preis einer Unspezifität der Lösungen, die den Fall verfehlt. Zwar lassen sich praktische Probleme typisieren und dem entsprechend routiniert lösen. Im emphatischen Sinne zeigt sich Professionalität aber bei der Verhinderung, Verringerung und Lösung untypischer Probleme bzw. bei der Fähigkeit und Bereitschaft, das Untypische an einem Problem wahrzunehmen und zu berücksichtigen, so dass fallspezifische Lösungen möglich werden.

Supervisoren können sich durch wissenschaftliches Wissen anregen lassen, müssen ansonsten aber *abduzierend* verfahren: Wege für die Verhinderung, Verringerung und Lösung arbeitsbezogener Probleme kreieren, deren Geltung über den Fall hinaus offen sind. Und sie kreieren solche Wege unter Zeitdruck. Supervisoren müssen vergleichsweise rasch handeln und ohne sich lange rückversichern zu können. Dafür gebrauchen sie ein praktisches Wissen, das sie im Moment des Gebrauchs nicht hinreichend begründen können. Dieses

Wissen ist nicht nur kein wissenschaftliches Wissen, es ist in großen Teilen sogar implizites Wissen.

Können und Wissen

Die Kategorie des *impliziten* Wissens hat M. Polanyi (1966) eingeführt. Implizites Wissen entzieht sich der Explikation. Zumindest lässt es sich nicht restlos explizieren: »Wir wissen mehr, als wir sagen können« (Polanyi, 1966, S. 4). Dieses Wissen ist intuitives Wissen oder besser noch: Es fällt mit Können zusammen. Implizites Wissen liegt dem Handeln unbewusst zugrunde. Der Handelnde kann es nicht oder nur rudimentär in Worte fassen, weshalb es auch kaum archivierbar ist. Mehr noch: Der Handelnde weiß gar nicht, was er weiß. Wissen, das ein Können ist, verschmilzt so mit der Person des Handelnden, dass es ihm beim besten Willen nicht gelingt, es zu objektivieren. Der Handelnde *verkörpert* dieses Wissen. Deshalb ist es in einem radikalen Sinne persönlich (Polyani, 1958). Selbst seiner Reproduktion sind enge Grenzen gesteckt: Wer etwas kann, vermag es vorzumachen; oft steht es ihm aber nur dann zur Verfügung, wenn es eine Handlungssituation tatsächlich erfordert (vgl. »situierte Kognitionen«: Graesel, 1997, S. 32 ff.). Implizites Wissen ist aus allen diesen Gründen auch nicht kausalanalytisch: Es erzielt Handlungserfolge, ohne Kausalfaktoren zu identifizieren. Streng genommen spricht Polanyi nur dann von implizitem Wissen, wenn Handlungen (gemessen an bestimmten Erfolgskriterien) erfolgreich sind. Dennoch ist implizites Wissen keine Erfolgsgarantie. Trotz Könnerschaft (»connaisseurship«: Polyani, 1958, Kap. 4) kommt es vor, dass Handlungen fehlschlagen.

Alles Wissen hat somit zwei Dimensionen: eine explizite und eine implizite. Jedes explizite Wissen bedarf der impliziten Dimension, um praktisch erfolgreich zu werden. Das gilt auch für wissenschaftliches Wissen. So hilft es einem Mediziner nur wenig, eine Krankheit zu erkennen, wenn er lediglich viel über diese Krankheit weiß: »Denn die diagnostische Fähigkeit eines Arztes ist mindesten so sehr ein Können, als sie ein Wissen ist« (Polanyi, 1958, S. 54). Erst dann, wenn er vielfältige praktische Erfahrungen mit der Krankheit und den Kranken, die an ihr erkrankt sind, gemacht hat, wird er sie treffsicher erkennen (vgl. für Supervisoren und andere Berufsgruppen: Sternberg u. Horvath, 1999). Somit schlägt sich jahrelange Berufspraxis vorwiegend in implizitem Wissen nieder, das den Praktikern nicht äußerlich bleibt, sondern sie leibhaftig verändert, ganz so wie P. Bourdieu und L. Wacquant (1996, S. 154) die Bildung eines Habitus beschreiben.

Unterstützt wird die Unterscheidung von explizitem und implizitem Wissen durch die Neurowissenschaften, die nachgewiesen haben, dass das menschliche Gehirn mit verschiedenen Wissensspeichern operiert, die unterschiedliche Codes nutzen, voneinander unabhängig sind, aber zusammen wirken (vgl. z. B. Bucci, 1997). Ein Großteil des auf diese Weise gespeicherten Wissens ist nicht bewusst und auch nicht bewusstseinsfähig, zudem eng mit Emotionen verbunden, so dass eine Trennung von Fühlen und Denken erst durch die sprachliche Codierung von Wissensbeständen entsteht. Während die Neurowissenschaften bislang unbewusste Prozesse für erklärungsbedürftig gehalten haben, kehrt sich die Richtung der Fragen allmählich um: Nunmehr gilt *Bewusstsein als das unwahrscheinliche und damit erklärungsbedürftige neuronale Phänomen.* Es erscheint als eine Art Notfallmechanismus, der erst einsetzt, wenn unbewusste Prozesse nicht mehr ausreichen, um Handlungsanforderungen zu bewältigen (vgl. die Diskussion in Pauen u. Roth, 2001). In seinen bewusstseinsfernsten Schichten fällt Wissen mit sensomotorischen Mustern zusammen, weshalb es zu Recht als verkörpertes Wissen bezeichnet wird (vgl. Varela et al., 1991).

Implizites Wissen macht sich in der Berufspraxis als »Gespür« bemerkbar. Der Handelnde hat in einer bestimmten Situation das Gefühl, das Richtige zu tun. Es erscheint ihm evident, ja zwingend, auch wenn er es nicht begründen kann. Dieses Gefühl stellt sich allmählich ein. Kognitiv korrespondiert ihm ein *Gestaltschließungsprozess*, in dem sich in der Wahrnehmung der Situation eine Figur von einem Hintergrund prägnant abhebt. Eine solche »gute Gestalt« bildet sich aber nur, wenn der Handelnde warten kann, mithin nicht unter Handlungsdruck steht oder sich selbst unter Handlungsdruck setzt, z. B. weil er Angst hat, das Falsche zu tun. In diesem Sinne ist Gelassenheit (vgl. Rangell, 1976) eine unverzichtbare »Tugend« professionellen Handelns: Während Supervisoren, die am Anfang ihrer beruflichen Praxis stehen, schnell nervös werden, wenn sie nicht wissen, wie sie intervenieren sollen, und gerade dadurch Intuitionen vertreiben, wächst mit zunehmenden praktischen Erfahrungen ihr Zutrauen in die eigenen Fähigkeiten: Supervisoren, die viel praktische Erfahrung haben, besser noch: erfahren sind, verlassen sich darauf, dass sie im entscheidenden Moment das Richtige tun werden, auch wenn sie momentan nicht wissen, was das Richtige ist.

Freilich sei vor einer Idealisierung impliziten Wissens gewarnt. Denn Erfahrungen können *falsches* Wissen – instrumentell wirkungsloses oder ideologisch voreingenommenes – implizieren und nachhaltig fixieren, eben weil es als *evident erlebt* wird. In solchen Fällen bedarf es einer mehr oder weniger aufwendigen Korrektur, die den Widerstand überwindet, der von Evidenzgefühlen ausgeht, und meist auch nur als korrigierende Erfahrung erfolgreich ist. Mithin gilt es, Chancen und Risiken von Erfahrungswissen für professionelles Handeln abzuwägen: Einem Fehler erster Art, der auf falschem impliziten Wissen beruht, steht ein Fehler zweiter Art gegenüber, der darin besteht, dass die Explikation impliziten Wissens dessen erfolgreichen Gebrauch stört (vgl. Neuweg, 1999).

Praktische Erzeugung von Wissen

Das Konzept der »community of practice« stammt aus den Organisationswissenschaften (vgl. z.B. Wenger, 1999). Es lohnt, dieses Konzept für Supervision fruchtbar zu machen: Als »community of practice« ist Supervision mit der »scientific community« der Supervisionsforschung nur lose gekoppelt. Untersuchungen können supervisorisches Handeln anregen und auf diese Weise auch Veränderungen einleiten. Darüber hinausgehende Versuche einer Verwissenschaftlichung haben eher kontraproduktive Effekte. Die Ins-titutionalisierung der Supervisionsforschung als Kontrollinstanz bringt die Gefahr mit sich, dass die Kreativität von Professionellen gelähmt wird, weil ihr erfahrungsgesättigter Blick für das fallspezifisch Notwendige und Machbare als unwissenschaftlich erscheint. Das aber erzeugt zwangsläufig Reaktanz, wodurch die Kluft zwischen Supervisionsforschung und professioneller Praxis vertieft wird. Insofern muss dringend darauf geachtet werden, dass der Anspruch auf Verwissenschaftlichung nicht die Kompetenzen entwertet, die sie zu steigern angibt. Und das heißt, nach Wegen zu suchen, wie sich die Erzeugung von Wissen durch wissenschaftliche Forschung und die praktische Erzeugung von Erfahrungswissen in wechselseitiger Anerkennung miteinander verbinden lassen.

Als »community of practice« hat Supervision ihre eigenen Formen der Erzeugung von Wissen. Die wichtigsten korporativen Akteure sind dabei die Fach- und Berufsverbände sowie die Ausbildungsinstitute, die deren Standards umsetzen. Idealtypisch beruht die Ausbildung auf den folgenden Formen der Wissenserzeugung: *Selbsterfahrung* als Supervisand eines erfahrenen Supervisors, *eigene Praxis* supervisorischen Handelns *unter* (Kontroll-)*Supervision*, *technisch-kasuistische Seminare* sowie *Theorieseminare.* Nach zertifizierter Ausbildung sind alle vier Formen auch Bestandteile von Maßnahmen der Qualitätssicherung und Qualitätssteigerung supervisorischen Handelns innerhalb der Institute, die sich – wiederum idealtypisch – als »lernende Organisationen« (vgl. Eberl, 1996) begreifen. Tun sie dies nicht, wird zwar Wissen erzeugt, aber nicht explizit für Professionalisierung genutzt (vgl. Baumard, 1996).

Rekonstruiert man den *Zyklus der Explizierung impliziten Wissens*, so steht fallspezifisches supervisorisches Handeln am Anfang. Dieses Handeln erfolgt nicht ohne Reflexion, aber unter Handlungsdruck, was einer Distanzierung, ohne die keine elaborierte Reflexion stattfinden kann, enge Grenzen setzt (vgl. Schön, 1983): Eine solche Reflexion-*während*-des-supervisorischen-Handelns kann rückblickend zu einer Reflexion-*über*-das-supervisorische-Handeln werden, wobei die Handlungseinheiten von einzelnen Interventionen über einzelne Supervisionsstunden oder -stundensequenzen bis hin zu abgeschlossenen Supervisionen reichen können. Gelegenheiten für erste Explizierungen sind Stundenprotokolle, die Supervisoren als Gedächtnisstützen anlegen. Bei dieser Reflexionsform ist ein Supervisor in der Regel mit sich allein. Dies ändert sich, wenn er sein supervisorisches Handeln im Kontext von Kontrollsupervision und Intervision zur Sprache bringt. Dann präsentiert er es einem Kollegium.

Präsentationen dieser Art weisen zwei Dimensionen auf: eine normative und eine deskriptive. Wird die *normative* Dimension fokussiert, steht die Frage im Vordergrund, ob das präsentierte Handeln richtig gewesen ist, wodurch unausgesprochen immer auch die Zugehörigkeit desjenigen, der sich der Kontrollsupervision oder Intervision unterzieht, zu der jeweiligen »community of practice« in Frage steht. Überwiegt die normative Dimension, entsteht ein Rechtfertigungsdruck, der keine erkenntnisproduktive Haltung zulässt. Wer unter solchen Bedingungen sein supervisorisches Handeln präsentiert, entstellt es nach Maßgabe explizierter Normen. Erkenntnisproduktiv werden Kontrollsupervisionen und Intervisionen supervisorischen Handelns dann, wenn die Frage nach dem richtigen Handeln hinter der Frage zurücktritt, wie und warum in einem bestimmten Fall so und nicht anders gehandelt worden ist. Steht diese *deskriptive* Dimension im Vordergrund, dann versteht sich das Kollegium, dem das eigene supervisorische Handeln vorgestellt wird, nicht als Kreis von Normenwächtern, sondern als Resonanzraum, in dem die Sprache für die Erfahrungen, welche die betreffenden Supervisoren während ihrer Supervisionen gemacht haben und zur Sprache zu bringen suchen, erst noch gemeinsam gefunden werden muss. Eine solche Suchbewegung setzt wechselseitiges Vertrauen voraus, das durch ein Bedürfnis nach Zensur jederzeit gefährdet werden kann.

Mit M. Balint (1968: »training-cum-research«) sei unterstrichen, dass die vorherrschende Kommunikationsform in diesen Kontexten die – am besten unvorbereitete – mündliche Erzählung ist. Denn *narratives* Wissen darf gattungsgeschichtlich als der »ursprüngliche Erfahrungsmodus« (Kaul, 2003, S. 97) gelten, der verkörpertem Wissen sehr viel näher steht als begriffslogisches Wissen. Insofern ist »story telling« erfahrungshaltiger (vgl. Vonderach, 1984). Indem Supervisoren in der Kontrollsupervision und Intervision supervisorischen Handelns ihre Erfahrungen erzählen und mehr noch: austauschen, entwickeln sie ihre »community of practice« als Erzählgemeinschaft, in der sie in die erzählten Geschichten »verstrickt und mitverstrickt« (Schapp, 1981, S. XVI f.) und dadurch emotional gebunden werden. Denn narratives Wissen ist im Vergleich mit begriffslogischem Wissen konkret-anschaulich und dadurch sehr viel emotionaler – geeigneter, Emotionen zum Ausdruck zu bringen, die Handlungen auslösen und begleiten. Vor allem sind es die *Metaphern*, die während des Erzählens spontan gebildet werden, in denen sich Unbegriffenes zeigen kann (vgl. Buchholz, 1993; Münch, 2001).

Eine »community of practice« zu einer Erzählgemeinschaft zu entwickeln, ist eine kulturelle Leistung. Will heißen: Es geschieht nicht von selbst, sondern bedarf gemeinsamer Anstrengungen, die von einem Bewusstsein der Funktion narrativen Wissens getragen sind. Denn in narrativem Wissen ist das verkörperte Wissen der Supervisoren auf eine bestimmte Weise verbalisiert und reflektiert, aber weder dokumentiert noch systematisiert. Würde es bei bloßer Mündlichkeit bleiben, geschähe, was in allen vorschriftlichen Gemeinschaften geschieht: Ihre Praxis verändert sich unmerklich. Deren Evaluation ist dadurch kaum möglich. Denn Evaluation verlangt definierte (trennscharf und zeitstabil gegeneinander abgegrenzte) Ist- und Soll-Zustände sowie definierte (trennscharf und zeitstabil gegeneinander abgegrenzte) Handlungsalternativen, wie Ist- in Soll-Zustände zu überführen sind. Um einen Schritt in diese Richtung zu gehen, bedarf es der technisch-kasuistischen Seminare. Idealtypisch sind sie von Kontrollsupervision und Intervision supervisorischen Handelns durch zwei Verpflichtungen unterschieden: Zum einen gilt es, die gewonnenen Erkenntnisse in geeigneter Form zu *dokumentieren*, was nicht nur Schriftlichkeit verlangt, sondern auch die Wahl eines Formats, das Vergleiche erlaubt. Zum anderen reichen Erzählungen nicht mehr aus. An ihre Stelle müssen *Argumente* treten (vgl. Körner, 2003): Supervisoren argumentieren dann, wenn sie rückblickend aussagen, welche Wirkung sie mit bestimmten supervisorischen Handlungen beabsichtigten, warum sie annahmen, gerade mit diesen Handlungen die beabsichtigten Wirkungen zu erzielen, woran sie erkannten, dass die beabsichtigte Wirkung (nicht) eingetreten ist, und wie sie es sich gegebenenfalls erklären, dass sie die beabsichtigte Wirkung verfehlt haben. Im Unterschied zu Erzählungen, die ganzheitlich zu verstehen sind, bestehen Argumente aus separierbaren Behauptungen. Mit jeder seiner Behauptungen erhebt ein Supervisor einen Gültigkeitsanspruch, der von seinen Kollegen im technisch-kasuistischen Seminar bestritten werden kann. Über die einzelne Behandlung hinaus sind die technisch-kasuistischen Analysen auf eine fortlaufende Arbeit innerhalb der »community of practice« angelegt, deren Fluchtpunkt die Erarbeitung einer Sammlung von analysierten und miteinander verglichenen Supervisionen ist. Eine solche »komparative Kasuistik« (vgl. Jüttemann, 1990) ergibt einen Bestand an expliziertem Erfahrungswissen für differenziertes supervisorisches Handeln, der ständig weiter entwickelt wird.

Der letzte Schritt zunehmender Abstraktion ist eine *begriffslogische Systematisierung* von Argumenten. Dieses Theoretisieren geht über eine reflektierte Praxis hinaus, indem es expliziertes *Erfahrungswissen mit hypothetischen Kausalschemata* anreichert und dadurch eine *Praxeologie* (schriftlich) ausformuliert. Eine solche Praxeologie professionellen Handelns dient der »community of practice« zum einen als Zertifizierungsstandard für die Ausbildung ihres Nachwuchses wie auch zur Überprüfung der Qualität des Handelns ihrer zertifizierten Mitglieder. Zum anderen liefert sie die Schnittstelle, an der eine Verwissenschaftlichung professionellen Handelns praxisnah ansetzen kann.

Praxisnahe Forschung

Der skizzierte Zyklus der Wissenserzeugung setzt in einer »community of practice« voraus, dass sie die Generierung von Wissen überhaupt als eine ihrer zentralen Aufgaben ansieht und die dafür erforderlichen Ressourcen zur Verfügung stellt. Das heißt nicht zwangsläufig, wie eine weit reichende Forderung lautet, dass die Berufs- und Fachverbände sowie die Ausbildungsinstitute für Supervision eigene Forschungsabteilungen unterhalten sollen. Vielmehr geht es darum, Praktiker auszubilden, die Supervisionsforschung nicht als Bedrohung ihrer Professionalität wahrnehmen, sondern als Anregung für eine Optimierung ihres professionellen supervisorischen Handelns. Freilich werden sie das nur tun, wenn ihnen die Supervisionsforschung »gleiche Augenhöhe« zugesteht, mithin vorbehaltlos anerkennt, dass supervisorisches Handeln stets ein irreduzibles Stück weit ein Können – eine Kunst (kontrovers: Möller u. Hegener, 1999; Bäcker, 1999) – bleiben wird. Im Rahmen eines solchen *Arbeitsbündnisses zwischen Wissenschaft und Profession* ist es zwingend, dass die Ausbildung von Supervisoren auch Module einschließt, die profunde Kenntnisse über Supervisionsforschung vermitteln und eine forschende Haltung der Supervisoren fördern. Denn gerade dann, wenn die praktische Bewährung als vorrangiges Evaluationskriterium supervisorischen Handelns gelten soll, bedarf es Praktikern, um praxisnahe Forschungsprojekte zu realisieren (vgl. Berker u. Buer, 1998). Mehr noch: Es bedarf Praktikern, die bereit sind, ihre eigene Praxis untersuchen zu lassen, weil sie eine Erhöhung des Wirkungsgrades ihres supervisorischen Handelns anstreben – im Interesse ihrer Auftraggeber / Supervisanden, aber auch im Interesse ihrer eigenen Berufszufriedenheit, die wohl zu einem nicht unerheblichen Teil von der erlebten Wirksamkeit abhängt.

Erfolgskriterien im Widerstreit

Gleich wie Supervisionsforschung betrieben wird: vorgeschaltet ist die Vereinbarung von *Erfolgskriterien.* Da sich über Erfolg und Misserfolg nur anhand von solchen Kriterien entscheiden lässt, ist es nicht beliebig, welche gewählt werden. In der Praxis gehört ihre Vereinbarung zu einer lege artis durchgeführten Auftragsanalyse: Was Auftraggeber / Supervisanden von der Supervision erwarten, muss in geeignete Erfolgskriterien umgesetzt werden. Hinzu kommen Kriterien, welche die Supervisoren anlegen, auch wenn sie in den Erwartungen von Auftraggebern / Supervisanden nicht vorkommen, da sich Supervision als professionelles Handeln nicht auf die Erfüllung von Kundenwünschen reduzieren lässt.

Supervision findet in der Praxis in einem Feld widerstreitender Interessen statt. Zumindest kann nicht vorausgesetzt werden, dass unter den relevanten Interessengruppen – das sind: die (institutionellen) Auftraggeber, die Supervisanden (bestimmter Berufszugehörigkeiten), die Klienten der Supervisanden (mit bestimmten arbeitsbezogenen Problemen) sowie alle indirekt Betroffenen (z. B. Kollegen der Supervisanden und Bezugspersonen der Klienten) – eine Gleichheit der Interessen besteht. Deshalb ist die Vereinbarung von Erfolgskriterien immer auch ein politischer Akt.

Konstruieren wir als Beispiel, dass folgende vier Erfolgskriterien zur Auswahl stehen: »Steigerung der Arbeitszufriedenheit«, »Senkung der Fehlzeiten«, »Steigerung der Arbeitsleistung« und »Steigerung der Reflexivität«: So kann der (institutionelle) Auftraggeber die »Steigerung der Arbeitsleistung« der Supervisanden (heißt: seiner Arbeitnehmer) begrüßen, dagegen die »Steigerung der Reflexivität« skeptisch betrachten, weil er befürchtet, dass dadurch deren Ansprüche an

Partizipation und Transparenz steigen, die er nicht gerne gesteigert hätte. Umgekehrt können die Supervisanden gerade aus diesem Grund das Kriterium einer »Steigerung der Reflexivität« begrüßen, während ihnen das Kriterium der »Steigerung der Arbeitsleistung« nicht gleichermaßen recht ist. Zudem macht es einen Unterschied, ob »harte« oder »weiche« Kriterien vereinbart werden: So ist das Kriterium einer »Senkung der Fehlzeiten« ein »hartes« Kriterium, weil es nicht auf den Selbstaussagen der Supervisanden beruht, während »Arbeitszufriedenheit« ein subjektives und deshalb »weiches« Kriterium ist. Nun lässt sich argumentieren, dass Supervisanden, die mit ihrer Arbeit zufrieden sind, auch weniger Fehlzeiten haben – und mehr noch: ihre Arbeitsleistung steigern, weil sie motivierter sind, ihr Arbeitsvermögen in Arbeitsleistung umzusetzen. Das klingt plausibel, bedarf aber der Prüfung. Die Arbeitszufriedenheit mag ja gerade deshalb hoch sein, weil der Leistungsdruck gering ist, weshalb das Kriterium der »Steigerung der Arbeitsleistung« die Arbeitszufriedenheit senkt.

Für die Evaluation der Wirksamkeit / praktischen Bewährung von Supervision folgt daraus – zumindest in wissenschaftlicher Perspektive – ein Plädoyer für ein konzeptuell begründetes Kriterienbündel, das solche Korrelationen abzubilden erlaubt.

Wer allerdings ein primäres Interesse daran hat, Erfolge nachzuweisen, ist mit »weichen« Kriterien besser bedient, da diese schon allein deshalb erfolgsträchtiger sind, weil Selbstaussagen der sozialen Erwünschtheit unterliegen. Ein Großteil der bisher in der Supervisionsforschung verwendeten Erfolgskriterien sind Selbstaussagen der Supervisanden. Bestimmte Verzerrungen sind nicht ausgeschlossen: Wird Supervision in der Praxis (vor allem sozialer Arbeitsfelder) prinzipiell als erwünschte Maßnahme betrachtet, dann fällt es Supervisanden nicht leicht, sie grundsätzlich zu kritisieren, besonders dann nicht, wenn sie freiwillig daran teilnehmen, wenn sie lange daran teilnehmen, ohne auszusteigen (»sunk costs«: um Investitionen – an Zeit, Geld und Engagement – nicht abschreiben zu müssen, werden deren Ergebnisse beschönigt), und wenn die Teilnahme als berufliche Qualifizierung gilt (Kritik an der Supervision wird dann womöglich durch die Angst gehemmt, sich damit beruflich zu disqualifizieren).

Durch diese Bedenken werden Selbstaussagen von Supervisanden als Erfolgskriterien nicht völlig diskreditiert, aber relativiert. Freilich gibt es auch hinsichtlich der Validität von Selbstaussagen deutliche Unterschiede, je nachdem, worüber Supervisanden aussagen sollen. Wahrhaftigkeit vorausgesetzt, ist ein Kriterium wie »Beschwerden« über Selbstaussagen valider zu erfassen als »Verbesserung des Kontakts zu Klienten«. Während es für Beschwerden keine Fremdperspektive gibt, ist das für die Verbesserung des Kontakts zu Klienten anders. Ob sich der Kontakt verbessert hat, kann der Supervisand letztlich nicht alleine feststellen. Die Wahrnehmung des Klienten muss nicht mit der Wahrnehmung des Supervisanden übereinstimmen, weshalb erst der Vergleich beider Wahrnehmungen aufschlussreich ist.

Streng genommen bedarf es triangulierter Erfolgskriterien: Supervisanden können nicht für die anderen Interessengruppen mitsprechen. Diese müssen hinsichtlich der vereinbarten Erfolgskriterien selbst zu Wort kommen. Ihre Wahrnehmungskonvergenzen und Wahrnehmungsdivergenzen sind die relevanten Daten – einschließlich wechselseitiger Antizipationen: Was meint der Supervisor? Hat sich der Kontakt der Supervisanden zu ihren Klienten verbessert? Was meinen die Supervisanden, was die Klienten? Was meinen sie, was die anderen meinen? Erste Schritte in Richtung auf eine mehrdimensionale Evaluation von Supervisionen gehen Schneider u. Müller (1998) mit ihrem »Supervisions-Evaluations-Inventar (SEI)« sowie die Arbeitsgruppe um H. Petzold (Oeltze et al., 2002).

Was Praktiker über Supervisionsforschung wissen sollten

Die Evaluation der Wirksamkeit / praktischen Bewährung supervisorischen Handelns kann als Ergebnis- oder Verlaufsforschung stattfinden. *Ergebnisforschung* strengt einen Prä-Post-Vergleich und – um Nachhaltigkeit zu prüfen – einen zusätzlichen katamnestischen Follow-up-Vergleich hinsichtlich der vereinbarten Erfolgskriterien an. Wirksamkeit / praktische Bewährung ist dann gegeben, wenn sich die Ausprägungen der Kriterien in einer gewünschten Richtung signifikant verändern. Prä-Post-Vergleiche können retrospektiv oder prospektiv akzentuiert sein.

Retrospektiv akzentuierte Vergleiche erheben anhand der vereinbarten Erfolgskriterien einen »Ist-Zustand« und stellen nach Beendigung der Supervision fest, ob und wie sehr sich die Ausprägung der einzelnen Kriterien oder besser noch: des konzeptuell begründeten Kriterienbündels verändert hat. Wird festgestellt, dass die Veränderung in der ebenfalls zuvor vereinbarten Richtung stattgefunden hat, ist Erfolg nachgewiesen. Dabei wird unterstellt, dass der Erfolg umso größer ist, je größer die positiven Veränderungen sind. Diese Unterstellung verkennt freilich, dass die festgestellten Veränderungen auch vom »Ist-Zustand« der Supervisanden abhängen: Ist der Skalenwert für das Erfolgskriterium der »Arbeitszufriedenheit« im »Ist-Zustand« sehr niedrig, so lässt es sich weit mehr steigern als dann, wenn er bereits höher liegt. Deshalb kann eine kleine numerische Steigerung ein größerer praktischer Erfolg sein als eine große, je nachdem, auf welchem Skalenabschnitt sie zustande kommt. Das heißt: Um den Erfolg einer Supervision zu beurteilen, reicht die Feststellung quantitativer Veränderungen der Erfolgskriterien nicht aus.

Diesem Problem begegnen *prospektiv* akzentuierte Prä-Post-Vergleiche, indem sie den »Ist-Zustand« nicht einfach nur feststellen. Stattdessen sind die Supervisionsforscher (und gegebenenfalls auch die Supervisoren und ihre Auftraggeber / Supervisanden) gehalten, anzugeben, welche positiven Veränderungen sie bei einem konkreten »Ist-Zustand« für realistisch und damit für erfolgreich halten. Dem entspricht der Vorbehalt gegenüber gruppenstatistischen Erfolgsmessungen, die lediglich auf signifikanten Mittelwertsunterschieden (im Vergleich mit einer Kontrollgruppe) beruhen. Ohne die Verteilung der individuellen Veränderungen zu betrachten, ist deren praktische Relevanz nicht gegeben. Nur wenn die Mehrheit der einzelnen Supervisanden eine positive Veränderung (bestimmter Größe) aufweist, ist das untersuchte supervisorische Handeln in einem praktisch relevanten Sinne erfolgreich.

Was die Erklärungen festgestellter Veränderungen betrifft, so wird bei Prä-Post-Vergleichen zwangsläufig zweierlei unterstellt: zum einen, dass die festgestellten Veränderungen tatsächlich auf das supervisorische Handeln der Supervisoren zurückzuführen sind, wenn auch nicht monokausal, so doch als ein signifikanter Kausalfaktor; zum anderen, dass dieses Handeln tatsächlich supervisorisches Handeln nach einem bestimmten Supervisionskonzept ist. So zu tun, als reiche die Zertifizierung der Supervisoren aus, um zu wissen, wie sie handeln, wäre ein schwaches Argument.

Um die Unterstellung, dass die in der Untersuchung durchgeführten Supervisionen tatsächlich konzeptgerecht sind, nicht völlig ungeprüft zu lassen, ist es erforderlich, auch dafür geeignete Daten zu erheben: Zum Beispiel können die Supervisionen (kollegial) supervidiert werden; die Kollegen urteilen dann, ob sie lege artis durchgeführt worden sind. Eine anspruchsvollere Möglichkeit besteht darin, zwei Arten von Erfolgskriterien zu unterscheiden und aufeinander zu beziehen: *interne* Erfolgskriterien, die darüber befinden, wie gut die Supervisoren ein bestimmtes Supervisionskonzept realisiert haben, und *externe* Erfolgskriterien, die sich auf das Ziel der Supervision beziehen. Dabei wird unterstellt, dass eine erfolgreiche Zielerreichung von einem erfolgreichen Mitteleinsatz abhängt.

Eine Erweiterung von Prä-Post-Vergleichen sind *Verlaufsuntersuchungen.* Sie berücksichtigen, dass eine Supervision aus einer größeren Anzahl von Supervisionsstunden besteht. Werden nur Anfang und Ende einer Sequenz berücksichtigt, so ist die Interpretation der festgestellten Veränderungen gezwungen, eine lineare Entwicklung zu unterstellen. Nun sind aber ganz andere Verläufe denkbar: So kann man sich vorstellen, dass es Eingewöhnungszeiten gibt, in denen die Supervision hinsichtlich der vereinbarten Erfolgskriterien keine positiven oder sogar negative Veränderungen zeigt, bevor sie sich dann in positiver Richtung entwickelt; oder Zeiten der Sättigung, in denen keine weiteren positiven Veränderungen stattfinden; oder Verbesserungen bei Beendigung der Supervision, die nach kurzer Zeit in eine Verschlechterung umschlagen (weil die Supervision keine Hilfe zur Selbsthilfe ist, sondern nur als Dauermaßnahme wirkt); oder Verschlechterungen (als Reaktion auf eine schlecht vorbereitete Beendigung), die sich nach einiger Zeit aber geben und dann eine nachhaltige Verbesserung zeigen. Verlaufsuntersuchungen tragen solchen Phänomenen durch eine *Vermehrung der Evaluationszeitpunkte* (auch über das Ende der Supervision hinaus) Rechnung. Im Extrem kann jede einzelne Supervisionsstunde evaluiert werden. Verlaufsuntersuchungen fokussieren auf die Zeit als Wirkfaktor und sind damit erste Annäherungen an eine Wirkfaktorenanalyse.

Sowohl Prä-Post-Vergleiche als auch entsprechende Verlaufsuntersuchungen, ob ohne oder – besser – mit Kontrollgruppen, lassen zunächst einmal keine Aussagen darüber zu, was die festgestellten Veränderungen bewirkt hat. Jede Supervisionsstunde ist eine komplexe Interaktionsdynamik, in der verschiedene Wirkfaktoren zusammenspielen. Auch dann, wenn Supervisionskonzepte angeben, welche Wirkfaktoren sie postulieren, heißt das nicht, dass diese auch tatsächlich wirksam sind. Nach Maßgabe von Laboruntersuchungen müsste ein Gruppenvergleich durchgeführt werden, bei dem in der einen Gruppe ein Wirkfaktor isoliert und gegen eine Kontrollgruppe getestet wird, in der (unter sonst gleichen Bedingungen) genau dieser Wirkfaktor fehlt oder durch genau einen konkurrierenden Wirkfaktor ersetzt wird. Die Manualisierung supervisorischen Handelns, die dadurch nahe gelegt wird, setzt auf eine Praxeologie, bei der idealtypischer Weise nur Wirkfaktoren bedient werden, die sich als wirksam erwiesen haben. Dieser Reduktionismus ist freilich praxisfern und degeneriert Supervision zu einem autoritativen psychoedukativen Regime. Überdies wird sie ihrem eigenen Anspruch nicht gerecht, da es mit steigender Anzahl von Wirkfaktoren, die sich wechselseitig beeinflussen, immer schwieriger wird, praktikable Handlungsanweisungen zu formulieren.

Dennoch sind *Wirkfaktorenanalysen* unverzichtbar. Wenn überhaupt, so unterscheiden sich verschiedene Supervisionskonzepte erst oberhalb *unspezifischer* Wirkfaktoren. Wie groß der Beitrag *spezifischer* Wirkfaktoren an der Wirksamkeit / praktischen Bewährung ist, lässt sich in der Praxis nur schwer ausmachen. Dennoch kann auf die Entwicklung von Supervisionskonzepten nicht verzichtet werden, die sich auf unterschiedliche Wirkfaktoren berufen. Zum einen kommt eine konzeptuelle Diversifikation der Supervision als Ganzer zugute, da die Evaluation der einzelnen Konzepte die verfügbare wissenschaftliche Wissensbasis erweitert. Zum anderen bedienen Supervisionskonzepte mit verschiedenen, aber gleich wirksamen spezifischen Wirkfaktoren unterschiedliche Wertbindungen und machen dadurch Supervision für unterschiedliche Nachfrager akzeptabel.

Um Wirkfaktoren begründet postulieren zu können, bedarf es Untersuchungen darüber, was in Supervisionen (nach einem bestimmten Supervisionskonzept) tatsächlich geschieht. Die theoretische Beschreibung des Konzepts kann nicht für die tatsächliche Praxis der Supervisoren genommen werden. Denn Supervisoren sind wie alle Praktiker nur sehr begrenzt fähig, genau zu beschreiben, was in einer Supervisionsstunde geschehen ist. Das gilt sogar für die Beschreibung ihrer Interventionen. Sie sind deshalb keine validen Informanten.

Vielmehr neigen sie dazu, ihre Beschreibungen im Hinblick auf ihre Konzepte zu »normalisieren«.

Diese Schwierigkeiten markieren auch die Grenzen für die häufigste Form, mit der Supervisoren (und deren Kontroll-Supervisoren) ihre Beobachtungen kommunizieren: Kasuistiken und kasuistische Vignetten. Deshalb ist deren wissenschaftstheoretischer Stellenwert prekär: Auch wenn sie in forschender Haltung geschrieben sind, können sie Forschung nicht ersetzen. Über reine Illustrationen hinaus kommt ihnen am ehesten die Funktion zu, auf Phänomene, insbesondere mögliche Wirkfaktoren, aufmerksam zu machen, die erforscht gehören. Bislang schreiben Supervisoren ihre Kasuistiken und kasuistischen Vignetten meist nach Gutdünken, was deren Erkenntniswert weiter reduziert. Dagegen können sie brauchbare Sonden supervisorischer Praxis sein, wenn sie nach einem bestimmten – argumentierenden – Darstellungsformat verfasst werden.

Mikroanalysen einzelner Supervisionsstunden oder -sequenzen können helfen, begründete Vermutungen über Wirkfaktoren zu entwickeln (vgl. Buchholz u. Hartkamp, 1997; Gaertner, 1999, Teil 2). Dazu werden die Sitzungen auf Tonträger aufgezeichnet und regelgeleitet transkribiert. Alternativen sind Videoaufzeichnungen oder Protokolle von teilnehmenden Beobachtungen: Videogeräte und teilnehmende Bobachter stören die notwendige Intimität von Supervisionssitzungen aber weit mehr. Auf der Basis von Transkripten lassen sich dann folgende Ansätze realisieren:

- Vergleiche von Supervisionsstunden erfahrener und unerfahrener Supervisoren, die sich in ihrem Handeln auf das gleiche oder auf verschiedene Konzepte berufen;
- Beschreibung von Supervisionsstunden durch Supervisoren und / oder Supervisanden frei aus dem Gedächtnis oder anhand von Kriterien, in denen sich die konzeptuellen Vorstellungen über die Wirkfaktoren manifestieren, im Vergleich mit Rekonstruktionen der Stunden durch Supervisionsforscher;
- rekonstruktive Vergleiche von Supervisionsstunden, die als »gelungen« oder »misslungen« beurteilt werden, um auf diese Weise eine »Best practice« zu modellieren;
- Supervisoren geben anhand von Stundentranskripten an, warum sie an einer bestimmten Stelle wie interveniert haben. Diese Wirkungserwartungen vergleichen Forscher mit den zeitnahen Reak-

tionen der Supervisanden, so wie sie sich transkriptbasiert rekonstruieren lassen. Da jede Intervention auch innerhalb des gleichen Konzepts unterschiedlich begründet werden kann, interessiert zudem die Variation der Begründungsfiguren, einschließlich der Wissensbestände, die ihnen zugrunde liegen. Schließlich lassen sich die Aussagen von Supervisoren, warum sie an einer bestimmten Stelle wie interveniert haben, mit entsprechenden Vermutungen von Vertretern des gleichen Konzepts vergleichen.

Je mehr Supervisoren über Supervisionsforschung wissen, desto kompetentere Partner können sie in einer praxisnahen Forschung werden, die der Optimierung supervisorischen Handelns dient. Dabei ist die Evaluation einzelner Supervisionskonzepte wie der Supervision generell im Vergleich mit anderen arbeitsbezogenen Maßnahmen nur ein Teilaspekt einer notwendigen Evaluation von Professionalisierungsprozessen. Die Hierarchie zwischen Wissenschaft und Profession ist freilich erst dann abgebaut, wenn es zu einer echten Co-Produktion zwischen Praktikern und Forschern kommt, in der die Praktiker nicht nur als Datenlieferanten, sondern als vollwertige Mitglieder in Forschergruppen eingebunden sind.

Professionelle Identität

Um eine forschende Haltung ausbilden zu können, bedürfen Supervisoren einer bestimmten Identitätsformation, die nicht selbstverständlich ist, ja durch die Besonderheiten der Vermittlung von Erfahrungswissen sogar erschwert wird. Denn Können lässt sich nicht vorschreiben. Aber durch »exemplarisches Handeln« ist es möglich, dass es »von einem Meister auf seinen Lehrling« übergeht, was seine »Ausbreitung auf persönliche Kontakte (beschränkt)« (Polyani, 1958, S. 53). Genau genommen geht es in einer solchen Lehr-Lern-Situation nicht um Belehrung, sondern um geteilte Praxis. Denn Belehrungen ignorieren im Hinblick auf die Vermittlung impliziten Wissens die »Paradoxie der Expertise« (Speelman u. Maybery, 1998, S. 136 f.), die darin besteht, dass der Meister zwar etwas kann, dieses Können aber nicht aussagen kann. Lernt der Lehrling, was der Meister kann, lernen es genau genommen beide, indem sie ihre Selbstbeobachtung mit ihrer Fremdbeobachtung verschränken: Meister und Lehrling beobachten einander, beobachten sich selbst und beobachten, wie sie einander und sich selbst beobachten – all dies in einer intimen Beziehung, die auch im Konfliktfall auf einer prinzipiellen wechselseitigen Zuneigung und Wertschätzung beruht und dadurch die gemeinsamen Erfahrungen emotional positiv grundiert. So gesehen besteht das Fundament einer »Community of practice« aus einer Matrix von Meister-Lehrling-Verhältnissen, in denen im Laufe der Zeit aus Lehrlingen Meister werden, die wieder Lehrlinge haben, die Meister werden …

Was für das implizite Wissen jedes Einzelnen gilt, trifft auch auf jedes einzelne Meister-Lehrling-Verhältnis wie auf die ganze Matrix zu: Das Wissen, das auf diese Weise vermittelt wird, kann falsches Wissen sein, zumal dann, wenn der praktische Erfahrungsaustausch zwischen Meister und Lehrling auf eine Identifikation von Lehrlingen mit ihren Meistern hinausläuft, weil Identifikationsprozesse schnell zu einer erlebten Handlungssicherheit führen, zumal wenn sie durch eine Idealisierung des Meisters angebahnt werden.

Einem prominenten Modell zufolge (vgl. Habermas, 1976) lässt sich zwischen einer prä-konventionellen, einer konventionellen und einer post-konventionellen Identitätsformation unterscheiden: *Prä-konventionell* sind Supervisoren mit der Praxis eines signifikanten personalen Vorbildes identifiziert. Ein solches ist der Lehr-Supervisor und / oder der Kontroll-Supervisor). Eine *konventionelle* Identitätsformation liegt vor, wenn ein erster Schritt zur Entpersonalisierung getan ist: Nunmehr besteht eine Identifikation mit dem supervisorischen Handeln, für das ein signifikantes personales Vorbild explizit eintritt. Meist sind es – von Idiosynkrasien abgesehen – Vorstellungen, die ein bestimmtes Ausbildungsinstitut oder eine bestimmte Supervisions-»Schule« formuliert und durch Konformitätsdruck stabilisiert. Bei einer *post-konventionellen* Identitätsformation ist die Entpersonalisierung schließlich am weitesten vorangetrieben. Sie beruht auf einer Identifikation mit dem Diskurs in der Supervision, in dem partikuläre Vorstellungen – unter Einbeziehung der Befunde der Supervisionsforschung – diskutiert werden.

Als Entwicklungsprozess aufgefasst entsprechen die drei Identitätsformationen einem Weg, auf dem immer weniger Ausgrenzungen notwendig sind: auf dem das fremde Andere, das, was nicht selbstverständlich ist, seinen Schrecken verliert und die Begegnung mit ihm gesucht wird, weil es hilft, die eigenen Möglichkeiten zu steigern. Damit nimmt auch Toleranz zu, freilich nicht als schale Indifferenz, sondern als konstruktive Differenzierung, die das Eigene entschieden bejaht, ohne das fremde Andere abzulehnen. Das schließt Toleranz für Ambiguitäten ein. Denn es kommt zu einer Steigerung der Komplexität, die nicht länger durch einfache Versicherungen, sondern nur mehr durch einen nicht abzuschließenden Lernprozess zu reduzieren sind, der von der Einsicht getragen ist, dass es keine ultimative Rationalität gibt.

Eine post-konventionelle Identität bildet allerdings nur aus, wer sich in seinem Entwicklungsprozess auf prä-konventionelle und konventionelle Identitätsformationen als deren Vorstufen stützen kann. Erfolgt dagegen eine Fixierung auf den Vorstufen, dann kommt keine post-konventionelle Identitätsformation zustande. Das hat Konsequenzen. Wer über eine post-konventionelle Identität verfügt, der vermag zwischen einzelnen Supervisoren, verschiedenen Supervisions-Instituten sowie -»Schulen« und dem Diskurs in der Supervision zu unterscheiden. Das eröffnet ihm die Möglichkeit der Kritik: Unter Berufung auf den Diskurs lassen sich »Schulen« sowie Institute und unter Berufung auf »Schulen« und Institute einzelne Supervisoren kritisieren. Gegenläufig dazu sind es »Schulen« sowie Institute und einzelne Supervisoren, die innerhalb des Diskurses für Innovationen sorgen können.

Ich halte es für eine fortbestehende Herausforderung, die Institutionen der Supervision zu »lernenden Organisationen« zu entwickeln, die ihren Mitgliedern eine post-konventionelle Identität ermöglichen. Denn die Supervisionsforschung benötigt Supervisoren, die dazu beitragen, supervisorisches Handeln zu optimieren, indem sie mit einer forschenden Haltung gegenüber ihrer eigenen Praxis die Wissenschaft anregen, Wissen zu erzeugen, das sich praktisch bewährt.

Literatur

Aveline, M. (2005). The person of the therapist. Psychotherapy Research, 15, 155–164.

Bäcker, R. (1999). Einige Bemerkungen über das Verhältnis von Kunst, Wissenschaft und Supervision. Eine Replik auf Hegener und Möller »Supervision: Kunst als Wissenschaft?« Freie Assoziation, 2 (2), 243–256.

Balint, M. (1968). Die Struktur der »training-cum-research«-Gruppen und deren Auswirkungen auf die Medizin. Jahrbuch der Psychoanalyse, 5, 125–146.

Baumard, P. (1996). Tacit Knowledge in Organizations. London: Sage.

Berker, P., Buer, F. (Hrsg.) (1998). Praxisnahe Supervisionsforschung. Felder – Designs – Ergebnisse. Münster: Votum.

Bourdieu, P., Wacquant, L. (1996). Reflexive Anthropologie. Frankfurt a. M.: Suhrkamp.

Bucci, W. (1997). Psychotherapy and cognitive science. A multiple code theory. New York: Guilford Press.

Buchholz, M. (Hrsg.) (1993). Metaphernanalyse. Göttingen: Vandenhoeck & Ruprecht.

Buchholz, M., Hartkamp, N. (Hrsg.) (1997). Supervision im Fokus. Polyzentrische Analysen einer Supervision. Opladen: Westdeutscher Verlag.

Buchkremer, G., Klingberg, S. (2001). Was ist wissenschaftlich fundierte Psychotherapie? Zur Diskussion um Leitlinien für die Psychotherapieforschung. Nervenarzt, 72, 20–30.

Eberl, P.(1996). Die Idee des organisatorischen Lernens. Bern: Paul Haupt.

Gaertner, A. (1999). Gruppensupervision. Theoriegeschichtliche und fallanalytische Untersuchungen. Tübingen: Edition Diskord.

Graesel, C. (1997). Problemorientiertes Lernen. Göttingen: Hogrefe.

Grawe, K., Donati, R., Bernauer, F. (1994). Psychotherapie im Wandel. Von der Konfession zur Profession. Göttingen: Hogrefe.

Greenhalgh, T. (1999). Narrative based medicine in an evidence based world. British Medical Journal, 318, 323–325.

Habermas, J. (1976). Moralentwicklung und Ich-Identität. In J. Habermas, Zur Rekonstruktion des Historischen Materialismus (S. 63–91). Frankfurt a. M.: Suhrkamp.

Jüttemann, G. (1990). Komparative Kasuistik. Heidelberg: Asanger.

Kaul, S. (2003). Narratio: Hermeneutik nach Heidegger und Ricoeur. München: Fink.

Körner, J. (2003). Die argumentationszugängliche Kasuistik. Forum der Psychoanalyse, 19, 28–35.

Kornadt, H. (1985). Zur Lage der Psychologie. Psychologische Rundschau, 36, 1–15.

McAlister, F. A., Graham, I., Karr, G. W., Laupacis, A. (1999). Evidence-based medicine and the practicing clinician. Journal of the General Internistic Medicine, 14, 236–242.

Möller, H., Hegener, W. (1999). Supervision: Kunst oder Wissenschaft? Freie Assoziation, 2 (1), 7–20.

Münch, W. (2001). Metaphern und Analogien: Vom Zeigen und Weisen in der Supervision. Freie Assoziation, 4 (1), 71–94.

Neuweg, G. H. (1999). Könnerschaft und implizites Wissen: zur lehr- und lerntheoretischen Bedeutung der Erkenntnis- und Wissenstheorie Michael Polanyis. Münster: Waxmann.

Oeltze, H.-J., Ebert, W., Petzold, H. G. (2002). Integrative Supervision in Ausbildung und Praxis – eine empirische Evaluationsstudie im Mehrebenenmodell. Düsseldorf / Hückeswagen, FPI-Publikationen. www.FPI-Publikationen.de/materialien.htm: SUPERVISION: Theorie – Praxis- Forschung. Eine interdisziplinäre Internet-Zeitschrift – 01/2002.

Orlinsky, D. E., Ronnestad, M. E. (2005). How psychotherapists develop. A study of therapeutic work and professional growth. Washington: APA.

Pauen, M., Roth, G. (Hrsg.) (2001). Neurowissenschaften und Philosophie. München: Fink.

Petzold, H. G., Schigl, B., Fischer, M., Höfner, C. (2003). Supervision auf dem Prüfstand. Wirksamkeit, Forschung, Anwendungsfelder, Innovation. Opladen: Leske + Budrich.

Polanyi, M. (1958). Personal knowledge. Towards a post-critical philosophy. Chicago: University of Chicago Press.

Polanyi, M. (1966). The Tacit Dimension. New York: Doubleday.

Rangell, L. (1976). Zur Psychologie der Gelassenheit. In L. Rangell, Gelassenheit und andere menschliche Möglichkeiten (S. 25–72). Frankfurt a. M.: Suhrkamp.

Reinecker, H., Schiepek, G., Gunzelmann, T. (1989). Integration von Forschungsergebnissen: Meta-Analysen in der Psychotherapieforschung. Zeitschrift für klinische Psychologie, 18/2, 101–116.

Sachverständigenrat: Bedarfsgerechtigkeit und Wirtschaftlichkeit. Bd. II: Qualitätsentwicklung in Medizin und Pflege. BT-Drs. 14/5661 v. 21. 3. 2001.

Sachverständigenrat: Gutachten 2003. Kurzfassung (Quelle: Homepage des SVR).

Schachter, J., Luborsky, L. (1998). Who's afraid of psychoanalytic research? International Journal of Psychoanalysis, 79, 965–969.

Schapp, W. (1981). Philosophie der Geschichten. Frankfurt a. M.: Vittorio Klostermann.

Schneider, K. D., Müller, A. (1998). Das Supervisions-Evaluations-Inventar (SEI). In P. Berker, F. Buer (Hrsg.), Praxisnahe Supervisionsforschung. Felder – Designs – Ergebnisse (S- 90–98). Münster: Votum.

Schön, D. A. (1983). The reflective practitioner. How professionals think in action. New York: Basic Books.

Schwandt, Th. A. (2002). Evaluation Practice Reconsidered. New York: Lang.

Speelman, C., Maybery, M. (1998). Automaticity and skill acquisition. In C. Kirsner, M. Speelman, M. Maybery (Hrsg.), Implicit and explicit mental processes (S. 79–98). Mahaw: LEA.

Sternberg, R. J., Hovarth, J. A. (Hrsg.) (1999). Tacit knowledge in professional practice. Mahaw: Erlbaum.

Varela, F. J., Thompson, E. T., Rosch, E. (1991). The embodied mind: cognitive science and human exoerience. Cambrigde: MIT-Press.

Vonderach, G. (1984). Verstricktsein in Sprachspiele, Metaphern und Geschichten. Oldenburg: Rastede.

Wenger, E. C. (1999). Communities of practice: Learning, meaning and identity. Cambrigde: Cambridge University Press.

Peter Ulrich

Die Wirtschaft in einer wohlgeordneten Gesellschaft

Ein wirtschaftsethischer Orientierungsversuch

Wirtschaftsethik – eine »angewandte« Bereichsethik wie andere auch?

So genannte Bereichsethiken, die sich mit der »Anwendung« der allgemeinen philosophischen Ethik auf spezielle Lebensbereiche beschäftigen, haben in jüngster Zeit akademische und öffentliche Konjunktur. Das hat unter anderem damit zu tun, dass sich die Entwicklung lebenspraktischer Problemlagen nicht an die etablierten disziplinären Abgrenzungen der Wissenschaften zu halten pflegt – erst recht nicht dort, wo sich diese zwar immer schon mit menschlichem Handeln befassen, sich aber unter dem Einfluss des positivistischen und szientistischen Wissenschaftsverständnisses auf intern wertfreie Theoriekonzepte zurückgezogen haben. Überall dort, wo bisher »wertfrei« analysierte lebenspraktische Verhältnisse aufgrund objektiver Veränderungen (beispielsweise im Kontext zunehmender wissenschaftlich-technischer Verfügbarkeit) und einer entsprechend gewachsenen subjektiven Problemwahrnehmung (etwa im Hinblick auf fragwürdige Auswirkungen technischer oder ökonomischer »Rationalisierung«) zum Gegenstand der Reflexion und Argumentation über Zusammenhänge des guten Lebens, des gerechten Zusammenlebens und des verantwortlichen Handelns erhoben werden, wächst ihnen in der modernen Welt das Bedürfnis nach einer »lokalen« Bereichsethik nach.

So verhält es sich grundsätzlich auch im Fall der Wirtschaftsethik. Es sind teilweise drängende Fragen, die sich heute immer mehr Menschen in Bezug auf den lebenspraktischen Sinn und »Wert« unseres westlichen Lebens-, Arbeits- und Konsumstils, aber auch in

Bezug auf die zunehmend »eigensinnig« wirkende, sich derzeit globalisierende Dynamik mehr oder weniger entfesselter Märkte stellen, nimmt doch die Zahl der fragwürdigen Folge- oder Nebenwirkungen auf die soziale Lebenswelt und die natürliche Umwelt unübersehbar zu.

Weshalb aber, so wird man sich zunächst fragen dürfen, sollte es zur Auseinandersetzung mit solchen lebenspraktischen Zusammenhängen des Wirtschaftens einer neuen Bindestrich-Disziplin namens Wirtschaftsethik bedürfen? Geht es denn dabei nicht um ganz »normale« Grundfragen des Wirtschaftens, mit denen sich die Wirtschaftswissenschaften immer schon auseinandergesetzt haben? Hieß die klassische Ökonomie nicht mit guten Gründen Politische Ökonomie? War sie nicht seit jeher, zumindest seit Aristoteles' berühmter Trias von Ethik, Politik und Ökonomik, ein Teil der praktischen Philosophie? Und worum sonst sollte es beim Wirtschaften gehen als darum, im Hinblick auf die Bedürfnisse der Menschen Werte zu schaffen, wie es beispielsweise der geläufige betriebswirtschaftliche Begriff der »Wertschöpfung« noch in sich hat?

Nun, gerade der Begriff der Wertschöpfung mag symptomatisch für das hier relevante Problem sein: Zwar rechnen die modernen Wirtschaftswissenschaften auf verschiedenste Weisen mit der Vermehrung (»Nutzen«) und dem Verzehr (»Kosten«) von Werten, aber sie begründen nicht den menschlichen, lebenspraktischen »Wert« dessen, was ökonomisch als Wertschöpfung gilt, und sie reflektieren auch nicht kritisch über Fragen der sozial oder intergenerationell gerechten Verteilung aller »internen« (d. h. in die Kalküle der Handelnden eingehenden) oder »externen« (d. h. nicht in die Kalküle der Handelnden internalisierten) Kosten- und Nutzeneffekte auf alle Betroffenen. Die paradigmatische Spezialisierung der Ökonomik auf einen einzigen gesellschaftlichen Rationalitätsaspekt, den der Effizienz, verstellt ihr den Blick für andere Kategorien einer vernünftigen Lebens- und Wirtschaftspraxis.

Was in Theorie und Praxis als ökonomisch rational gilt, erweist sich jedoch immer öfter als lebenspraktisch unvernünftig, indem es wesentliche, aber in den ökonomischen Kategorien und Kalkülen nicht oder nicht angemessen erfassbare Qualitäten unserer natürlichen Umwelt, sozialen Mitwelt oder kulturellen Innenwelt theoretisch ausblendet. Hier, an der Leitidee vernünftigen Wirtschaftens selbst, hat daher eine Wirtschaftsethik anzusetzen, die sich nicht bloß als »Reparaturethik« (Mittelstraß, 1990, S. 36) der vorgefundenen Verhältnisse, sondern als philosophisch begründete Vernunftethik des Wirtschaftens versteht und der Logik der ökonomischen Sache auf den normativen Grund leuchten will.

Im Spannungsfeld zweier moderner Rationalisierungsprojekte

Man kann die Entwicklung der modernen Ökonomik als theoretische Spiegelung dessen verstehen, was in der Gesellschaft tatsächlich tendenziell vorgeht: nämlich eine seit über 200 Jahren aus fast allen traditionalen normativen Bindungen entfesselte, immer grenzenlosere Ökonomisierung aller Lebensbereiche, der ganzen Welt und sogar des Zeitgeists. Theoretisch kommt diese Entgrenzungstendenz der Ökonomik zu einer universalen Sozialphilosophie und Gesellschaftstheorie in dem von namhaften Fachvertretern heute ausdrücklich als Forschungsprogramm vertretenen »ökonomischen Imperialismus« zur Geltung. So gesehen ist die neoklassische Wirtschaftstheorie, die sich heute als universale Theorie menschlichen Verhaltens sowie der Entwicklung gesellschaftlicher Institutionen versteht, eine »realistische« Theorie; dies allerdings in jenem ambivalenten Sinn, den Hannah Arendt (1981, S. 314) schon vor Jahrzehnten nicht in Bezug auf die Ökonomik, sondern hinsichtlich der szientistischen Verhaltenswissenschaften reflektiert hat:

> »Das Beunruhigende an den modernen Theorien des Behaviorismus [bzw. der reinen Ökonomik, P. U.] ist nicht, dass sie nicht stimmen, sondern dass sie im Gegenteil sich nur als zu richtig erweisen könnten; dass sie vielleicht nur in theoretisch verabsolutierter Form beschreiben, was in der modernen Gesellschaft wirklich vorgeht.«

Es wäre aber zu kurz gegriffen, die moderne Wirtschaftstheorie nur als erklärende Theorie zu deuten, die der von ihr modellierten Praxis aus der reinen Beobachterperspektive begegnete und an normativen Handlungsorientierungen gänzlich desinteressiert wäre, so dass sie die ganz andere Aufgabe der ethisch-kritischen Reflexion einer ihr beziehungslos gegenüberstehenden Disziplin namens »Wirtschaftsethik« überlassen würde. Eine solche Zwei-Welten-Konzeption von »ethikfreier« Wirtschaftstheorie einerseits und »außerökonomischer« Wirtschaftsethik andererseits würde die traditionelle explikative und normative Doppelfunktion der »reinen« Ökonomik verkennen, auf die ebenfalls schon vor Jahrzehnten der Nobelpreisträger Gunnar Myrdal (1932/1976) und im Anschluss an ihn der Wissenschaftstheoretiker Hans Albert (1954/1972) – vor seiner Hinwendung zu Poppers Kritischem Rationalismus – in ideologiekritischer Absicht hingewiesen haben. Gemeint ist die Eigentümlichkeit der Wirtschaftstheorie, einerseits – als empirisch-analytische Wissenschaft – die Realität »wertfrei« erklären bzw. prognostizieren und andererseits – als normative Ökonomik – zugleich die Wirtschafts- und Gesellschaftspolitik normativ beraten zu wollen. Ausdrücklich vertritt diese Doppelfunktion u.a. Karl Homann (Homann u. Blome-Drees, 1992). Er versucht Wirtschaftsethik strikt als reine Moralökonomik, d.h. als (intern wertfreie) ökonomische Theorie der Moral, zu konzipieren. Das hat im Kern mit dem systematischen Anspruch der Ökonomik zu tun, eine »reine« (d.h. prä-empirische) Idealtheorie rationalen Handelns im Umgang mit knappen Ressourcen zu entfalten. Rationalität ist ja, in welcher Begriffsfassung auch immer, stets eine normative Orientierungsidee, indem sie definiert, wie wir unser Handeln vernünftigerweise ausrichten sollen.

Zum ökonomischen Paradigma gehört denn auch wesentlich eine bestimmte methodische Rationalitätsunterstellung, dahingehend, dass die Wirtschaftssubjekte strikt ihren Eigennutzen zu maximieren bestrebt und sich wechselseitig gleichgültig sind, so dass keine moralischen Verpflichtungsgefühle ihre sozialen Interaktionen beeinflussen. Der Homo oeconomicus, dieser kluge, aber etwas einseitig begabte Bursche, kennt gemäß wirtschaftstheoretischen Modellprämissen keine andere als eine rein strategische (Erfolgs-)Rationalität. Die reine Ökonomik entfaltet konsequent die universalistische Logik erfolgsrationalen Handelns strikt eigeninteressierter Individuen. Ins »Geschäft« kommen diese miteinander nur in Form des wechselseitigen Vorteilstausches. Die moderne Ökonomik versteht sich dabei wie gesagt als Rationalisierungsperspektive für alle Lebens- und Gesellschaftsbereiche, nicht etwa nur für den Bereich der Wirtschaft.

Die reine Ökonomik impliziert dabei keineswegs die empirische Behauptung, der wirkliche Mensch sei so ein kalter Eigennutzenmaximierer wie der Homo oeconomicus – genauso wenig wie die moderne Ethik methodisch etwas mit der Behauptung zu tun hat, die Menschen würden in moralischen Fragen tatsächlich vernünftig handeln. Auch die moderne philosophische Ethik entfaltet im Prinzip ganz ähnlich nicht mehr und nicht weniger als die universalistische normative Logik der Zwischenmenschlichkeit. Im Unterschied zur (vorteils-)bedingten Interaktion und Kooperation von Wirtschaftssubjekten geht es in der Ethik, soweit sie sich als normative Moralphilosophie (Deontologie) versteht, jedoch gerade um die Begründung intersubjektiver Verbindlichkeiten der unbedingten wechselseitigen Anerkennung der Personen als Wesen gleicher Würde und entsprechend reziproker moralischer Rechte und Pflichten. Diese intersubjektive Forderungsstruktur ist für alle humane Moralität konstitutiv (Tugendhat, 1993, S. 64).

Moderne Ethik und moderne Ökonomik lassen sich somit als theoretische Ausformungen zweier in spannungsvoller Wechselwirkung stehender, menschheitsgeschichtlicher Rationalisierungsprojekte verstehen. Was sie verbindet, ist nicht nur ihre formal analoge Struktur, sondern der beiderseits erhobene normative Anspruch. Allerdings kann dieser als solcher nur in ethischen Kategorien reflektiert werden; in der ökonomischen Theorie versteckt er sich in den axiomatischen Rationalitätsunterstellungen des Homo oeconomicus. Dieser ist geistesgeschichtlich als idealtypisch überhöhtes Abbild eines real vorgefundenen lebensweltlichen Ethos »rationaler«, selbst disziplinierter und zielstrebiger Lebensführung zu verstehen. Es war Max Weber, der im Rahmen seiner religionsgeschichtlichen Studien den entscheidenden inneren Zusammenhang zwischen dem »modernen Wirtschaftsethos« und dem »ökonomischen Rationalismus« (Weber, 1988, S. 12) erfasste, indem er diesen selbst als Inbegriff jenes Ethos durchschaute:

> »Es ist nicht nur ›Geschäftsklugheit‹, was da gelehrt wird […] – es ist ein Ethos, welches sich äussert« (S. 33).

Es ist die zunehmende Erfahrung, dass sich praktisch eine Neuordnung des problematisch gewordenen Konkurrenzverhältnisses zwischen der (gesellschaftlich dominant gewordenen) ökonomischen und der ethischen Rationalisierungsprogrammatik aufdrängt, die auch zu einer wissenschaftlichen Renaissance des Interesses an Wirtschaftsethik geführt hat.

Das systematische Kernproblem moderner Wirtschaftsethik

Nun erst können wir das spezifische Kernproblem moderner Wirtschaftsethik genau bestimmen, das sie von den meisten anderen »angewandten« Bereichsethiken grundlegend unterscheidet: In ihr geht es nicht einfach um die »Anwendung« moderner Ethik auf einen zuvor »ethikfreien« Problembereich, in diesem Fall die Wirtschaft, sondern vielmehr um die philosophisch-ethische Klärung des Verhältnisses zwischen zwei konkurrierenden normativen Logiken »rationalen« Handelns, die beide einen universalen Geltungsanspruch erheben. Wirtschaftsethik ist so gesehen eine Interdisziplin im Spannungsfeld zweier in der Moderne gleichermaßen geschichtsmächtiger Rationalisierungsprojekte – und zweier entsprechend konkurrierender Theoriesprachen, die in getrennten Fakultäten kultiviert worden sind.

Die entscheidende Aufgabe einer nicht zu kurz greifenden Wirtschaftsethik, so lautet meine grundlegende These, besteht unter diesen Umständen in der ethisch-kritischen Reflexion (oder Ideologiekritik) des normativen Programms, das den ökonomischen Rationalismus (oder Ökonomismus) von innen heraus wirkungsmächtig bestimmt – und dieses Programm wird in seiner zeittypischen Form von der dominierenden Wirtschaftstheorie modelliert. Die primäre Zielsetzung des damit in den Blick kommenden Ansatzes der integrativen Wirtschaftsethik, wie wir sie im Institut für Wirtschaftsethik der Universität St. Gallen entwickelt haben (Ulrich, 2008), betrifft somit gar nicht unmittelbar die Anwendung von Ethik auf die Wirtschaftspraxis, sondern die Erhellung des normativen Fundaments des herrschenden ökonomischen Denkens – oder kürzer: Ökonomismuskritik.

Darüber hinaus geht es um eine vernunftethische Rekonstruktion der normativen Bedingungen der Möglichkeit vernünftigen Wirtschaftens – im Sinne einer ethisch integrierten Idee ökonomischer

Vernunft oder sozialökonomischer Rationalität, die den moralischen Gesichtspunkt der reziproken Anerkennung der Subjekte in ihrer humanen Würde und in ihren moralischen Rechten als konstitutive Voraussetzung allen legitimen Wirtschaftens begreift und ihn deshalb schon in sich hat. Diese regulative Idee vernünftigen Wirtschaftens, die wir weiter unten (im fünften Abschnitt) noch konkretisieren werden, stellt nichts anderes als den *moral point of view* einer Vernunftethik des Wirtschaftens dar. Damit grenzt sich der integrative Ansatz auf zwei Seiten ab (Abbildung 1): zum einen von einer normativen Ökonomik, welche die ökonomische Rationalität selbst noch für Fragen der Ethik als die »wertvollere« Rationalitätsidee betrachtet und sie an die Stelle der ethisch-praktischen Vernunft setzt, also Wirtschaftsethik auf Moralökonomik zu reduzieren versucht (angewandte Ökonomik als funktionalistische »Wirtschaftsethik«); zum anderen von einer bloß »angewandten« Konzeption, die Wirtschaftsethik unvermittelt als »das Andere« einer nicht weiter hinterfragten ökonomischen Rationalität ansetzt, was zwar dem Vorverständnis der meisten Nicht-Ökonomen entspricht, aber wie gezeigt den systematischen Kern des Problems, eben den normativen Gehalt der ökonomischen »Sachlogik« selbst, verfehlt (angewandte Ethik als korrektive Wirtschaftsethik).

Integrative Wirtschaftsethik argumentiert auf der einen Seite – im Gegensatz zum bloß korrektiven Ansatz – für *mehr* ökonomische Vernunft, statt die empirisch etablierte ökonomische Rationalität bloß in äußere Grenzen verweisen zu wollen. Auf der anderen Seite begnügt sie sich – im Unterschied zum funktionalistischen Ansatz – nicht damit, in schlichter Umkehrung der »angewandten« Ethik das »rein« ökonomische Rationalitätskonzept auf ethische Probleme »anzuwenden«. Vielmehr zielt sie auf die ethisch gehaltvolle Erweiterung der ökonomischen Rationalitätsidee von ihren inneren, normativen Grundlagen her.

Damit ist zunächst die kategoriale Grundaufgabe integrativer Wirtschaftsethik angesprochen. Vor allem von Praktikern wird deren grundlegende Bedeutung gern übersehen und nach einer »umweglosen« normativen Beschäftigung mit praktischen Fragen wirtschaftlichen Handelns oder der wirtschaftspolitischen Gestaltung gerufen. Es wäre jedoch ein Missverständnis, diese Arbeit am Begriff eines ethisch »wertvollen« Verständnisses von »vernünftigem Wirt-

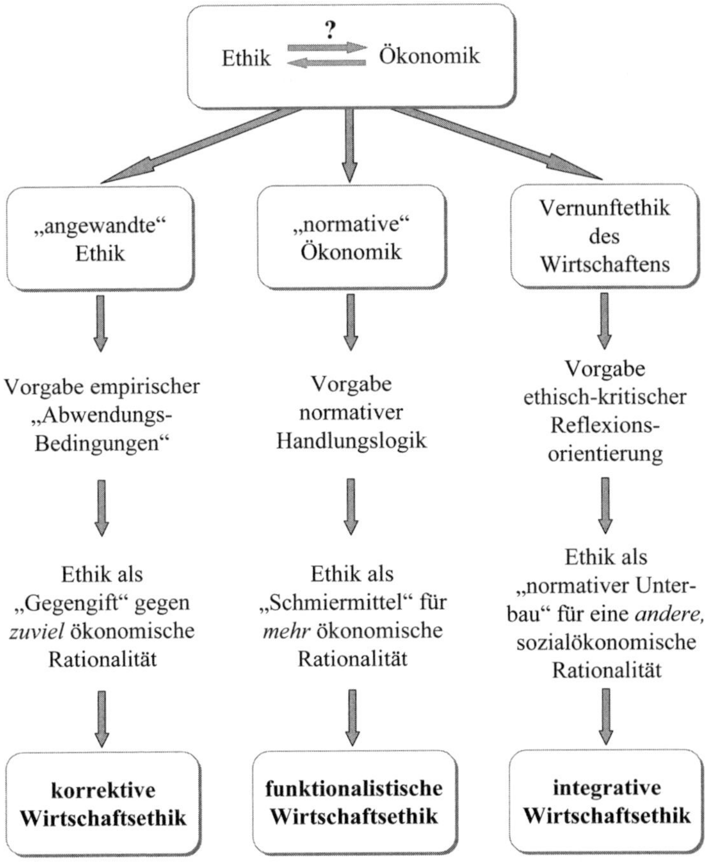

Abbildung 1: Die drei grundlegenden Ansätze: korrektive, funktionalistische und integrative Wirtschaftsethik

schaften« als praxisfern zu betrachten – vielmehr stellt die konzeptionelle Kraft zur Reflexion und Neudefinition der Begriffe des Denkens und Argumentierens letztlich die einzige praktische Macht dar, über die die Ethik verfügt. Doch selbstverständlich ist dies nur der erste Schritt einer systematischen Orientierung im wirtschaftsethischen Denken, wie wir das Ganze in Anlehnung an Kant nennen können. Der integrative Ansatz unterscheidet, nach der Klärung seines *moral point of view,* drei systematische Grundaufgaben wirtschaftsethischer Reflexion (Ulrich, 2008):

1. die Kritik der vermeintlich »wertfreien« ökonomischen Sachlogik und ihrer normativen Überhöhung zum Ökonomismus;
2. die Klärung der ethischen Gesichtspunkte einer lebensdienlichen Ökonomie;
3. die Bestimmung der »Orte« der Moral des Wirtschaftens in einer wohlgeordneten Gesellschaft freier Bürger.

Im Folgenden können diese drei Grundaufgaben natürlich nur in groben Zügen mit exemplarischen Akzentsetzungen skizziert werden. Alle drei Gedankenschritte sind außerordentlich voraussetzungsreich, sowohl in Bezug auf die aufzuarbeitenden dogmengeschichtlichen Hintergründe als auch bezüglich der faszinierenden politisch-philosophischen Gegenwartsdiskussion. »Sich im Denken zu orientieren« war ja aber bekanntlich noch zu keiner Zeit bequem – das neue, ungewohnte Denken stößt sich immer zuerst an den herkömmlichen Denkmustern. Und genau um solche »Anstöße« geht es! Leuchten wir also zunächst der gewohnten ökonomischen Sachlogik ein bisschen auf den normativen Grund.

Ökonomismuskritik: Die »Entzauberung« der Metaphysik des Marktes

Während der mehr als 2000 Jahre von den alten Griechen (Aristoteles) bis zu den Klassikern der modernen Politischen Ökonomie ist das Wirtschaften primär unter ethisch-praktischen Gesichtspunkten reflektiert worden, und das war durchaus sachgemäß: Es ging um die instrumentelle Rolle der Ökonomie für das gute Leben und das gerechte Zusammenleben der Menschen. Die Wirtschaft blieb gedanklich eingebettet in übergeordnete Leitbilder einer wohlgeordneten Gesellschaft und bezog von diesen her ihre normative Orientierung. Nicht zufällig sind auch noch die Begründer der modernen Wirtschaftswissenschaft, namentlich der oft verkürzt wahrgenommene Adam Smith, zugleich und in erster Linie bedeutende Moralphilosophen gewesen. Smiths liberale Ökonomie war politische Ökonomie in moralphilosophischer Absicht (vgl. dazu Meyer-Faje u. Ulrich, 1991).

Mit der neoklassischen Revolution um 1870 ist alles anders geworden. Die meisten Ökonomen wollten nun keine Moralphilosophen mehr sein und keine politische Ökonomie mehr betreiben, sondern über eine wertfreie, objektive und möglichst formalisierbare Theorie nach naturwissenschaftlichem Vorbild verfügen. Es bildete sich das bis heute dominierende, merkwürdige Selbst(miss)verständnis der Disziplin als »autonomer« oder »reiner« Ökonomik heraus. Darin spiegelt sich ein veränderter lebenspraktischer Erfahrungshintergrund: Der Versuch der Begründung einer autonomen Ökonomik ist das akademische Spiegelbild eines gegenüber lebenspraktischen Gesichtspunkten tatsächlich weitgehend verselbständigten Wirtschaftssystems, das zunehmend nur noch seiner eigensinnigen »Binnenlogik« folgt. Dementsprechend versteht sich die neoklassisch geprägte Mainstream Economics nur mehr als eine »reine« Systemökonomik, die nichts als die Funktionslogik des marktwirtschaftlichen Systems – die Logik des Wettbewerbs und des Vorteilstausches am Markt – analysiert und expliziert. Mit einer Sozialökonomie, die das wirtschaftliche Handeln hinsichtlich seiner Bedeutung für das gute Leben und gerechte Zusammenleben der Menschen untersucht, kann und will die reine Systemökonomik nichts zu tun haben; sie hat sich ihrer für ethische Fragen zuständigen Mutterdisziplin, der Moralphilosophie, gänzlich entfremdet.

Es war der Kölner Sozialökonom Gerhard Weißer, der wohl als Erster genau darin die Wurzel der Übersteigerung der ökonomischen Logik zu einem sich selbst verabsolutierenden und daher ideologischen Ökonomismus erkannte:

> »Hiermit [d.h. mit dem Begriff des Ökonomismus, P. U.] ist die Ansicht gemeint, dass es eine selbständige Sphäre des ›Wirtschaftlichen‹ neben der Sphäre des ›Sozialen‹ und ›Kulturellen‹ geben könne. […] Dies aber trifft nicht zu« (Weißer, 1956, S. 974).

Aus der Verselbständigung rein ökonomischer Kategorien und dem Abbruch der Reflexion auf die normativen Voraussetzungen vernünftigen Wirtschaftens resultiert der von vornherein zum Scheitern verurteilte methodologische Hang oder sogar (Denk-)Zwang der reinen Ökonomik, sich zirkelhaft aus sich selbst heraus zu begründen, was jedoch schon im Ansatz den instrumentellen Charakter des

Wirtschaftens als eines lebensdienlichen Mittels missachtet. Manifest wird dieser ökonomistische Zirkel immer dann, wenn von einem vermeintlich »rein« ökonomischen Standpunkt aus praktische, wirtschaftspolitische Empfehlungen abgegeben werden. Weißer hat es auf den Punkt gebracht:

> »Wie gelangen wir zu Postulaten für die Wirtschaftspolitik? Eine auch heute noch weit verbreitete Meinung glaubt, dass die Postulate zur Gestaltung des Wirtschaftslebens aus unserem Wirtschaftsdenken gewonnen werden können und müssen. [...] Diese Meinung nennen wir Ökonomismus« (1954/1978, S. 574).

Im Zeichen des marktradikalen Neoliberalismus von Thatcherismus und Reagonomics hat der Ökonomismus, dieser Glaube der ökonomischen Ratio an nichts als sich selbst, seit den 1980er Jahren eine von Weißer seinerzeit wohl kaum für möglich gehaltene Bedeutung als politische Ideologie erhalten. Diese tritt in zwei Varianten auf, die sich zur Abwehr sämtlicher außerökonomischer Gesichtspunkte der »Gestaltung des Wirtschaftslebens« ergänzen: in der empiristischen Variante des Sachzwangdenkens und in der normativistischen Variante einer Metaphysik des idealen Marktes. Zusammen klingt das dann etwa so: »Der globale marktwirtschaftliche Wettbewerb zwingt uns ...« (Sachzwangthese), »... aber es dient letztlich dem Wohl aller« (marktmetaphysische Gemeinwohlfiktion).

Es liegt auf der Hand, dass im Zeitalter der Globalisierung der Märkte damit der Unterordnung aller ethischen, unmittelbar auf das gute Leben und gerechte Zusammenleben der Menschen ausgerichteten Gesichtspunkte unter nichts als den Gesichtspunkt der internationalen Wettbewerbsfähigkeit das Wort geredet wird. Was de facto droht und bereits in Gang ist, nämlich ein grenzenloser (Deregulierungs-)Wettbewerb der Standorte und der nationalen wirtschaftlichen »Rahmenbedingungen« und mit ihm das Primat der puren Logik des Marktes vor der (ethisch zu orientierenden) Gesellschaftspolitik, lässt sich so gleich auch noch normativ wenden – der ökonomistische Bock wird zum ordnungspolitischen Gärtner gemacht.

Wer in dieser Weise ökonomistisch denkt, der wird für wirtschaftsethische Argumente unzugänglich sein, denn er glaubt sich ja immer schon im Besitz einer ethisch guten und hinreichenden

Handlungsorientierung, gerade indem er strikt den »Zeichen« des Marktes folgt. Erst wenn dieser fundamentalistische Glaube an das Marktprinzip ökonomismuskritisch entzaubert ist, was nur mittels eines gründlichen kritischen Gangs durch die Dogmengeschichte des ökonomischen Denkens möglich ist, erst danach wird der Blick frei für ethisch-vernünftige Gesichtspunkte eines wirklich lebensdienlichen Wirtschaftens.

Gesichtspunkte einer lebensdienlichen Ökonomie: Wirtschaften heißt »Werte schaffen« – aber welche Werte für wen?

Das Wortspiel mit dem »Wertschaffen« erinnert an den normativen Gehalt des ökonomischen Begriffs der »Wertschöpfung«, der üblicherweise bloß noch als eine quantitative Größe im marktwirtschaftlichen Systemzusammenhang verstanden wird (value added). Aber der rechnungstechnische Begriff verrät noch seine ethisch-qualitative Urbedeutung im menschlichen Lebenszusammenhang: die Frage nach dem »Wert« des Wirtschaftens für das gute Leben und das gerechte Zusammenleben der Menschen. Von den beiden Bezugspunkten des guten Lebens und des gerechten Zusammenlebens aus ergeben sich ohne weiteres zwei Elementarfragen einer lebensdienlichen Ökonomie:

- die Sinnfrage: Welche Werte sollen wirtschaftend geschaffen werden?
- die Legitimationsfrage: Für wen sind Werte zu schaffen? Wie ist die komplex-arbeitsteilige gesellschaftliche Wertschöpfung einerseits (»Nutzen«) und der Werteverzehr anderseits (»Kosten«) auf alle Beteiligten und Betroffenen gerecht zu verteilen?

Die Antwort auf die Sinnfrage des Wirtschaftens ergibt sich letztlich aus dem kulturellen Lebensentwurf, mit dem wir uns identifizieren oder den wir für gut befinden, da unserer Lebensqualität zuträglich. Die Antwort auf die Legitimationsfrage folgt demgegenüber aus dem politisch-philosophischen Leitbild der wohlgeordneten Gesellschaft, das wir für gerechtfertigt (eben: legitim) halten und das die sozialen

Regeln begründet, in die die Wirtschaft einzubetten ist. Sowohl die Sinnorientierung als auch die normativen Legitimitätsbedingungen sind der Wirtschaft vorzugeben, denn nur nach ihrer Maßgabe ist es überhaupt sinnvoll, die »Effizienz« des marktwirtschaftlichen Systems zu beurteilen bzw. verbessern zu wollen.

Was die Sinnfrage betrifft, so dürfte es nicht schwer fallen, den vorrangigen, »vitalen« Zweck des Wirtschaftens zunächst in der Deckung der – stets kulturell und damit normativ definierten – Grundbedürfnisse aller Mitglieder einer Volkswirtschaft zu erkennen, also in ihrer Versorgung mit den notwendigen »Lebensmitteln« im weiteren Sinn des Begriffs (Ernährung, Kleidung, Wohnung, Gesunderhaltung, Bildung). Dass es in dieser Ökonomie des Lebensnotwendigen um die Befriedigung der Grundbedürfnisse aller Gesellschaftsmitglieder geht, macht ihren sozialen Sinn aus. Infolge der arbeitsteiligen Kooperation ist eben eine strikt individuelle Leistungszurechnung nicht mehr möglich: Jedes arbeitsteilig erzeugte Produkt ist buchstäblich ein »Sozialprodukt«, das der gerechten Verteilung bedarf. Die Sinnfrage verweist daher ihrerseits schon auf die Legitimitätsfrage. Eine komplex-arbeitsteilige Gesellschaft muss sich seit jeher als Solidargemeinschaft verstehen. So gesehen, sind Solidaritätsfragen der Prüfstein der lebenspraktischen »Effizienz« oder der sozialökonomischen Rationalität einer Wirtschaft.

Daran gemessen nimmt der Wirkungsgrad der meisten (angeblich) »fortgeschrittenen« Volkswirtschaften in den letzten zehn, fünfzehn Jahren in beängstigendem Maß ab, trotz oder vielmehr gerade wegen dem, was eine lebensfremde, rein systemische Wirtschaftswissenschaft als »Produktivitätsfortschritt« bezeichnet. Ein wachsender Teil der Menschen gerät in existenzielle Unsicherheit oder Not und findet sich, vor allem mangels Arbeitsplatz, in einer Lage der strukturellen Ohnmacht zur ökonomischen Selbstbehauptung. Eine hochproduktive und lebensdienlich organisierte Ökonomie müsste gerade umgekehrt möglichst alle Menschen zunehmend ermächtigen, sich mit dem Lebensnotwendigen zu versorgen und den eigenen kulturellen Entwurf des guten Lebens zu verwirklichen.

Die Sinn gebende Leitidee einer »fortgeschrittenen« Ökonomie könnte es sein, dass sie nicht bloß die (schlecht verteilte) Güterfülle steigert, sondern zur Erweiterung der menschlichen Lebensfülle im ganzheitlichen Sinn beiträgt. Sozialökonomische Basis dafür wäre die partielle Emanzipation aller Menschen aus den »Notwendigkeiten« der wirtschaftlichen Produktion, so dass einerseits jedermann an der volkswirtschaftlichen Erwerbsarbeit teilhaben und sich darin die benötigte Kaufkraft verdienen kann und andererseits ebenso jedermann Zeit und Freiräume für die Kultivierung nicht-wirtschaftlicher Dimensionen des guten Lebens gewinnt, statt dass sich die einen im harten Leistungswettbewerb halb kaputt arbeiten, während die anderen überhaupt keine Erwerbsarbeit haben. Kein Geringerer als John Maynard Keynes (1930), der große Ökonom, der nicht nur Ökonom war, hat seinen Enkelkindern eine Kulturgesellschaft der befreiten Zeit vorausgesagt, in der dank der hohen Produktivität das Wirtschaften immer mehr zur Nebensache und der Beschäftigung mit bedeutsameren Dingen des Lebens Platz machen würde.

Doch Keynes hat sich geirrt. Der Leistungsdruck auf jene, die noch einen Arbeitsplatz haben, ist heute höher als je zuvor, und die individuelle Selbstbehauptung im harten Wettbewerb fordert uns mehr denn je, gerade auch auf dem Arbeitsmarkt, wo sich die meisten von uns mangels anderer Ressourcen als Unternehmer ihrer Arbeitskraft durchsetzen müssen. Weshalb hat sich Keynes mit seiner Prognose so böse verhauen? Ich behaupte, weil er nicht wirklich begriffen hat, was der Wettbewerb ist! Solange nämlich ein intensiver marktwirtschaftlicher Wettbewerb herrscht, hängt unsere Selbstbehauptung nicht in erster Linie vom absoluten Produktivitätsniveau der Volkswirtschaft, sondern stets von unserem relativen Wettbewerbsvorteil gegenüber unseren Konkurrenten, beispielsweise auf dem Arbeitsmarkt, ab. Wenn sich alle andern »Arbeitbesitzer« bzw. Arbeitsuchenden bestmöglich »fit« machen für den Wettbewerb, bleibt mir nichts anderes übrig, als noch einen drauf zu geben und noch mehr in meine Wettbewerbsposition zu investieren, indem ich mich noch fleißiger weiterbilde und noch härter arbeite; sonst zeigt mir eines Tages der Markt gnadenlos die »rote Karte« und eliminiert mich ....

Hier sind wir an einem entscheidenden Punkt der Grundlegung einer lebensdienlichen Ökonomie angelangt. Wenn die vorangegangenen Überlegungen stimmen, dann kann mit dem neoliberalen Generalrezept zur Lösung fast aller wirtschafts- und sozialpolitischen Fragen, das da lautet: »mehr Markt!«, etwas nicht stimmen, denn eine Politik der fortwährenden Marktderegulierung und Wettbewerbsintensivierung perpetuiert die Verhältnisse einer Ökonomie der Armut im doppelten Sinne:

- Zum einen hält sie alle, die in den Wettbewerb verstrickt sind, im Sachzwang gefangen, fast ihre gesamte Lebensenergie in die Selbstbehauptung im »Wirtschaftsleben« zu stecken – also leben wir zunehmend, um zu schuften, wie wenn es sonst nicht möglich wäre, das Lebensnotwendige zu erarbeiten, statt dass uns die wachsende Produktivität der arbeitsteiligen Volks- und Weltwirtschaft von den ökonomischen »Lebensnöten« fortschreitend befreien würde, wie man das doch eigentlich erwarten dürfte.
- Zum anderen teilt sich im gedanklichen Grenzfall einer grenzenlosen Wettbewerbsgesellschaft die Gesellschaft unvermeidlich immer schärfer in »Gewinner« und »Verlierer«, wobei tendenziell das Motto gilt: »The winner takes it all«. Was auf der Seite des seit 20 Jahren deutlich wachsenden Heeres der Verlierer (unfreiwillig Erwerbslose und Working Poor) entsteht, heißt dann soziologisch »neue Armut« oder gar schon wieder »Unterschicht«.

Es ist wichtig zu begreifen, dass die neoliberale Politik der Wettbewerbsintensivierung nicht die Lösung, sondern die zentrale Ursache dieses Problems ist. Die lebenspraktisch vernünftige Konsequenz und auf die Dauer der einzige Weg, um diese Perpetuierung der Bedingungen einer sozial gespaltenen Ökonomie der Armut zu überwinden und die Voraussetzungen für eine Ökonomie der allgemeinen Lebensfülle zu schaffen, ist eine Politik nicht der Intensivierung, sondern der Begrenzung des Wettbewerbs nach reflektierten Gesichtspunkten der individuellen und sozialen Lebensqualität. Es kommt darauf an, den Vorrang der »Vitalpolitik« – ein Begriff von Alexander Rüstow, Vordenker des Ordoliberalismus – vor der Wettbewerbspolitik wiederherzustellen. Vitalpolitik zieht nach Rüstow (1955, S. 74) »alle Faktoren in Betracht […], von denen in Wirklichkeit Glück, Wohlbefinden und Zufriedenheit des Menschen abhängen«.

Zugegeben: Das kann selbstverständlich nur gut gehen, wenn alle Konkurrenten in einem Markt sich an gemeinsame vitalpolitische Spielregeln des Wettbewerbs halten. In dem Maße, wie der Wettbewerb im Zeichen der Globalisierung den nationalstaatlichen Raum überschreitet, verliert nun aber die nationale Ordnungspolitik ihre Souveränität zur lebensdienlichen Einbettung und Einbindung des marktwirtschaftlichen Systems. Wer begriffen hat, worum es in einer lebensdienlichen Ökonomie geht, der wird deshalb folgendem Postulat zustimmen: Wer den globalen Markt will, der muss auch eine globale Rahmenordnung des Marktes wollen, also vitalpolitisch begründete Markt- und Wettbewerbsbegrenzungen, die von supranationalen Instanzen durchgesetzt werden. Diesbezüglich hapert es mit der ordnungsethischen und -politischen Klarsicht noch immer bei allzu vielen von der neoliberalen Ideologie geprägten Ökonomen und Politikern, wenn sie den bedingungslosen weltwirtschaftlichen Standortwettbewerb und den Wettbewerb der Rahmenordnungen begrüßen. Sie geben sich der ökonomistischen Lehrbuch-Illusion hin, dass es im freien Welthandel auf Seiten aller Beteiligten und Betroffenen stets nur Gewinner und keine Verlierer gebe.

Stichwort Verlierer: In deren Augen wird sich die Legitimitätsfrage der real existierenden Marktwirtschaft wohl eher über kurz als über lang mit unvermuteter sozialer Sprengkraft stellen. Eine Wirtschaftsgesellschaft, die einerseits Leistung predigt (»Leistung muss sich wieder lohnen«) und andererseits einem wachsenden Teil der Menschen die Chance verweigert, aus eigener Leistung sich den Lebensunterhalt zu verdienen, verletzt offenkundig die elementarsten liberalen Gerechtigkeitsgrundsätze. Gerade wer in liberaler Tradition die weitestmögliche Selbstverantwortung unabhängiger Bürger und den marktwirtschaftlichen Leistungswettbewerb befürwortet, der muss, falls er kein Zyniker ist, doch wohl zur Kenntnis nehmen, dass es umso mehr Verlierer geben wird, je intensiver der Wettbewerb wird. Prüfstein einer legitimen Marktwirtschaft wird unter diesen Umständen sein müssen, wie sie mit den Verlierern umgeht. Statt diese zu Versagern zu stempeln und sie von entmündigender, wenn nicht sogar entwürdigender »Sozialhilfe« oder »Fürsorge« abhängig zu machen – »Hartz IV« lässt grüßen –, wird eine wahrhaftig freiheitliche Gesellschaft daran zu messen sein, dass sie die reale, lebbare Freiheit und Würde aller Bürger gewährleistet, unabhängig davon, ob sie im harten Leistungswettbewerb zu den Siegern oder zu den Verlierern gehören. Nicht zufällig war es Ralf Dahrendorf (1986; 1995), einer der Vordenker eines wohlverstandenen politischen

Liberalismus (also nicht des puren Wirtschaftsliberalismus), der daraus die prinzipielle Konsequenz gezogen hat, dass die Wahrung der allgemeinen Freiheit unter veränderten sozioökonomischen Umständen die Schaffung neuer, sozialökonomischer Bürgerrechte zur Voraussetzung hat. Denn in einer entwickelten Bürgergesellschaft oder *civil society* kommt es auf die »Zivilisierung« des Marktes ebenso wie auf jene des Staates an. Es geht um »Wirtschaftsbürgerrechte« (Ulrich, 2008, S. 279 ff.): um emanzipatorische Grundrechte auf Arbeit und Existenzsicherung für freie Bürger, nicht bloß um »milde Gaben« für Bedürftige. In den Worten Dahrendorfs (1992):

> »Die [sozialökonomischen, P. U.] Rechte der Bürger sind jene unbedingten Anrechte, die die Kräfte des Marktes zugleich überschreiten und in ihre Schranken verweisen« (S. 567 f.).

Ob zu diesem emanzipatorischen, im besten Sinn liberalen Zweck die Gewährleistung des allgemeinen Bürgerrechts auf eine finanzielle Grundsicherung in Form der negativen Einkommenssteuer oder eines bedingungslosen Grundeinkommens im Vordergrund stehen soll, wie es am gründlichsten der liberale belgische Sozialphilosoph Philippe Van Parijs (1995) durchdacht hat, oder aber die Umverteilung der Arbeit, so dass sich möglichst jeder selbst seine Existenz sichern kann, ist in einer freien Gesellschaft demokratisch zu entscheiden. Zynisch wäre es hingegen, weder das eine noch das andere zu wollen und die Spaltung der Gesellschaft in Sieger und Verlierer als unvermeidlich hinzunehmen, wie uns die Marktfundamentalisten weismachen wollen. Das käme schlicht dem Verzicht auf den ethischen Anspruch einer wohlgeordneten Gesellschaft und dem Bekenntnis zum sozialdarwinistischen »survival of the fittest« gleich. Diese schlechteste und gefährlichste aller Alternativen zu vermeiden, ist das Ziel aller wahren Freunde der Marktwirtschaft – nämlich jener, die nicht eine solche »ohne Adjektive«, sondern eine im buchstäblichen Sinn des Worts »zivilisierte Marktwirtschaft« (Ulrich, 2005) wollen.

Wirtschaftsethische Topologie: Orte der Moral des Wirtschaftens in einer wohlgeordneten Gesellschaft freier Bürger

Leitideen einer sinnvollen und legitimen Marktwirtschaft zu entwerfen ist eines, die Instanzen zu benennen, die für entsprechendes Handeln in die Verantwortung zu ziehen sind, etwas ganz anderes. Ohne die Klärung der »Orte« der Verantwortungsübernahme für eine lebensdienliche Wirtschaft blieben wirtschaftsethische Postulate buchstäblich u-topisch, d. h. eben im Altgriechischen: ortlos.

Auch im gängigen ökonomischen Denken ist die Moral des Wirtschaftens »ortlos«. Zum einen wird nämlich die ordnungspolitische Aufgabe des Staates zumindest in der neoliberalen Optik auf nichts als funktionale Systemsteuerung verkürzt; und zum anderen wird den einzelnen Wirtschaftssubjekten die strikte private Vorteils-, Nutzen- oder Gewinnmaximierung zugebilligt. Was dahinter steht, ist der alte hobbesianische Traum, eine freiheitliche Gesellschaft ganz als ein »System des geordneten Egoismus« (Habermas, 1992, S. 119) zu denken und zu begründen, ohne jede moralische Tugendzumutung an die als pure Homines oeconomici betrachteten Bürger. Auch die demokratische Politik ist in dieser hobbesianisch-ökonomistischen Denkwelt dann nichts anderes als die Fortsetzung der privaten Geschäfte mit andern Mitteln, nämlich der Kampf um die strategische Durchsetzung der Partikulärinteressen im Staat. Ethisch-politische Gesichtspunkte des Gemeinsinns und der Gerechtigkeit sind gemäß dieser libertären Gesellschaftstheorie gänzlich entbehrlich.

Doch dieser weltfremde Traum ist ausgeträumt: Die Erfahrungen mit der Transformationsproblematik in Osteuropa zeigen ebenso wie die kommunitaristische Gegenbewegung gegen den einseitig verstandenen Wirtschaftsliberalismus in den USA, dass eine wohlgeordnete freiheitliche Gesellschaft nicht zu haben ist ohne ein Minimum an politischer Bürgertugend. Zwischen dem Individuum am einen Pol und dem Staat am andern Pol braucht es eine lebendige *civil society*, eine Bürgergesellschaft, in der die Bürger ein bestimmtes Maß an »Gemeinsinn« entwickeln und Mitverantwortung für die Zustände der »Res publica«, der öffentlichen Dinge, übernehmen. Dementsprechend wird heute die lange verschüttet gebliebene politisch-philosophische Traditionslinie der republikanischen Ethik wieder entdeckt (vgl. die wegweisende Studie von Pocock, 1975). Ein wohlverstandener, tragfähiger Liberalismus benötigt gleichsam einen republikanischen Unterbau: Der einzelne Bürger darf sich nicht nur als *Bourgeois*, als privatautonomer Besitzbürger verstehen, sondern sollte sich stets auch als *Citoyen* begreifen, der an der gemeinsamen Sache einer gerechten Gesellschaftsordnung mitverantwortlich Anteil nimmt.

Es ist ein wesentliches Anliegen integrativer Wirtschaftsethik, deutlich zu machen, dass die Einbettung der Marktwirtschaft in eine wohlgeordnete Gesellschaft nur im Rahmen einer republikanischen Bürgerethik zu haben ist, die die einzelnen Wirtschaftssubjekte als für das Ganze der *res publica*, der öffentlichen Sache, mitverantwortliche Wirtschaftsbürger in die Pflicht nimmt. Dabei kommt es auf die Wechselbeziehung zwischen individualethischen Forderungen an die »Bürgertugend« und institutionenethischen Anforderungen an die vitalpolitische Qualität der Wirtschaftsordnung an. Wirtschaftsethik lässt sich weder auf individuelle Tugend- und Verantwortungsethik noch auf pure Ordnungs- oder Regelethik reduzieren: Ohne Rahmenordnung des Marktes, die diesem lebensdienliche Anreizstrukturen und Grenzen vorgibt, bliebe der gute Wille der einzelnen Wirtschaftsbürger überfordert und wirkungslos – aber ohne Wirtschaftsbürger, die ein Minimum an ethisch-politischer Mitverantwortung für die Zustände der *res publica* zu übernehmen bereit sind, bliebe die ordnungspolitische Gestaltungsaufgabe in einer demokratischen Gesellschaft ohne politisch handlungsfähige Mehrheiten, also letztlich »subjektlos«. Sowohl Wirtschaftsbürgerethik als auch Ordnungsethik sind somit unverzichtbar.

Auch die Unternehmensethik, der dritte systematische Ort der Moral des Wirtschaftens in einer wohlgeordneten freiheitlichen Gesellschaft, ist unter das Prinzip der republikanischen Mitverantwortung zu stellen und somit als intern zweistufig zu konzipieren (Abbildung 2): Sie umfasst zum einen die Geschäftsintegrität, d. h. die Bereitschaft, das unternehmerische Erfolgsstreben prinzipiell in autonomer Selbstbindung unter die Prämisse der Legitimität und Verantwortbarkeit des eigenen Handelns gegenüber allen Betroffenen zu stellen (Geschäftsethik im engeren Sinn). Und zum zweiten kommt die wichtige unternehmensethische Bereitschaft hinzu, branchen- und ordnungspolitische Mitverantwortung für die vorbehaltlose Unterstützung von Reformen hin zu einer gerechten und sinnvollen Wirtschaftsordnung zu tragen (republikanische Unternehmensethik). Die Wirtschaftsordnung wird nämlich in wirtschaftsethischer Hinsicht kaum je besser sein können als diejenigen, die in der real existierenden Marktgesellschaft das Sagen haben, sie wirklich haben wollen.

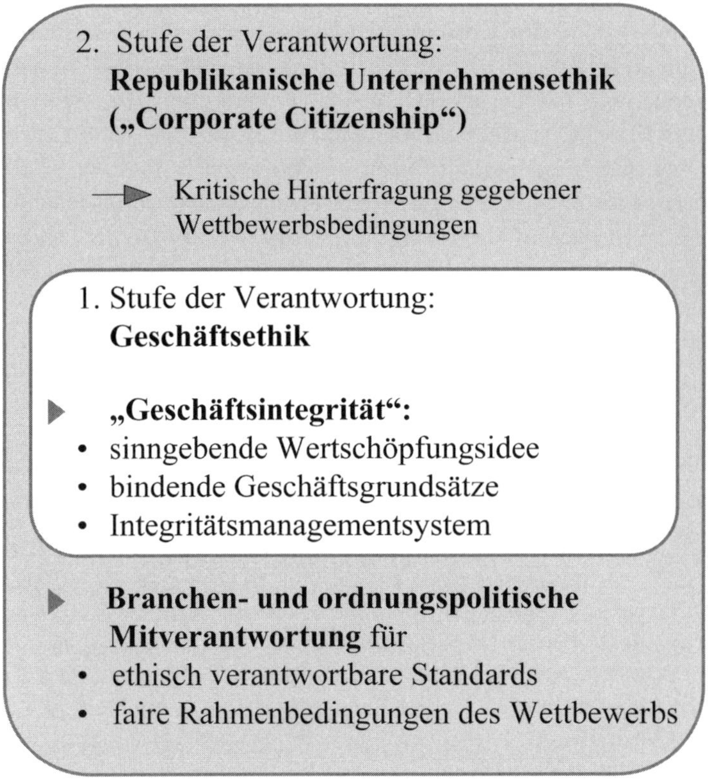

Abbildung 2: Das zweistufige Konzept integrativer Unternehmensethik

Schlussbemerkung

Wir haben aus dem Blickwinkel des St. Galler Ansatzes der Integrativen Wirtschaftsethik einen kurzen Tour d'Horizon zu den aktuellen Grundfragen der Einbindung der Marktwirtschaft in eine wohlgeordnete Gesellschaft freier und mündiger Bürger unternommen. Letztlich, dessen ist sich dieser Ansatz bewusst, ist nicht irgendeine akademische Konzeption, sondern die freie Bürgergesellschaft selbst die Instanz der Moral des Wirtschaftens und ihrer ordnungspolitischen Umsetzung. Diese bestimmt also zugleich die Legitimationsbasis und den Gestaltungshorizont einer »zivilisierten« Marktwirtschaft. An uns allen ist es, uns in republikanischer Mitverantwortung zu engagieren in der Debatte um die vielleicht entscheidende gesellschaftspolitische Weichenstellung der Zeit. Sie dreht sich im Kern um die Frage, was Vorrang haben soll: die neoliberale Idee des »freien Marktes« oder die republikanisch-liberale Idee des freien Bürgers. Ich habe für die Perspektive plädiert, die Lebensdienlichkeit einer fortgeschrittenen Wirtschaft daran zu messen, dass sie primär nicht den Markt, sondern die Menschen frei macht.

Literatur

Albert, H. (1954/1972). Ökonomische Ideologie und politische Theorie. Das ökonomische Argument in der ordnungspolitischen Debatte (2. Aufl.). Göttingen: Otto Schwartz & Co.

Arendt, H. (1981). Vita activa oder vom tätigen Leben. München: Piper.

Dahrendorf, R. (1986). Für jeden Bürger ein garantiertes Einkommen. Die Zeit, (4), 32.

Dahrendorf, R. (1992). Moralität, Institutionen und die Bürgergesellschaft. Merkur, (7), 557–568.

Dahrendorf, R. (1995). Über den Bürgerstatus. In B. van den Brink, W. van Reijen (Hrsg.), Bürgergesellschaft, Recht und Demokratie (S. 29–43). Frankfurt a. M.: Suhrkamp.

Habermas, J. (1992). Faktizität und Geltung. Frankfurt a. M.: Suhrkamp.

Homann, K., Blome-Drees, F. (1992). Wirtschafts- und Unternehmensethik. Göttingen: Vandenhoeck & Ruprecht.

Keynes, J. M. (1930/1972). Economic possibilities for our grandchildren. In ders., The collected writings, Vol. IX: Essays in Persuasion (S. 321–332). London: Palgrave Macmillan.

Meyer-Faje, A., Ulrich, P. (Hrsg.) (1991). Der andere Adam Smith. Beiträge zur Neubestimmung von Ökonomie als Politischer Ökonomie. Bern u. a.: Haupt.

Mittelstraß, J. (1990). Wirtschaftsethik oder der erklärte Abschied vom Ökonomismus auf philosophischen Wegen. In P. Ulrich (Hrsg.), Auf der Suche nach einer modernen Wirtschaftsethik: Lernschritte zu einer reflexiven Ökonomie (S. 17–38). Bern u. a.: Haupt.

Myrdal, G. (1932/1976). Das politische Element in der nationalökonomischen Doktrinbildung. Bonn-Bad Godesberg: Verlag Neue Gesellschaft.

Pocock, J. G. A. (1975). The Machiavellian Moment. Florentine political thought and the atlantic republican tradition. Princeton N.J.: Princeton University Press.

Rüstow, A. (1955). Wirtschaftsethische Probleme der sozialen Marktwirtschaft. In P. M. Boarman (Hrsg.), Der Christ und die soziale Marktwirtschaft (S. 53–74). Stuttgart u. Köln: Kohlhammer.

Tugendhat, E. (1993). Vorlesungen über Ethik. Frankfurt a. M.: Suhrkamp.

Ulrich, P. (2005). Zivilisierte Marktwirtschaft. Eine wirtschaftsethische Orientierung. Freiburg i. B.: Herder spektrum.

Ulrich, P. (2008). Integrative Wirtschaftsethik. Grundlagen einer lebensdienlichen Ökonomie (4. vollst. neu bearb. Auflage). Bern u. a.: Haupt.

Van Parijs, P. (1995), Real Freedom for All: What (if anything) can justify capitalism? Oxford: Clarendon Press.

Weber, M. (1920/1988). Gesammelte Aufsätze zur Religionssoziologie I (9. Aufl.). Tübingen: Mohr.

Weißer, G. (1954/1978). Die Überwindung des Ökonomismus in der Wirtschaftswissenschaft. In S. Katterle, W. Madura, L. Neumann (Hrsg.), Beiträge zur Gesellschaftspolitik (S. 573–601). Göttingen: Otto Schwartz & Co.

Weißer, G. (1956): Wirtschaft. In W. Ziegenfuss (Hrsg.), Handbuch der Soziologie (S. 970–1098). Stuttgart: Enke.

Brigitte Hausinger und Rolf Haubl

Dem Ökonomismus auf seinen normativen Grund leuchten

Ein Gespräch über Wirtschaftsethik und Supervisionsforschung

Haubl: Ich lese den Aufsatz von Ulrich so, dass er am Beispiel der Veränderung der Wirtschaftswissenschaften von einer Disziplin, die Moral und Moralphilosophie immer schon integriert, den Weg nachzeichnet hin zu einer Ökonomisierung, wie er das nennt, die sich einzig und alleine an der Effizienz orientiert (*Hausinger:* Ja). Und parallel hieße das, wollen wir eine Forschung, die dieser Ökonomisierung zuarbeitet oder ihr anheimfällt, indem sie nur Effizienzkriterien zu bedienen sucht.
Hausinger: Das wäre Forschung für die neoliberale Gesellschaft.
Haubl: Ja, dagegen setzt Ulrich, dass es ein wertbasiertes Wirtschaften geben muss und dass die Werte dem Wirtschaften vorausgehen müssen. Er reklamiert einen politischen Rahmen, der eine gesellschaftliche Diskussion in Gang setzt, um diese Werte zu finden, und dann die Wirtschaft auf diese Werte ausrichtet. Und das sind Werte, die er als Lebensdienlichkeit versinnbildlicht, wider eine Funktionalisierung. Parallel dazu stellt sich für mich die Frage, braucht die Supervision eine Wertebasis und an welchen Werten kann sie sich plausibel orientieren.
Hausinger: Ja, die benötigt sie auf alle Fälle, also wenn Supervision ihren Anspruch, den sie ja hat oder nach wie vor hat, dass sie sich eher als ein emanzipatives Konzept (*Haubl:* Ja) versteht oder auch als einen Beitrag, der die geforderten Anpassungsleistungen in der Arbeitswelt immer wieder kritisch auf ihre Legitimation hin befragt (*Haubl:* Ja?). Ich sehe nicht, dass sie diesen Anspruch verlassen hat oder verlassen will …
Haubl: (unterbricht) Aber vielleicht verlassen soll?
Hausinger: Ich wüsste nicht, wer das jetzt fordern würde?
Haubl: (lacht) Der Zeitgeist.

Hausinger: Wer soll denn das sein? (lacht) Das ökonomische Denken, das als Rationalität schlechthin gilt? Ulrich zeigt, dass das ökonomische Denken nicht zwangsläufig rational ist und dass ja auch eine wichtige Funktion von Supervision und ihrer Forschung wäre, diesen Rationalitätsmythos kritisch zu hinterfragen.
Haubl: Sollen Supervisorinnen und Supervisoren das auf ihre Fahnen schreiben?
Hausinger: Ich denke schon.
Haubl: Aber die Frage ist ja, wenn das Emanzipationsideal, das Sie jetzt hochhalten, in Kollision gerät mit der faktischen Ökonomisierung, denen Organisationen vielleicht nicht ausgeliefert, aber unter deren Druck sie stehen, also wenn es diese Kollision gibt, können Sie dann in den Supervisionssitzungen das tatsächlich frei besprechen oder steht nicht immer im Hintergrund, ich muss aufpassen, meinen Job nicht zu verlieren? Und zwar sowohl für die Supervisanden als auch für den Supervisior?
Hausinger: Ja, die Angst um den Job hat zugenommen, aber …
Haubl (unterbricht): Ist Supervision nicht immer in Gefahr, dazu beizutragen, unmerklich vielleicht, die Ökonomisierung zu stützen, wenn sie keine Politisierung betreibt?
Hausinger: Nein, weil es immer auch fachliche und sachliche Gründe gibt, die Notwendigkeit und Sinnhaftigkeit von Ökonomisierung zu hinterfragen. Oft führen allerlei vorgebliche Rationalisierungsmaßnahmen hinterrücks ja dazu, Ressourcen zu verschleudern. Und das kann ich helfen aufzuzeigen.
Haubl: Und dann?
Hausinger: Ich kann aufzeigen, das, wie es ist, ist nicht naturgegeben, sondern ist auch bestimmt worden (*Haubl:* Ja), und diese Bestimmungen (*Haubl:* Wer bestimmt?) könnten sich auch verändern. Ob sie sich jemals verändern werden, ist ein riesiges Fragezeichen, aber es könnte. Und diesen Möglichkeitssinn stärken, das kann ich tun.
Haubl: Irgendwann wird es schon besser werden?
Hausinger: Nein, so natürlich nicht. Keine billige Vertröstung, sondern genau hinschauen, was die Handlungsoptionen sind. Ja, und warum auch nicht, einander Mut machen.
Haubl: Ja, okay. Nein, aber der Punkt war ja Forschung. Ulrich hat ja als zentrale Bestimmung seiner integrativen Wirtschaftsethik, er sagt ja, es geht an ganz zentraler Stelle darum, das ist seine Metapher, der

Ökonomie oder dem Ökonomismus auf seinen normativen Grund zu leuchten (*Hausinger:* Ja). Könnte man das nicht genauso gut für die Supervision sagen? Wäre dann in Ihrem Sinne Aufgabe der Supervision, den ökonomischen Prozessen, der Ökonomisierung in modernen Organisationen auf ihren normativen Grund zu leuchten? Das würde dann bedeuten, eine Supervision zu machen, die im Fokus die Explizierung der wie selbstverständlich angenommenen Normen hat, die nicht selbstverständlich sind, weil sie nicht naturgegeben sind. Also würde da an dem Punkt Supervision und Wirtschaftsethik im Sinne von Ulrich eigentlich konvergieren? (*Hausinger:* Ja). Und man könnte in diesem Sinne sagen, Supervision ist ein wirtschaftsethisches Projekt.

Hausinger: Supervision hat diesen Aspekt, ja.

Haubl: Okay. Wenn man das so annimmt, was heißt das für Forschung? Dann müsste doch eine Forschung für uns interessant sein, die beispielsweise Auftragsverhandlungen daraufhin untersucht, wie bringt ein Supervisor Ihrer Prägung seinen Emanzipationsgedanken wie ein, wie kann er den formulieren und wie geht er damit um, wenn er in der Organisation auf die Grenzen seines eigenen Aufklärungsanspruchs trifft. Und innerhalb der Supervisionssitzungen selbst müsste man sich womöglich auf die Passagen konzentrieren, nehmen wir mal an, wir haben Transkripte, wo genau diese Grenzen verhandelt werden.

Hausinger: Ja. Und was ich bezogen auf die Forschung ganz interessant finde, mal herauszufinden, wie ist das eigentlich, wenn das System gar nicht in Frage gestellt werden darf.

Haubl: Ja, aber wir brauchen ja eine Materialgrundlage, das heißt also, gehen wir davon aus, wir haben Transkripte, vielleicht sogar Videos oder auch nur Nacherzählungen von Supervisionssitzungen, dann müsste man einen Fokus auf die Passagen legen, wo es um diese Widerstände geht und wie damit umgegangen wird.

Hausinger: Könnten Sie das jetzt an der Stelle mal ein bisschen konkreter machen.

Haubl: Also wir gehen jetzt beide davon aus, Supervision hat genau den selbstgewählten Auftrag, wirtschaftsethisch aktiv zu werden, und das heißt, die normativen Implikationen von Veränderungsprozessen aufzuspüren, zu thematisieren, damit eins deutlich wird, dass alles, was passiert, nicht naturgegeben ist, kein Sachzwang ist, sondern von

Menschen gemacht ist und von mächtigen Menschen mehr gemacht ist als von ohnmächtigen. Und die Frage ist, was kann ich tun, um für die Supervisanden, vielleicht sogar für die ganze Organisation Handlungsspielräume zu eröffnen. Und jetzt wäre es eine interessante Forschungsfrage, zu untersuchen, wann der Supervisor mit seiner Aufklärungsidee auf Widerstände stößt. (*Hausinger:* Ja). Man müsste im Forschungsprozess mal schauen, wie Einzelpersonen, aber auch Teams, ganze Organisationen an dieser Stelle handeln (*Hausinger:* Ja). Ob es zum Beispiel zu einer Selbsttabuisierung kommt, es werden bestimmte Themen ausgegrenzt, die werden dann nicht mehr verhandelt, man redet sich beispielsweise auch die eigene Tätigkeit schön, man sagt, man ist kämpferisch auf der Seite der Emanzipation, aber betreibt trotzdem im Grunde genommen eine Klagemauer, man nimmt in der Supervision die Luft raus, aber es bleibt alles beim Alten (*Hausinger:* Ja). Also auf so Punkte müsste man sich dann halt in dem Projekt mal konzentrieren.

Hausinger: Ja, ich denke, man müsste mal schauen, unter welchen Bedingungen ist was möglich? (*Haubl:* Ja) Was geschieht, wenn der Rationalitätsmythos von Organisationen ins Wanken gerät? Wenn Mitarbeiter irrationale Entscheidungen kritisieren, wann werden sie gekündigt oder wann kann die Organisation ihre Kritik nutzen?

Haubl: Ja, ist nicht die Supervisionssituation ein Ort, um diese Kritik zu nutzen?

Hausinger: Oft aber mit der unausgesprochenen Bedingung, dass die Erhöhung der Selbstreflexivität und die Erkenntnisse in der Supervision bleiben.

Haubl: Wo im Supervisionsprozess, das wäre die Forschungsfrage, scheinen die Konflikte zwischen Aufklärungsanspruch und Bearbeitung des Aufklärungsanspruchs auf, wobei es verschiedene Möglichkeiten gibt, man kann den Aufklärungsanspruch verfolgen, man kann ihn womöglich sogar kontraphobisch gegen die Organisationsrealität verfolgen, man kann ihn klein arbeiten, man kann ihn aufgeben …

Hausinger (unterbricht): Man kann ihn im Bewusstsein haben, kann wissen, an dieser Stelle (*Haubl:* Geht es grade nicht) wäre das (*Haubl:* Harakiri), ja, für mich, aber auch für die Supervisanden. Da habe ich eine Verantwortung. Und genau also eben diese Räume (*Haubl:* Ja) zu erforschen, finde ich hoch interessant und ziemlich wichtig, damit ich da nicht permanent in etwas verwickelt werde und versuche, an unmöglichen Orten irgendwas zu lösen, was an dieser Stelle kaum möglich ist.

Haubl: Wäre das dann auch ein Erfolgskriterium für Supervision, dass Supervisanden erkennen, was ihnen möglich ist und vor allen Dingen auch, was ihnen nicht möglich ist?

Hausinger: Ja, ja, sicher.

Haubl: Denn wir haben ja in der Forschung das Problem, wenn man eine Evaluationsforschung betreiben will und nicht von vornherein sagt, das ist eine unsinnige Fragestellung, dann geht es darum, Erfolgskriterien zu formulieren, die selbst wieder rückbezogen sind auf die Werte, mit denen man Supervision betreibt (*Hausinger:* Ja). Und das wäre so ein Kriterium.

Hausinger: Auf alle Fälle, wenn ich dann sage, ja, okay, wenn ich jetzt als Supervisorin den Anspruch erfüllen will, dass ich entlasten will. Und es kann ja sehr entlastend sein, wenn jemand für sich klar kriegt, an dieser Stelle kann ich nichts verändern (*Haubl:* Ja), weil der Druck, dass sich hier nichts ändert, zu stark ist, dass er dann Kräfte spart, aber nur an dieser Stelle.

Haubl: Da wäre eine Forschung interessant, die sich auf die Auftragsklärung bezieht und untersucht, ob Supervisoren und Supervisorinnen dann tatsächlich, so wie Sie das jetzt unterstellen, Aufklärungsideen in die Organisation hineintragen wollen. Ich hoffe, Sie stehen dann nicht alleine da.

Hausinger: Warum sollte ich?

Haubl: Ja, meine ketzerische Vermutung wäre, dass außerhalb einer bestimmten Szene der Wertbezug auf Aufklärung, wie immer man den weiter ausbuchstabiert, von vielen Supervisorinnen und Supervisoren vielleicht gar nicht mehr geteilt wird.

Hausinger: Wollen Sie unterstellen, dass die Supervision heutzutage versucht, die Mitarbeiter und Mitarbeiterinnen leistungsfähig zu machen, dass sie in dieser Mühle funktionieren, also völlig vorbehaltlos darin funktionieren …

Haubl (unterbricht): Ja, ich will darauf hinaus, dass, wenn wir darüber reden, was die Wertbasis von Supervision ist, und wenn wir das so explizieren mit Ulrich, dass wir dann eine normative Setzung für die Supervision machen. Die ist nicht selbstverständlich. Supervisorinnen und Supervisoren, auch wenn sie diplomiert sind, müssen diese Norm nicht teilen. Und ich würde davon ausgehen, wenn man das empirisch untersuchen würde, das wäre eine interessante Forschungsfrage, dass wahrscheinlich eine ganze Menge das nicht mehr so teilen würde wie in den 60ern und 70ern.

Hausinger: Ja, das kann ich mir vorstellen, aber muss es denn normativ sein? Ich kann ja auch ganz fachlich argumentieren und etwa zeigen, dass das, was verlangt wird, selbst für die nicht zu leisten ist, die es leisten wollen. Oder wenn ich zeigen kann, okay, diese Organisation stellt sehr widersprüchliche Anforderungen, da kann man doch ganz fachlich und sachlich die Widersprüche thematisieren. Also wo muss ich da schon normativ sein?

Haubl: Ja, normativ, indem Sie davon ausgehen, dass diese Widersprüche aufklärungsbedürftig sind.

Hausinger: Aber das ist doch keine Frage von Normen, sondern von verschiedenen Fachlogiken, so wenn in einer Bildungseinrichtung unter Kostendruck die Logik der Pädagogik und die Logik der Ökonomie gegeneinander stehen. Und wenn ich nur auf diese Widersprüchlichkeit, die dadurch entsteht, achte und mit der mich auseinandersetze, und dann gehen Sie davon aus, bin ich schon normativ.

Haubl: Doch zumindest in dem Sinne, dass sie eine Vorstellung davon haben müssen, was ein guter Ausgleich zwischen den Logiken ist.

Hausinger: Ich weiß nicht, ob ich an der Stelle schon eine solche Vorstellung haben muss.

Haubl: Ich meine das jetzt nicht empirisch, aber handlungslogisch müssten Sie das, weil Sie sonst dabei stehen bleiben, zu sagen, bei denen ist es so und da ist es so …

Hausinger (unterbricht): Okay, dann kann ich sagen, jeder Supervisor muss die Norm in sich tragen, dass er was verändern kann.

Haubl: Nein, das ist keine Norm. Veränderung ist empirisch möglich oder nicht möglich, zu sagen, dass man das, was man verändern kann, auch verändern sollte, das ist normativ, oder nicht verändern darf, das ist normativ.

Hausinger: Aber das müssen die Mitarbeitenden unterscheiden, nicht ich …

Haubl (unterbricht): Wollen Sie sagen, dass Sie in der Organisation, in der Sie arbeiten, kein Bild davon entwickeln, was für ihre Supervisanden oder diese Organisation eigentlich im Moment das Beste wäre.

Hausinger: Da könnte ich jetzt nicht einfach ja sagen, weil ich mir möglichst lange kein Bild machen will, sondern erst mal versuche zu verstehen, was deren Anliegen ist.

Haubl: Aber solche Anliegen gibt es doch ganz widersprüchliche.

Hausinger: Ja, und die beziehe ich aufeinander. Wenn ein Bild, dann ist es nicht gleich da.

Haubl: Nein, das unterstelle ich ja auch nicht, aber eine gesamte Supervision, ohne ein solches Bild davon, was besser wäre?

Hausinger: Ja, ich habe das jetzt so verstanden, ich komme in die Organisation und habe das Bild …

Haubl (unterbricht): Nein, nein, dann würden Sie ja nicht Supervidieren, sondern Restrukturieren oder Sanieren. Wir kamen aber von der Frage her, hat die Supervision einen Leitwert, braucht sie einen? Heißt der Aufklärung, heißt der Nachhaltigkeit, heißt der Humanisierung der Arbeitswelt, keine Ahnung. Das ist das eine, aber davon unabhängig ist die empirische Frage, wie gehen konkrete Supervisoren und Supervisorinnen mit diesen normativen Problemen um, also mit welchen Werten gehen sie selbst in Organisationen, gehen sie mit demselben Wert in alle Organisationen, ändert sich das und wie äußert sich der Wertbezug in einer Supervision. Würde man den gar nicht sehen, wenn man das Transkript liest, oder gibt es Stellen im Transkript, wo im Grunde genommen normative Fragen verhandelt werden (*Hausinger:* Ja) und die müsste man einfach mal aufspüren (*Hausinger:* Ja), um zu sehen, wie damit umgegangen wird …

Hausinger (unterbricht): Okay. An der Stelle kann ich sagen, ja, das ist ein interessantes Forschungsprojekt, welche Haltung haben die unterschiedlichsten Supervisoren und Supervisorinnen zur Gesellschaft, zum Kapitalismus generell, spiegelt sich das in ihrer methodischen Orientierung …

Haubl (unterbricht): Ja, aber davor liegt die Frage, sind sie sich ihrer Wertorientierung überhaupt bewusst. Man könnte sich ja vorstellen, das ist ein Berufszweig, der sich für neutral hält, die Neutralitätsmetapher zieht sich ja auch durch (*Hausinger:* Ja), Allparteilichkeit, Neutralität, was man immer will. Das, kann man sagen, ist eine mögliche Verschleierung für die normativen Implikationen, also erforschen wir mal, was sind die normativen Implikationen (*Hausinger:* Ja) und wie werden die auf der Ebene von Auftragsverhandlungen, auf der Ebene von konkreten Supervisionsprozessen sichtbar (*Hausinger:*

Ja). Denn stünde auf dem Prüfstand, ob und in wieweit die Idealisierung des Berufstandes eine empirische Basis hat.
Hausinger: Obwohl ich jetzt nicht den Berufsstand idealisieren möchte.
Haubl: Nein, nein, nicht Sie. Ich meine aber, wenn man akzeptiert, dass es zur Professionalisierung gehört, dass es womöglich günstig ist, einen Leitwert zu haben, den man propagieren kann und der hohe gesellschaftliche Zustimmung findet, dann ist das eine Arbeit des Berufsverbandes, und entsprechende Ausbildungen müssten dann eine Ausbildung sein auf die Realisierung dieses Wertes hin (*Hausinger:* Ja) und dieser Wert müsste auch gesellschaftlich kommuniziert werden. Nur ist nicht damit zu rechnen, dass alle Mitglieder des Berufsverbandes tatsächlich auch hinter diesem Leitwert stehen. Es gibt viele Gründe, ihm anzugehören. Eine empirische Untersuchung der Werteorientierung von Supervisoren würde womöglich zeigen, dass Sie da einen ziemlich bunten Zoo haben.
Hausinger (lacht): Ja, da bin ich mir sicher.
Haubl: Wie viel Heterogenität darf sein?
Hausinger: Wie viel Konflikt brauchen wir im Berufsverband, um uns zu entwickeln?
Haubl: Spannendes Projekt!
Hausinger: Und sehr relevant.
Haubl: Ich habe noch einen anderen Punkt. In Diskussionen mit Kollegen kommen wir immer wieder an den Punkt, wo wir gedankenexperimentell sagen, müsste Supervision nicht eigentlich anders heißen, ist das Label nicht verbraucht? Und wie könnte das, was wir machen, sonst heißen? Wenn man Ulrich folgt, dachte ich an einer Stelle, wir sollten von sozialökonomischer Beratung sprechen. Und die kann man dann als Supervision machen oder als Coaching oder als ein anderes Format. Und zwar deswegen sozialökonomisch, weil Ulrich ja einen Ökonomiebegriff vertritt, der nicht ökonomistisch ist, sondern der etwas damit zu tun hat, sich die eigenen Ressourcen anzuschauen, sich die Werte anzuschauen, unter denen man diese Ressourcen nutzt, wofür man sie einsetzt. Und das ist etwas, was im Grunde genommen sowohl in Profitorganisationen stattfindet wie in Non-Profitorganisationen stattfindet. Also sozusagen der Basisprozess, der in jedem Organisationstyp stattfindet, ist Sozialökonomie. Und wenn man das in seinem Sinne akzeptiert, dann müsste man,

denke ich, Wirtschaftsorganisationen, wenn dort Supervision gemacht wird, daraufhin anschauen, wie das Soziale thematisiert wird, und kontrastierend in Non-Profitorganisationen anschauen, wie dort das Ökonomische thematisiert wird, mit der Annahme, dass die Gegenüberstellung dieser beiden Organisationstypen ja zunehmend nicht mehr stimmt (*Hausinger:* Ja), sich das auflöst, aber dennoch im Übergang in Krisensituationen zumindest immer wieder eine Polarisierung hergestellt wird.

Hausinger: Gut, also das finde ich jetzt ein ganz neues, sehr umfangreiches Thema. Auch wenn ich die Überlegungen interessant finde, würde ich jetzt trotzdem ein Fragezeichen setzen, ob der Begriff Sozialökonomie alles enthalten würde, was Supervision jetzt gerade tut, und ob nicht dann der Begriff arbeitsweltliche Beratung treffender wäre oder nicht, also das kann ich jetzt nicht auf die Schnelle sagen, ja. Ich kann Ihre Überlegungen nachvollziehen, habe überhaupt keinen Widerspruch und bin mir aber trotzdem nicht sicher, wenn wir das jetzt wirklich so entfalten würden, ob mir der Begriff ausreichen würde.

Haubl: Ja, das ist klar. Mein inhaltliches Argument war ja, wenn man mit Ulrich akzeptiert, dass Wertschöpfung immer ein sozialökonomischer Prozess ist, dann wäre es interessant, in einem Forschungsprojekt zu untersuchen, wo werden soziale Prozesse in Frontstellung zu ökonomischen Prozessen gebracht und umgekehrt (*Hausinger:* Ja) und wie gelingt es in der Supervision, die notwendige Verbindung beider Seiten umzusetzen, denn das ist ja seine Forderung …

Hausinger (unterbricht): Ja, die notwendige Verbindung plus seine Forderung ist ja, dass das Soziale über dem Ökonomischen steht, während jetzt in Organisationen das Ökonomische (*Haubl:* Genau) über dem Sozialen steht. Da hätte ich dann das Soziale als Norm, und damit gebe ich der Supervision einen klaren normativen Auftrag.

Haubl: Ja, folgt man Ulrich, muss man fragen, was an ökonomischen Problemen in einer Organisation verhandelt wird, was trägt das zur Gestaltung der sozialen Beziehungen bei (*Hausinger:* Ja). Das wäre sozusagen ein Dauerthema, für dessen Aufrechterhaltung in der Organisation der Supervisor auch verantwortlich wäre, weil er dafür eintritt, dass das Organisationsmitglied auch in seiner Berufspraxis Anspruch auf ein gutes Leben hat.

Hausinger: Ja. Aber das ist auch erst mal ein sehr hoher Anspruch.

Haubl: Ja, aber im Hinblick auf ein empirisches Projekt würde das heißen, wir beobachten in Profitunternehmen, wie dort das Soziale thematisiert wird im Vergleich zum Ökonomischen, und wir beobachten in Non-Profitorganisationen, wie das Ökonomische im Vergleich zum Sozialen thematisiert wird.
Hausinger: Da wäre auch der gesellschaftspolitische Kontext einzubeziehen. Wie wird diese Frage in der Politik diskutiert und haben solche Diskussionen auch Auswirkungen auf den Supervisionsprozess?
Haubl: Ja, oder thematisiert das Pflegepersonal in einem Krankenhaus, das ich supervidiere, zum Verständnis seiner lokalen Situation auch die Gesundheitspolitik, so was, also tauchen sozusagen die gesellschaftlichen Rahmenbedingungen meines lokalen Arbeitens in der Art und Weise auf, wie ich mich über mein lokales Arbeiten verständige, oder tun sie das nicht?
Hausinger: Ja, schauen Supervisanden im Supervisionsprozess überhaupt über den Tellerrand ihrer konkreten Organisation hinaus. Es könnte ja sein, dass man empirisch auf das Phänomen trifft, dass sich die Supervisanden nur mit dem Lokalen beschäftigen und beispielsweise nicht thematisieren, dass das, was ihnen widerfährt, vielleicht sogar was mit Globalisierung zu tun hat …
Haubl (unterbricht): Das wäre dann im Grunde genommen die alte Frage danach, inwieweit Supervisanden sich auch als politische Subjekte verstehen oder zu erkennen geben, und ja eben, wo sie eigentlich ihr Wissen hernehmen, um zu verstehen, was ihnen in ihrer Arbeit widerfährt …
Hausinger (unterbricht): Ja, dann machen wir das doch …
Haubl (unterbricht): Oder die Frage, ich bringe das jetzt auf die beiden Begriffe Psychologisierung und Soziologisierung, wenn man sagt, es gibt psychologische Argumente, die im Grunde genommen das als Beziehung thematisieren, was passiert, als Sympathie, Antipathie, als Kränkungen und so weiter, und es gibt soziologische Argumente, die im weitesten Sinne dann also auch solche gesellschaftlichen Rahmenbedingungen ins Spiel bringen, dann könnte man Supervisionsprozesse so mikroskopisch daraufhin untersuchen, wann das eine und wann das andere stattfindet und vor allen Dingen, wann das eine in das andere übergeht.

Hausinger: Ja. Und welches Bewusstsein haben der Supervisor oder die Supervisorin davon? Denn ich mache die Erfahrungen, dass sehr wenig Leute, also egal in welchem Bereich, die aktuellen gesellschaftlichen Veränderungen nicht als was Generelles wahrnehmen, sondern die Veränderungen sehr individualisiert erleben und ihre Interpretation von den Ereignissen eher individualisiert ist, beispielsweise sie die Arbeit nicht bewältigen oder ihre Vorgesetzten Leuteschinder sind, die ihnen zuviel zumuten.
Haubl: Spannend wird es dann, wenn man schaut, bleiben die beim Psychologisieren, bleiben die beim Soziologisieren oder gibt es Übergänge, also gibt es Momente, wo ein Team selbst drauf kommt, Probleme nur psychologisch zu verstehen, nützt uns nichts, wir müssen unsere Probleme anders denken, und umgekehrt. An welcher Stelle im Supervisionsprozess erfolgt dieser Wechsel, aus Erklärungsnot heraus, aus Flucht heraus, wie auch immer, das finde ich sehr spannend.
Hausinger: Ja, lassen Sie uns die Aspekte und Themen untersuchen!
Haubl: Und wer von uns beiden treibt die Forschungsgelder auf?

Brigitte Hausinger

Ausblicke

Wie die Beiträge in diesem Band verdeutlichen, ist in der Supervisionsforschung vieles auf dem Wege und zugleich bleibt vieles noch zu tun. Sichtbar wird vor allem eins, dass die Erforschung von Supervision sich durch eine hohe *Komplexität* auszeichnet.

Der sich real vollziehende Wandel von Arbeit und Arbeitswelt entfaltet eine vielgestaltige und uneinheitliche Dynamik, für deren Erkennen und Durchdringen die Forschung generell, und nicht nur die Supervisionsforschung, wenig gerüstet ist. Arbeitssituationen bestehen aus zahlreichen objektiven (wie Organisation, Technik, Arbeitsprozesse, Funktionen) und subjektiven Bedingungen (wie Subjektivität in ihrer emotionalen, motivationalen und kognitiven Vielschichtigkeit, subjektive Verarbeitungsweisen von Wirklichkeit). Unzählige und nicht aufhebbare Wechselwirkungen ergeben sich aus dieser Komplexität und beeinflussen die Erforschung der Supervisionssituation.

Zudem ist Supervision selbst bereits ein komplexes Gebilde aus bewusstem und unbewusstem Denken, Handeln, Fühlen und Erleben der Teilnehmenden. Sie bewegt sich zwischen verschiedenen Spannungsfeldern: zwischen dem der Struktur und des Prozesses, zwischen den Anteilen von strategischer Beratung (handwerklicher und standardisierter Teil) und (selbst-)reflexiver Beratung, zwischen der inneren und äußeren Realität, zwischen der Selbst- und Fremdanalyse, um nur einige zu nennen. Die Komplexität wird weiterhin erhöht durch die differenten Supervisionsansätzen mit ihren je eigenen Methoden und Interventionen. Es besteht eine »Überkomplexität der Situation im Vergleich zum verfügbaren Wissen« (Stichweh, 1994, S. 306).

Die Erforschung von Supervision ist folglich äußerst anspruchsvoll und verlangt Kooperationen, Klärungen sowie ein kritisches und komplexes Forschungsverständnis.

Kooperationen

Forschung in Kooperation

In der Supervisionsforschung sind Ansätze wichtig, die Forschung bündeln und Schwerpunkte setzen. Denn die in den vorherigen Beiträgen genannten Aufgaben und Anforderungen verlangen nach einer engen Zusammenarbeit der mit Arbeit, Organisation, Person, Gruppe, Kommunikation, Interaktion und Beratung befassten Teildisziplinen. Gerade die Supervision kann von ihrer Geschichte und Intention her Beispiel sein (in Supervision wird an mannigfaltigen Stellen interdisziplinär und transdisziplinär gedacht und gearbeitet) für ein nicht disziplinäres, sondern gegenstands- und prozessorientiertes Forschungsverständnis. Ein solches Verständnis bewertet Forschung nach ihrem Erklärungsbeitrag und ihrem Problemverständnis und nicht nach ihrer disziplinären Herkunft. Auch außerwissenschaftliche Kompetenzen sollen in Forschungsprojekte einfließen sowie unterschiedliche fachliche Perspektiven, um die Aussagekraft von Bewertungskriterien und Ergebnissen zu erweitern.

Forschung und Praxis

In den Beiträgen dieses Bandes ist zu erkennen, wie aufwendig Forschung ist und wie viel geleistet werden muss, um zu fundierten Aussagen zu kommen. Eine breite Unterstützung aus der Praxis ist dabei unerlässlich und Impulse aus der praktischen Supervisionsarbeit mit ihren verschiedensten Orientierungen sind unverzichtbar.

Von Vorteil für die Supervisionsforschung ist, dass zahlreiche Supervisor/innen wissenschaftlich ausgebildet sind und nicht selten forschungstheoretische und forschungsmethodische Kenntnisse haben. Praktiker/innen können also zur Supervisionsforschung einiges beitragen: gemeinsame Diskussionen über aktuelle Fragestellungen führen, gemeinsame Gesprächsgruppen sowie ein Forscher-Praktiker-Tandem über die Auswertung von Daten bilden oder sich an Forschungsprojekten beteiligen.

Orientierung an anderen Forschungen

Forschung in Kooperation legt eine Orientierung an anderen Forschungen nahe. Dies bietet Vor- und Nachteile für die Supervisionsforschung. Die Übertragungen von Anforderungen, Ansätzen, Kriterien und Faktoren aus anderen Forschungen sind gut in ihren Potentialen und Risiken abzuwägen. Es ist nicht ganz unproblematisch, dass in Diskussionen über mögliches Forschungsvorgehen, die Supervisionsforschung stetig mit der Psychotherapieforschung verglichen wird und versucht wird, Ansätze und Kriterien aus der Psychotherapieforschung auf die Supervisionsforschung zu übertragen. Es existieren doch eklatante Unterschiede zwischen Therapie und Supervision: Supervisand/innen sind keine Patient/innen. Sie haben eine völlig andere Ausgangsposition, wie den beruflichen Kontext, psychische Verfasstheit etc. (vgl. Kröger, 2002; Möller u. Märtens, 1999). Unzureichend wäre es ebenso, beispielsweise die supervisorische Wirkungsforschung an der gängigen Kundenforschung auszurichten. Aber viele Erkenntnisse aus der Psychotherapieforschung, Biografieforschung, Arbeitsforschung, Organisationsforschung, Marktforschung, Lernforschung oder Methodenforschung können eine wertvolle Unterstützung und Orientierung für die Weiterentwicklung der Supervisionsforschung sein. Nicht nur, dass Erfahrungen oder Erkenntnisse nicht nochmals gesammelt werden müssen, sondern durch eine Offenheit seitens der Supervision, könnten sich unterschiedliche Richtungen mit ihren Forschungsbemühungen an der Supervisionsforschung beteiligen und umgekehrt kann Supervision mit den gewonnenen Kenntnissen aus anderen Forschungsbereichen weiterarbeiten.

Die komplexen Fragestellungen, mit denen die Supervisionsforschung konfrontiert ist, lassen sich nur fach- und schulenübergreifend bearbeiten, auch wenn für diese Form der Kooperation noch geeignete Organisationsmodelle entwickelt werden müssen.

Klärungen

Aufgrund des hohen Forschungsbedarfes und der komplexen Forschungssituation wäre es wünschenswert, wenn zukünftig in der Community gemeinsam Fragen und Problemstellungen aufgegriffen sowie Schwerpunktbildungen und Forschungsprioritäten vereinbart werden, um zu mehr Übersichtlichkeit, Eindeutigkeit und Aussagekraft zu gelangen.

Zu klären wären:

- Was sind die gemeinsamen Themen und Fragestellungen in der Supervision?
- Welche professionalisierungstheoretischen Fragestellungen sind vorrangig zu bearbeiten?
- Welche Theoriedefizite können konstatiert werden?
- Kann die Supervisionsforschung nur mit einem pluralistischen Ansatz zu aussagekräftigen Forschungsergebnissen gelangen?
- Ist die Erarbeitung einer eigenständigen Forschungsmethodologie, die eine Vielzahl von Projekten leitet, die sich diesem Forschungsansatz verpflichten, sinnvoll? Sind gemeinsame forschungstheoretische Grundlagen zu realisieren und zielführend?
- Können übergreifende Auswertungsstrategien entwickelt werden?
- Welche theoretischen Prämissen existieren, unabhängig von den erkenntnisleitenden Interessen der Forschungsvorhaben?
- Wo sind quantitative und/oder qualitative Forschungszugänge gegenstandsangemessen? Wo können sich diese ergänzen oder aufeinander aufbauen?
- Wo ist eine Orientierung am theoretischen Deduktionismus und eine Generierung von Wissen über Supervision aus anderen Theorien sinnvoll?
- Wann ist eine gegenstandsorientierte Supervisionsforschung sinnvoll?
- Wie können Forschungsergebnisse in die Praxis rückgebunden werden? Wie können Erkenntnisse aufbereitet werden, dass Praktiker/innen sie nutzen können?

Daraus ergeben sich folgende Forschungsaufgaben:

- Bestandsaufnahme des Gegenwärtigen, kontinuierlicher (interdisziplinärer) Austausch und Einigung über Begrifflichkeiten, um die komplexe Forschung zu erleichtern.
- Sichtung und Überprüfung von Erhebungsinstrumenten und Forschungsdesigns, die sich zur Erfassung von Supervisionsprozessen eignen. Überprüfung hinsichtlich ihrer Ergiebigkeit und Zuverlässigkeit (Mikroanalysen, Fallanalysen, Längsschnittstudien, Wirkanalysen). Gesucht sind Methoden, die das in langjähriger Alltagserfahrung erworbene Wissen der Praxis explizieren und damit verfügbar machen können. Erfahrungsgebundenes Wissen soll in wissenschaftliche Erkenntnis transformiert werden, ohne seine Echtheit/Authentizität im Forschungsvorgang zu verlieren.
- Wirkungen von Supervision sind auf vielfältigste Weise zu überprüfen und zu erforschen. Hierbei geht es sowohl um die Bandbreite zwischen positiven und negativen Wirkungen als auch um die beabsichtigten und nicht beabsichtigten Wirkungen von Supervision. Eine Wirkungsforschung darf sich nicht nur auf Effekte von Supervision beziehen, sondern muss gleichsam die jeweiligen Supervisionskonzepte und deren relevante Dimensionen als Kontext berücksichtigen.
- Supervision in Organisationen sollte ein zentrales Thema in der Forschung werden, um die theoretische Durchdringung zu diesem relevanten Aspekt weiter voran zu treiben.

Aktuelle *Forschungsfragen:*

- Was zeichnet einen Supervisionsprozess aus?
- Welche Ablaufmuster lassen sich in Supervisionsprozessen beobachten und rekonstruieren?
- Zeigt sich in Supervisionsprozessen eine Strukturqualität?
- Ist eine Standardisierung vorhanden und lässt sich Supervision als regelgeleiteter Prozess definieren? (z.B. Anfangs-, Arbeits- und Abschlussphase)
- Welche Prozessmerkmale lassen sich in der Supervision analysieren?
- Welche Arbeitsweisen lassen sich in Supervision erkennen? Wie werden beispielsweise Themen generiert, verhandelt und bearbeitet?

- Welche Interaktionsprozesse lassen sich beobachten? Und wie gestalten sich diese?
- Was wirkt in Supervision?
- Welche Zusammenhänge bestehen zwischen Prozessmerkmalen und Ergebnisvariablen?
- Wie kann eine gute Ergebnissicherung aussehen? (Evaluation von Ergebnis, Prozess und Struktur)
- Welche Unterschiede existieren zwischen den verschiedenen Supervisionskonzepten? Können spezifisch postulierte Elemente ausgemacht werden? Welche konzeptionellen Differenzierungen zeigen sich wie in der supervisorischen Praxis?
- Welche Bedeutung weist das Feld in der Supervision auf? Welche Bedeutung hat die Feldkompetenz? Wie wird Feldwissen generiert?
- Welche Rolle und Funktion nimmt die Organisation in der Supervision ein?
- Welche Indikationskriterien gibt es für Supervision mit ihren unterschiedlichen Settings?
- Welchen Beratungsbedarf haben Organisationen? Welchen Beratungsbedarf haben Professionelle?
- Wie beeinflussen die Veränderungen in der Arbeitswelt die Supervision?

Kritisches und komplexes Forschungsverständnis

Wissenschaftliche Disziplinen sind in ihrem Forschungsverständnis mal mehr, mal weniger intensiv von naturwissenschaftlichen Annahmen beeinflusst und geprägt. Das heißt, auch wenn das naturwissenschaftliche Paradigma abgelehnt wird, wird doch negativ auf die naturwissenschaftlichen Prinzipien Bezug genommen und sie beeinflussen auf diese Weise das Forschungsverständnis.

Die Prinzipien von Objektivität, Kontrollierbarkeit, Kausalität, Rationalität und Neutralität sind die Grundlage eines naturwissenschaftlichen Forschungsverständnisses, ebenso wie die Trennung zwischen Subjekt (Forscher/in) und Objekt (Forschungsgegenstand). Nicht thematisiert wird das Subjekt der Forscher/in mit ihrem persönlichen, beruflichen und gesellschaftlichen Verhältnis zum Forschungsgegenstand. Wie im Wissenschaftsbereich üblich, herrscht eine gewollte strukturimmanente Beziehungslosigkeit zu sich und dem Forschungsgegenstand vor. Es gibt also zahlreiche Gründe, sehr reflektiert mit dem naturwissenschaftlichen Forschungsparadigma in der Supervisionsforschung umzugehen, beispielsweise weil eine Reduzierung der supervisorischen Komplexität schwer möglich und auch dem Gegenstand nicht angemessen ist. Viele Faktoren sind in der sozialen Praxis nicht zu elementarisieren und zu kontrollieren, wie es im Labor möglich erscheint (vgl. Kröger, 2002). Gegen Forschungen im Labor sind viele Einwände sowohl aus den Naturwissenschaften selbst als auch aus den Sozial- und Geisteswissenschaften bekannt: Um idealtypische Situationen herzustellen, wird der Forschungsgegenstand aus seinem Kontext gerissen, werden Faktoren simplifiziert und viele mögliche Einflussfaktoren (Emotionen, Haltungen, Beziehungsgeschehen) bleiben aufgrund von bestimmten Vorannahmen gleich außen vor.

Soziale Situationen wie Supervisionen zeichnen sich durch vielfältige Interaktionen und komplexe Wechselwirkungen aus. Die Einflüsse, die auf den Forschungsgegenstand wirken, sind kaum alle zu erfassen, zu verstehen und zu kontrollieren. Vorwiegend in den angewandten Wissenschaften wird seit längerem versucht, diesem Umstand mit subjektorientierten bzw. sozialwissenschaftlich qualitativen Forschungsverfahren und einer begleitenden Prozessforschung zu begegnen. Aber auch hier darf trotz aller Vorteile dieser Vorgehensweisen (Offenheit, sinnverstehendes Vorgehen, Prozessorientierung, Flexibilität etc.) dessen Begrenzung nicht außer Acht gelassen werden. Die Supervisionsforschung muss also jeweils abwägen, wofür und warum sie mit welchen Ansätzen und Methoden forscht.

Die Annahmen von Wissenschaften/Forschungen sind gleichzeitig Wertentscheidungen. Keine Wissenschaft/Forschung ist einfach als neutrale Einrichtung zu verstehen. Jede Wissenschaft und Forschung unterliegt in ihrer Axiomatik oft kollektiv unbewussten oder verdrängten Wertentscheidungen darüber, wie Welt, Mensch und Natur zu funktionieren oder zu sein hat (vgl. Feyerabend, 1999; Ulrich in diesem Band). (Supervisions-) Forschung braucht deshalb eine kritische Auseinandersetzung über ihre Methoden und eine Analyse ihrer Annahmen, Bedingungen und Ideologien, weil das Erkenntnisinteresse sich in Forschung, dessen Ergebnisse und Interpretationen niederschlägt (vgl. Böhme, 1993; Habermas, 1973).

Kritische Supervisionsforschung bedeutet:
- auf die Singularität der supervisorischen Handlungssituation eingehen zu können (vgl. Arendt, 1998).
- das Zustandekommen von Ergebnissen und Erkenntnissen transparent zu machen (Interessen, Standpunkte, Perspektiven, Werte kenntlich machen);
- auf Mitsprache der Beforschten bei der Ergebnis- und Erkenntnisbildung zu achten;
- der theoretischen Sensibilität Raum zu geben (vgl. Kelle, 1994);
- Erkenntnisse aus der Spannbreite von negativen und positiven Ereignissen und Erkenntnissen zu gewinnen;
- Widersprüche und Verwirrungen offen zu benennen und Widersprüche und Verwirrungen (besser) auszuhalten;
- sich bewusst zu sein, dass soziale Wirklichkeit kaum objektiv erfasst und seziert werden kann und deshalb als Ursache-Wirkungszusammenhang schwer identifizierbar ist (kritische Distanz zu Kausalität, Kontrollierbarkeit und Objektivität);
- eine Balance zwischen der Notwendigkeit von forschungsgestütztem Handeln und der Grenze von Erkenntnisgenerierung durch Forschung zu finden;
- sich den temporären Wert von Ergebnissen, Erkenntnissen und Erfahrungen zu vergegenwärtigen;
- Abstand von der naturwissenschaftlichen Machbarkeits- und Beherrschbarkeitsvorstellung zu nehmen und mit der Begrenztheit und der Verunsicherung gelassener umzugehen;
- die hohe Forschungsgläubigkeit in Wissenschaft und Gesellschaft auch immer wieder zu hinterfragen (vgl. Feyerabend, 1993);

Mit diesem Verständnis wird zwar die Komplexität nicht reduziert und die Supervisionsforschung nicht einfacher, exakter oder besser, dafür gestaltet es die Wege einer möglichen Erkenntnis- und Wissensgenerierung um ein Vielfaches lebendiger und interessanter.

Literatur

Arendt, H. (1998). Vita activa oder Vom tätigen Leben. München: Piper.

Böhme, G. (1993). Alternativen der Wissenschaft. Frankfurt a. M.: Suhrkamp.

DGSv (2008). Der Nutzen von Supervision. Verzeichnis wissenschaftlicher Arbeiten. Zu beziehen über info@dgsv.de.

Feyerabend, P. (1993). Wider dem Methodenzwang. Frankfurt a. M.: Suhrkamp.

Feyerabend, P. (1999). Widerstreit und Harmonie. Wien: Passagen Verlag.

Habermas, J. (1973). Erkenntnis und Interesse. Frankfurt a. M.: Suhrkamp.

Hausinger, B. (2007). Zur Wirkungsforschung in der Supervision. Supervision 1/2007. Weinheim: Beltz-Verlag.

Kelle, U. (1994).Empirisch begründete Theoriebildung. Weinheim: Deutscher Studien Verlag.

Kröger, U. (2002). Wodurch wirkt Fallsupervision? Hamburg: Dr. Kovac.

Möller, H., Märtens, M. (1999). Evaluation von Supervision wohin? In H. Pühl (Hrsg.), Supervision und Organisationsberatung. Opladen: Leske + Budrich.

Stichweh, R. (1994). Wissenschaft, Universität, Professionen. Frankfurt: Suhrkamp.

Die Autorinnen und Autoren

Andreas Bergknapp, Dr. rer. pol., Professor für Organisationsentwicklung und Personalmanagement an der Fachhochschule Nordhausen, Privatdozent an der Universität Augsburg, Leiter des Instituts für Coaching und Organisationsberatung (ICO).

Daniel Berndt, Leiter der Vertriebs Service Line bei der Deutsche Bank Privat- und Geschäftskunden AG.

Jutta Brünker, Dr. paed., Dipl.-Psych., Supervisorin (BDP, DGSv), Leiterin Personal- und Organisationsentwicklung in einem mittelständischen Unternehmen und freiberuflich tätig als Organisationsberaterin, Supervisorin und Coach.

Wilfried E. Dieterle, Dr. phil., Dipl.-Psych., seit 1998 am Universitätsklinikum Freiburg i. Br., Abteilung Psychosomatik.

Saskia Erbring, Dr. paed., Lehrerin für Sonderpädagogik, Wissenschaftliche Mitarbeiterin an der Humanwissenschaftlichen Fakultät der Universität Köln, Department Heilpädagogik und Rehabilitation.

Rolf Haubl, Dr. phil., Dr. rer. habil., Professor für psychoanalytische Sozialpsychologie an der Universität Frankfurt am Main, Direktor des Sigmund-Freud-Instituts in Frankfurt am Main, Gruppenlehranalytiker, gruppenanalytischer Supervisor, Organisationsberater.

Brigitte Hausinger, Dr. phil., Dipl.-Supervisorin, Lehrsupervisorin. Lehrtätigkeit bei verschiedenen Supervisionsausbildungen, Vorstandsmitglied DGSv, geschäftsführende Redakteurin der Fachzeitschrift »supervision«.

Oliver Hechler, Dr. phil., Dipl. Päd., Kinder- und Jugendlichenpsychotherapeut, Gruppenanalytiker DAGG, Supervisor DGSv, Partner und Berater bei INSITE-Interventions, einem Beratungsdienst für Unternehmen, Praxis für tiefenpsychologisch fundierte Psychotherapie, Wissenschaftlicher Mitarbeiter am Fachbereich Erziehungswissenschaften der Universität Frankfurt a. M.

Marcel Hülsbeck, Dipl.-Kaufmann, Wissenschaftlicher Mitarbeiter am Lehrstuhl für Unternehmensführung und Organisation der Universität Augsburg.

Angelika Iser, Dr. rer. soc., Dipl.-Päd., Lehrerin, Mediatorin (BM), Professorin an der Hochschule München mit dem Lehrstuhl für Schulsozialarbeit und Kinder- und Jugendarbeit.

Monika Klinkhammer, Dr. phil., Dipl.-Päd., Dipl.-Supervisorin (DGSv, DVG), Sozial- und Erziehungswissenschaftlerin, selbständig im Bereich Supervision, Coaching, Training und Psychotherapie.

Jutta Müller, Dr. phil., Dozentin für Schlüsselqualifikationen und Coaching, Fachbereich Wirtschaftswissenschaften der Hochschule Harz (FH), Supervisorin (DGSv).

Peter Ulrich, Dr. rer. pol., Professor für Wirtschaftsethik an der Universität St. Gallen (HSG), Direktor des Instituts für Wirtschaftsethik der HSG.

Andrea Wittich, Dr. phil., Dipl.-Psych., Arbeits- und Organisationspsychologin, Psychotherapeutin, Supervisorin BDP, Leiterin des Supervisionsdienstes des Universitätsklinikums Freiburg i. Br., Abteilung Psychosomatik.